二十一世纪普通高等院校实用规划教材 经济管理系列

电子商务案例分析

邵 婷 主 编

黄飞飞 李 煊 副主编

清华大学出版社

北 京

内 容 简 介

"电子商务案例分析"是为电子商务高年级本科生开设的一门综合性专业课。随着我国电子商务的迅速发展,需要通过案例研究,使学生在调查、讨论与实践的基础上更深入地理解主流的电子商务运作模式并进行创新性的思考。

本书以"培养学生发现问题、分析问题和解决问题的能力"为中心,教材内容紧紧围绕电子商务发展的实际进行设计,除了介绍传统的网络零售、B2B 电子商务模式外,还引入对 O2O 与新零售、跨境电商、社会化电商、互联网金融、共享经济等新模式的探讨,最终从实践和学术两个方面阐述电子商务的发展现状及未来研究方向。

本书是长期运用案例教学法的闽台高校电子商务教师及有实战经验的电商从业人员共同打造的理论与实践相结合、可操作性强的电子商务案例分析教程。本书既可作为高等院校电子商务专业本、专科学生的案例分析教材,也可作为研究生及电子商务从业人员和创业者进行案例研究的参考资料。

另外,本书还配有教学课件,如有需要请和出版社联系。

图书在版编目(CIP)数据

电子商务案例分析/邵婷主编. —北京:清华大学出版社,2019.10(2024.8重印)
二十一世纪普通高等院校实用规划教材. 经济管理系列
ISBN 978-7-302-53853-0

Ⅰ. ①电… Ⅱ. ①邵… Ⅲ. ①电子商务—案例—高等学校—教材 Ⅳ. ①F713.36

中国版本图书馆 CIP 数据核字(2019)第 213993 号

责任编辑:陈冬梅
封面设计:刘孝琼
责任校对:周剑云
责任印制:沈　露

出版发行:清华大学出版社
　　　　网　　　址:https://www.tup.com.cn,https://www.wqxuetang.com
　　　　地　　　址:北京清华大学学研大厦 A 座　　　邮　　编:100084
　　　　社 总 机:010-83470000　　　　　　　　　邮　　购:010-62786544
　　　　投稿与读者服务:010-62776969,c-service@tup.tsinghua.edu.cn
　　　　质量反馈:010-62772015,zhiliang@tup.tsinghua.edu.cn
　　　　课件下载:https://www.tup.com.cn,010-62791865

印 装 者:三河市铭诚印务有限公司
经　　销:全国新华书店
开　　本:185mm×260mm　　　印　　张:13.25　　　字　　数:319 千字
版　　次:2019 年 11 月第 1 版　　　印　　次:2024 年 8 月第 11 次印刷
定　　价:39.80 元

产品编号:084617-01

前　言

习近平总书记在中国共产党第二十次全国代表大会上的报告中明确指出："我们要办好人民满意的教育，全面贯彻党的教育方针，落实立德树人根本任务，培养德智体美劳全面发展的社会主义建设者和接班人，加快建设高质量教育体系，发展素质教育，促进教育公平。"本教材在编写过程中深刻领会党对高校教育工作的指导意见，认真履行党对高校人才培养的具体要求。

"电子商务案例分析"是为电子商务高年级本科生开设的一门综合性专业课，也是教指委规定的专业必修课。通过本课程的学习，让学生熟悉较多的电子商务实例，为学生提供分析、评估电子商务项目的方法，从而使学生在调查、讨论与实践的基础上更深入地理解电子商务运作模式并进行创新性思考。在教学过程中，通过学生自主学习交流及师生互动，提升学生学习的积极性。

本教材以"培养学生发现问题、分析问题和解决问题的能力"为中心，在全面介绍案例背景的基础上，以商务模式为主，结合先修的网络经济学、物流与供应链管理等课程涉及的理论，从每个案例中提取若干个值得深入探讨的问题进行阐述。教材内容紧紧围绕电子商务发展实际进行设计，除了介绍传统的网络零售、B2B 电子商务模式外，还引入对 O2O 与新零售、跨境电商、社会化电商、互联网金融、共享经济等的探讨，最终从实践和学术两个方面阐述了电子商务的发展现状及其未来研究方向。本教材是长期运用案例教学法的闽台高校电子商务教师及有实战经验的电商从业人员共同打造的理论与实践相结合、可操作性强的电子商务案例分析教程。

本书对每一个精选的案例都进行了较为系统的分析，建议在课堂教学中，采取基于师生互动的教学模式，分为以下几个步骤开展教学。

1. 电子商务模式阐释

讲授本书第一章内容时，使学生在理解电子商务案例分析模型的基础上，对每一类电子商务模式都有所了解。教师首先要对其定义、分类、特征和电子商务应用等基本问题进行系统的讲解，以加深学生对该类电子商务模式的理解和认识。

2. 电子商务案例示范

在阐释电子商务模式内涵的基础上，教师要选择书中的部分典型案例，按照电子商务案例分析模型进行示范讲解，重点分析其商务模式，使学生掌握案例分析的方法和视角，加深对电子商务模式和电子商务应用的理解，力求达到举一反三的效果。

3. 师生课堂互动研讨

在教师示范性讲授的基础上，将学生分成若干个讨论组，把教材中每一种电子商务模式中的其余案例，提前分配给各组学生，学生在课后认真阅读案例并通过互联网等途径了解案例的最新进展。在此基础上，由教师在课堂上组织小组讨论，对案例做出相应的结论，然后，每个小组选一名代表讲述分析结论和对策建议，其他小组可就其结论、建议进行提问，通过小组间的互相探讨、启发，逐步达到大体一致的认识、意见或结论，教师也可以根据情况做必要的小结。讨论课后，要求各组学生写出案例分析的书面报告，以培养和提高学生的综合案例分析能力、总结能力和书面表达能力。

4. 基于互联网和团队的练习

当前，互联网已经成为一条不可或缺的学习途径，而团队学习与分享已经成为学习型组织的一种重要工作模式。这种基于互联网和团队的练习贯穿整个学习过程，主要有以下几方面的工作。

(1) 组建团队。

学生在开始学习电子商务案例分析课程后，在教师的指导下进行分组，每组以 3～5 人为宜，由组长组织本团队成员完成案例分析的任务。

(2) 团队实践。

各团队就教师提出的命题或者自行选择的案例，分工协作完成任务的工作方案制定、资料收集、案例调研、分析整理、归纳总结等工作。在这一阶段的工作中，要充分利用互联网来收集资料，熟悉案例甚至亲自体验，以培养学生整理资料、发现问题、分析问题的能力。

(3) 讨论分享。

各团队完成案例分析后，可通过以下两种方式进行讨论和分享。

① 创建电子商务案例讨论群组。任课教师可以在微信、微博等平台或者校内网络教学平台，创建电子商务案例分析课程讨论群组，针对每一个案例主题进行讨论。

② 注册电子商务案例分析网络课程。任课教师可以将本课程注册为网络课程，建设立体化的课程资源，进行互动教学。

(4) 演示答辩。

学生将本组选择的案例制作成 PPT 在课堂演示，由老师组织现场答辩，并引导学生就案例分析发现的问题进行讨论，实现案例的进一步交流共享。最后，学生运用本教材设计的电子商务案例分析模式，撰写案例分析报告。

本教材由厦门理工学院邵婷老师担任主编，拟定写作提纲和负责全书的总撰、统稿及润色，黄飞飞、李煊担任副主编。本书各章节的写作具体分工如下：厦门理工学院邵婷编写第一章、第二章、第三章、第四章、第五章、第七章、第八章、第十一章第一节，厦门理工学院林新华编写第六章，集美大学黄飞飞编写第九章，闽江学院李煊编写第十章，台湾铭传大学汤凯喻编写第十一章第二节。另外，厦门理工学院电子商务系郑镇苁、施伟宏及彭慧珍同学在资料收集和内容修订方面做了大量工作。

本教材在编写期间得到了学院领导、教研室同仁及清华大学出版社的大力支持和帮助，在此表示衷心感谢。作者将十余年电子商务案例分析课程所积累的教学与实践经验汇聚于本书，希望能够帮助学生洞察电商发展的主流趋势。由于电子商务发展迅速，不断地产生新模式和新问题，这使得对电子商务案例内容的总结与分析具有一定的难度和不确定性，本书不妥之处在所难免，恳请各位专家及广大读者批评、指正。

编　者

目　　录

第一章　电子商务案例分析概述

【学习要点及目标】

通过对本章的学习，了解电子商务案例分析的意义、方法，熟悉商务模式的主要内涵，重点关注商务模式中的盈利模式和核心能力，初步掌握利用商务模式分析电子商务案例的方法。

【引导案例】

截至 2018 年 11 月 11 日 24:00，天猫"双十一"的最大悬念揭晓：当日成交额 2135 亿元，同比增长 26.9%，同时，截至 23 时 18 分 9 秒，物流订单量超过 10 亿。至此，2018 年双十一最大的两个悬念已经依次揭晓。除了数据亮眼之外，2018 年是天猫第 10 个双十一，也是马云卸任前的最后一个双十一。线上线下联动(新零售)、全生态协同(在会员体系下)以及全球化(天猫国际)是 2018 年双十一的三个关键词。

"交易额(GMV)"这一数字依然是 2018 年天猫双十一的主题，也依然是人们用来审视阿里成绩的标准。从 2009 年诞生至今，双十一的交易额每年都以可观的速度保持着增长，只是业界也早有发现，增长曲线在告诉人们，天猫双十一的交易额增速已经遇到了放缓的尴尬现实。从 2016 年 Q3 财报开始，阿里就再也没有披露过季度总 GMV，而采用"年 GMV"的披露方式。2017 年，马云还特意强调，"双十一不再是一个销售数字，希望能够通过双十一推动全中国各个行业的进步"。

尽管 GMV 增速天花板隐现，但 2018 年，阿里显然还是有备而来。除了天猫、淘宝、飞猪、口碑、速卖通等，2018 年阿里第一次把 Lazada 等成交额算入总 GMV。虽然阿里全线上下都在默契强调"没有预设 KPI"，但并不难想象，在阿里数字经济体全员刷存在感的这个双十一，有了线上和线下场景、海外与低线市场全盘并入，大屏上最后定格的数字必然不会过于尴尬。2018 年阿里把宣传重心放在了整个"数字经济体"——横跨电子商务、金融服务、物流、云计算、新零售等多板块的整个阿里生态，阿里系各部也都在 2018 年的双十一的活动中扮演了不同的角色。可以说，以后每一年的双十一，都将是业界对阿里数字经济体成绩的全面考察。现在的天猫新零售，做的就是品牌商全域(线上线下融合)数字化的运营与营销。

新零售业务的主要载体还是围绕着城市商圈和购物中心，然后通过数据银行经营消费者资产，输出给智慧商圈、智慧门店、客户运营等业务环节。品牌从触达消费者到真正获客，每个环节都可以被数字化度量，沉淀到数据银行形成回流循环。

用双十一来积累消费潜力股用户的数据，将消费力进行充分的挖掘，这大概是阿里用双十一为新零售布局打得十分响亮的一个"算盘"。

阿里数字经济体中，每年都要接受双十一的考验，除了天猫，还有蚂蚁金服和菜鸟。

成绩一路攀升得飞快，但是就在双十一开闸之后，还是出现了一个小插曲：天猫服务器一时陷入瘫痪。虽然 2018 年解决问题恢复正常的时间比以往快了许多，但也能看出，阿里离"喝着茶"过完双十一的目标显然还有一段距离。

但关于双十一背后的技术保障，刚刚松一口气的蚂蚁金服 CTO 胡喜还是给出了这样的成绩：2018 年用生物技术，数亿人的支付时长缩短至 1 秒；生物支付占比达到 60.3%；支付宝支撑双十一自主研发的核心技术实现 100%开放。

双十一的故事还在继续，但是未来要讲的主题当然已不会是、也无法是交易额。毫无疑问，双十一还会办下去，但"新零售"和阿里的"数字化"建设，才是等在后面真正的大考，挑战只怕也是"刚刚开始"。

(资料来源：2018 天猫双十一收官：GMV2135 亿元创新高，阿里生态体系效应初显. https://www.iyiou.com/p/85236.html)

第一节　电子商务案例分析的意义和价值

一、电子商务案例分析的意义

互联网的飞速发展及其在商务活动中的广泛应用，使得电子商务理论研究往往滞后于电子商务实践：一方面，新的商务模式和商务应用层出不穷，而电子商务应用的理论提炼和升华需要一个过程，制约着电子商务理论与实践的有机结合；另一方面，企业对电子商务人才的商务应用能力要求越来越高，而目前电子商务专业人才培养模式和教学体系还不够成熟，造成了电子商务人才培养与企业需求的脱节。因此，在掌握一定的电子商务理论知识的基础上，通过对典型电子商务案例的分析和比较，可以达到举一反三的效果，有效提高电子商务的应用能力。

电子商务案例是指在电子商务应用中，某一种电子商务模式在一定领域内的典型应用。电子商务案例分析则要通过对各种商务模式的典型案例进行系统分析，把握各种具体的电子商务模式的内涵、特点以及应用情况，以利于电子商务模式的推广和应用。

二、电子商务案例价值网络定位

电子商务案例分析要对案例进行由表及里的系统分析，这就需要在对电子商务案例的基本模式和功能结构进行科学定位的基础上，界定这种电子商务模式中所包含的各个主体，包括相关的电子商务公司、客户、供应商和合作伙伴等，把握主要的信息流、资金流和物流的特点，明确该电子商务模式对各主体的价值以及各参与方所能获得的利益，这就构成了电子商务案例的价值网络。一种电子商务模式中的各参与主体只有明确自身在价值网络中的角色和价值，才能充分利用这种模式开展商务活动。

(一)核心企业

核心企业指的是价值网络的主体，也就是电子商务案例分析的对象，整个价值网络的主要活动都是围绕核心企业的商务模式进行的，其他各利益主体既是价值网络的有机组成部分，又为核心企业的价值网络活动提供基础设施、市场基础和服务支持等保障。同时，这些利益相关者也能在网络价值活动中实现自身的价值。

(二)供应商

供应商是电子商务模式价值网络的重要基础，也是核心企业的商品或服务的提供者。例如，唯品会的品牌合作伙伴都可视为供应商，为其提供平台销售的商品。

(三)用户

用户是在电子商务模式价值网络活动中广泛使用互联网的公司和个人，用户至少包括两个层面：一是浏览互联网内容的个人和获取互联网信息的公司，这些用户可以被称为"浏览者"；二是那些积极撰写原创内容的忠诚用户，他们可以被称为"建设者"。因此，用户基础是电子商务模式成功的决定性因素，只有当电子商务核心企业用户数量超过盈亏平衡的临界值时，这种商务模式才有可能盈利。

(四)基础服务商

基础服务商为电子商务企业的运营提供基础条件，包括电信网络和移动网络等网络运营商、计算机和手机等终端制造商、应用平台开发商等软件提供商等。随着移动通信技术的发展和智能手机用户的快速增长，移动商务越来越成为主流的电子商务模式之一。基础服务商已经直接参与到移动商务价值网络活动中，成为移动商务模式成功的关键因素。

(五)交易服务商

电子商务的核心环节是交易，而安全、高效的交易要建立在健全的服务体系之上。在电子商务模式的价值网络中，交易服务商提供了金融、支付、信用、物流、管理等专业的服务。例如，支付宝提供了第三方支付和认证服务，而各金融机构不仅提供支付服务，还提供理财、保险、贷款等金融服务。

(六)合作企业

在电子商务模式的价值网络中，尽管各参与主体之间具有广泛的合作关系，但这里的合作企业主要是指与核心电子商务企业具有联盟性质的各类资源，通过其价值网络的运营，与核心企业进行利益分成，进而可促进整个价值网络的增值，如谷歌广告联盟客户等。

三、总结与建议

对案例的电子商务模式进行总结，并提出改进商务模式效果的建议，为进行电子商务项目设计提供借鉴。一般要总结案例的成功因素、存在的问题和面临的挑战、改进建议以及从整个产业发展出发，提出一些值得思考的问题。

第二节　商务模式及其组成要素

一、商务模式的起源

从源头上看，商务模式作为一个专用术语出现在管理领域的文献中大约是在 20 世纪

70 年代中期。Konczal 和 Dottore 在讨论数据和流程的建模时，首先使用了 Business Models 这个术语。此后，在信息管理领域，商务模式被应用在信息系统的总体规划中，用以描述支持企业日常事务的信息系统的结构，即描述信息系统的各个组成部分及其相互联系，对企业的流程、任务、数据和通信进行建模。

20 世纪 80 年代，商务模式的概念开始出现在反映 IT 行业动态的文献中，而直到互联网在 20 世纪 90 年代中期形成并成为企业的电子商务平台之后，商务模式才作为企业界的术语开始流行并逐步引起理论界的关注，但是此时商务模式的内涵已经悄然发生了变化，即从信息管理领域扩展到了企业管理领域的更广阔的空间。荆林波(2001)认为，所谓商务模式，是指一个企业从事某一领域经营的市场定位和盈利目标，以及为了满足目标顾客主体需要所采取的一系列整体的战略组合。

在商务模式的概念性研究方面，上述关于商务模式的特征和组成要素的定义是目前商务模式研究的一条主线，另一条主线是对现有的商务模式，尤其是电子商务的商务模式进行分类研究。此外，由于互联网技术以及由此产生的电子商务是引发商务模式创新的直接原因，互联网商务模式或电子商务模式成为重要的议题。

二、商务模式的作用

Slywotzky 等认识到商务模式的复杂性和重要性，把商务模式看成一种将来我们都能用来制定商务战略和投资战略的重要工具。他们认为，企业竞争的核心是商务模式认知之争，对商务模式的投资能够协助企业的经营者在竞争中获胜。Amit 和 Zott 认为，在 IT 技术所造就的虚拟市场上，由于企业边界和产业边界变得模糊而容易跨越，包含企业、供应商、合作伙伴及客户等利益相关者在内的商务模式的作用在于：它可以作为一种战略分析单元而取代传统的战略分析单元——企业或产业。技术进步是商务模式创新的动因之一，许多文献把商务模式放到一般技术进步的背景下，考察企业商务模式的作用。Chesbrough 和 Rosenbloom 从商务模式是企业为了从技术中获取价值而建立的合理收益架构的认识出发，认为钱德勒的规模经济和范围经济、安索夫等的战略管理、波特的竞争战略等理论可以看作是商务模式概念的前身，因为这些理论关注的焦点都是如何把企业的经营与机会及威胁联系起来而获取技术提供的最大价值。他们通过案例研究说明，企业倾向于对适合其商务模式的技术进行投资，有时甚至达到过度投资的程度；而对于不适合其商务模式的技术，企业通常不会投资。这是因为技术不能凭空创造价值，企业现有的商务模式可能适合也可能不适合由于新技术而带来的潜在机会。由于商务模式决定了以多大的成本从何处取得收益，所以必须在一定的商务模式框架下对技术投资进行评价。为此，商务模式可以看成是技术开发和价值创造之间的协调机制。Viscio 和 Pasternack 对全世界范围内的几百家企业的结构、职能和业绩进行的研究表明，起源于 19 世纪的传统商务模式对于大型的全球性企业已经过时。其主要原因在于商业环境的复杂性增加和对创新的不断激励，与以往相比企业必须更频繁地寻找价值增值的机会，为此有必要围绕企业的能力建立一种新的商务模式。这种商务模式必须能使企业灵活反应，不断地创造机会，迅速抓住机会并获利；这种新商务模式应能建立一种新的领导模式以有效地管理知识和人力资源。Hoque 等在谈到商务模式与技术之间的关系时认为，商务模式是企业决定谁是客户及如何为客户带来价值的基础，它识别成功的机会，预测和确定与战略相联的未来行动。技术专家应在价值主张、运作实施和盈利方式等三大公司战略原则的指导下识别构成商务模式的各个要素及其相互影响，同时考虑应用什么样的技术来建立商务模式。

由此可以看出，相关文献提出和使用商务模式概念的共同出发点是针对新经济条件下的技术进步、市场需求和竞争压力等外部环境的变化，寻求企业生存和发展的新途径。商务模式的作用是在原有的或新环境条件下，发现新的市场机会、细分市场和瞄准组织结构及生产服务流程中存在的低效部位，吸收和整合企业可以使用的内外部资源，并通过各种创新加以挖掘和利用，从而为投资者和包括客户、合作伙伴在内的利益相关者创造更多的价值。

三、商务模式的组成要素

Afuah 和 Tucci(2001)从电子商务的行业切入，认为合适的商务模式将给予企业竞争优势，使其能够获得比竞争对手更高的利润。一个商务模式必须回答以下几个问题：向客户提供什么样的价值？面向的客户是谁？如何为这些提供的价值定价？如何提供价值？如何在提供价值过程中保持优势？回答这些问题必须很好地了解以下问题：企业所处的产业、这个产业主要的价值驱动因素、客户和他们的价值取向、将价值传送给客户所需要的活动、互联网对这些活动和这个产业的影响、企业本身的特点以及如何更好地利用这些特点。他们从各个商务模式中抽取出共有的、赖以获利的因素，并把它们归纳为：客户价值、业务范围、定价、收入来源、相关活动、互补性、能力、可持续性。在这些关键因素中，客户价值解决企业是否能够向客户提供独特的或者比竞争者成本更低的产品和服务的问题；业务范围解决企业需要向哪些客户(人口结构上的或是地理上的)提供价值以及哪些产品/服务的问题；价格解决公司如何为提供的产品和服务定价的问题；收入解决的问题包括：收入从哪里来、付费用户有哪些、每个市场的利润率如何、利润的决定因素有哪些、各种来源中哪些因素对公司提供的价值有关键影响；相关活动解决公司应该在什么时候进行哪些关联活动来提供价值的问题；实施解决公司需要什么样的组织结构、机制、人员和环境执行这些活动以及它们之间如何协调适应的问题；能力解决的问题包括公司拥有的能力是什么、有哪些能力不足需要弥补、如何弥补这些能力的不足、这些能力中是否有一些独特的难以模仿的因素、这些能力的来源是什么；持续能力解决的问题包括公司哪些能力是其他公司难以模仿的、公司是如何持续盈利的、公司如何才能保持它的竞争优势。

Dubosson-Torbay 等(2001)建立了一个由 4 个部分组成的商务模式框架，这 4 个部分是：产品、客户界面、基础设施管理和财务构面，它们可以再细分为 9 个子要素，分别是：产品要素包含一个子要素，即价值主张；客户界面包含三个子要素，即目标顾客、分销渠道、客户关系；基础设施管理包含三个子要素，即价值结构、核心能力、伙伴网络；财务构面包含两个子元素，即成本结构、收入模式。这 9 个元素分别回答以下问题：价值主张是公司关于其对客户有价值的产品和服务的通盘考虑；目标顾客是公司想要提供的价值所针对的客户群；分销渠道是一种和客户接触和联系的方法；客户关系描述了公司在自己和客户之间确立的联系的类型；价值结构描述了为客户创造价值所必需的活动和资源的安排；核心能力是执行可重复的行为模式的性能表现，这种行为模式是为客户创造价值所必需的；

伙伴网络是以更好地为客户创造价值为目的，在两个或者更多的公司之间自愿发起的合作协定；成本结构是在商务模式中使用的所有财力的资金表示；收入模式描述了公司通过各种收入流获利的方式。

Weill 和 Vitale (2001)认为，商务模式从本质上讲就是若干模块的不同组合，因此企业可以通过在自己的商务模式中添加或者更换新的模块，或者改变不同模块之间的界面联系规则，来实现商务模式变革。他们提出了"原子商务模式"的概念，并且指出每个原子商务模式都具有战略目标、营收来源、关键成功因素和必须具备的核心竞争力这 4 个特征。可行的原子商务模式数量有限，它们的组合方式就构成了各种不同的商务模式。原子商务模式彼此间的交互作用力是不同的，某些原子模式结合后会产生强大的作用力，互不兼容的原子模式则可能导致商业冲突，因此企业可以试着挑选与组合原子商务模式，并评估其可行性以建构最适当的商务模式。

Shafer 等(2005)从 1998—2002 年期间重要期刊发表的商务模式文献中，提取 12 种典型定义，发现商务模式定义中共有 42 个不同的组成要素，其中有些要素只出现一次，有些要素则重复出现多次。他们从中归纳出 4 大类组成要素，即战略选择、价值网络、价值创造、价值获取(参见图 1-1)。其中战略选择包含 9 个子要素：顾客(目标市场、范围)、价值定位、竞争能力、收入/定价、产出(供给品)、战略、品牌、差异化、使命；价值网络包含 5 个子要素：供应商、客户信息、客户关系、信息流、产品/服务流；价值创造包含两个子要素：资源/资产、流程/活动；价值获取包含三个要素：成本、财务、利润。这些要素差不多涵盖了商务模式的各类核心要素。

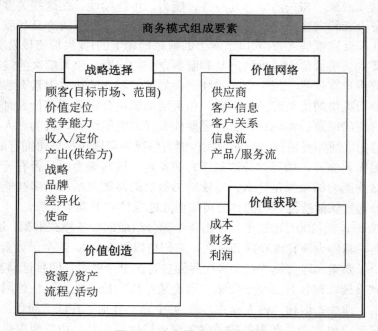

图 1-1　商务模式组成要素图

综上所述，影响一个电子商务项目绩效的首要因素是它的商务模式。本书重点借鉴"原子商务模式"的概念，从电子商务项目的战略目标、目标市场、提供的产品和服务、盈利模式、核心能力以及各利益主体在电子商务项目运作过程中的角色和相互关系等几个方面来描述商务模式，它体现了电子商务项目如何获利以及在未来长时间内的计划。

第三节 电子商务案例的商务模式分析

一、战略目标

一种电子商务模式要想成功并持续获利，必须在商务模式上明确其愿景与使命。愿景是对企业未来乐观而又充满希望的陈述，是企业为之奋斗的目标，是"愿望"和"远景"的结合体。比如，阿里巴巴的愿景就是通过小企业的 IT 化，解决小企业采购、销售、管理和融资的难题，最终使阿里巴巴成为持续经营 102 年的企业。

使命是组织或个体基于其价值观对社会和利益相关者应承担的责任，它揭示组织或个体存在的根本理由，而战略目标是企业使命的进一步具体化。在电子商务价值网络中，核心电子商务企业的使命是为利益相关者，尤其是为用户提供价值。即企业必须不断地向用户提供对他们有价值的、竞争者又不能提供的产品或服务，才能保持竞争优势。如"让天下没有难做的生意"是阿里巴巴的使命，因此阿里巴巴的战略目标就是为中小型制造商提供一个销售和采购的贸易平台，让全球的中小企业通过互联网寻求潜在的贸易伙伴，并且彼此沟通和达成交易。

从以上分析可见，对电子商务案例战略目标的分析需要回答以下两个问题。

(1) 企业所运营的电子商务模式的核心价值，即公司使命是什么？与竞争对手相比，有何优势？

(2) 企业是否有明确的战略目标？企业能够向客户提供哪些独特的产品或服务，或者使企业的产品或服务具有哪些独特的客户价值？

二、目标市场

一种电子商务模式的目标市场一般指在市场的某一领域或地域内，核心电子商务企业向哪些用户提供价值服务。企业电子商务模式的目标市场定位是提升网站流量、吸引用户的重要步骤。

尽管互联网打破了地理界限，但是，电子商务还是具有一定的地域性特征，核心企业需要决定向哪个范围的用户提供服务或销售产品。对目标用户的界定，一方面要从地域范围界定，即判定用户的地理特征；另一方面还要从用户的性别、年龄、职业、受教育程度、生活方式、收入水平等人口学特征来划分。

进行电子商务案例的目标市场分析，需要回答以下两个问题。

(1) 所分析案例的电子商务模式涉及的业务领域和地域特征是什么？

(2) 所分析案例的用户范围是哪些，具有什么特征？

三、产品及服务

选准目标市场后，企业必须确定向这些目标市场提供什么产品及服务。例如，搜索引擎为普通用户提供的是信息搜索服务，而为广告用户提供的则是关键字排名等广告服务。

进行电子商务案例的产品或服务分析时，需要回答以下两个问题。

(1) 核心电子商务企业为用户分别提供了哪些功能(产品或服务)？哪些产品或服务对企业的电子商务模式起着关键作用？

(2) 企业对提供的产品或服务是如何根据目标市场进行细分的？

四、盈利模式

电子商务案例分析最为重要的内容之一是确定盈利模式。电子商务项目的盈利模式指的是核心电子商务企业的盈利空间、收入模式和定价模式。

(一)盈利空间

不同电子商务模式的盈利能力是有差别的，而盈利能力在很大程度上取决于其盈利空间，即相对于供应商、用户、基础服务商、交易服务商、合作商等利益相关者和竞争对手、潜在进入者、互补者、替代者而言，核心电子商务企业所处的地位。比如，定位于服务广大中小企业的阿里巴巴 B2B 平台，在构建了电子商务生态系统后，其议价能力逐步增强，盈利空间则越来越大。因此，电子商务模式的盈利空间受到其客户价值定位、目标市场、产品和服务特点等因素影响，同时也影响着企业对商务模式的定位。

(二)收入模式

在传统商品市场中，很多企业直接从其销售的产品中获得收益，或者从其提供的服务中获得收入。电子商务企业的收入模式更加复杂，例如，从事网络经纪模式的企业的收入来源至少有交易费、信息和建议费、服务费和佣金、广告和发布费等。而一个采取直销模式的企业的收入则主要来自于对客户的直接销售，也可以来自于广告，还可以通过提升物流效率来增加利润。目前，基本的电子商务收入模式主要有以下 7 种。

1. 广告费模式

广告费模式就是核心电子商务企业或网站所有者利用互联网络媒体向广告客户提供产品、服务、品牌等宣传推广，并收取广告费的收入模式。网络广告从制作形式来看，有图形广告、文字广告和视频广告等；从展现形式来看，有 Banner 广告、插播广告、植入广告、RSS 广告、邮件广告和富媒体广告等。

网络广告是使用最广泛和最有生命力的互联网商务应用，几乎所有的电子商务模式都利用广告费模式获得收入。如搜索引擎运营商通过提供关键字广告、竞价排名、品牌推广广告和网站联盟等广告获得丰厚的收入；网络社区集中了具有共同兴趣的访问者，针对特定领域和兴趣需求的目标广告受众，提供具有较强针对性的网络广告，成为网络社区主要的收入来源之一；而网络工具的广泛应用，使越来越多的广告植入其中，如腾讯、爱奇艺等都是通过植入广告获得收入；网络经纪、移动商务等平台也凭借其特有的优势，将广告作为重要的收入来源。

网络广告的计费方式多种多样，既有按展现次数和点击次数的计费模式，也有按展现时间的计费模式；而收费标准既有固定收费模式，也有竞价模式，搜索引擎的关键字竞价排名就是竞价模式的代表。

2. 佣金模式

佣金是指在交易过程中第三方或中介根据交易规模收取的费用。网络经纪等电子商务模式都提供了交易中介服务，搭建了买卖双方交易的平台，根据所提供的中介服务向买方或卖方收取交易佣金或手续费。比如，携程网通过机票、酒店预订服务，从客户订票费和酒店预订中提取佣金。

3. 销售收入模式

在互联网环境中，销售收入模式是企业通过电子商务平台进行产品批发、零售服务，从而取得收入的模式。

4. 服务费模式

服务费是客户因接受服务而支付给核心电子商务企业的费用，费用的多少取决于客户使用这些服务的频繁程度、时间长短和流量大小。收取服务费是被大多数电子商务模式广泛采用的收入模式，主要有以下三种收费模式。

(1) 技术服务。技术服务是核心电子商务企业对其拥有的核心技术，通过授权使用等方式供其他公司使用，从中收取技术服务费。例如，谷歌向授权使用谷歌网页搜索技术的企业，按照搜索的次数来收取授权使用费，其他拥有搜索引擎技术的企业也通过这种方式获得收入。

(2) 租赁服务。租赁服务是核心电子商务企业对其拥有的虚拟网络空间，按照一定的功能划分，向客户或用户提供租赁服务，获得租金收入。例如，阿里巴巴利用其大流量的平台，提供店铺租用服务，按年收取服务费；同样，京东也对第三方在其平台上开设的店铺收取服务费。

(3) 品牌推广。随着互联网商务应用的进一步推广，企业越来越重视网络品牌建设，不少网站纷纷推出品牌推广服务，企业在网络品牌推广方面的投入也越来越大。淘宝的钻石展位等则属于品牌推广服务。

5. 订阅费模式

互联网具有内容优势，不少电子商务模式具有内容经营商性质，收取内容订阅费就是其主要的收入来源。所谓订阅费就是核心电子商务企业按照一定周期或内容定期或定量收取的固定费用，用户只有缴纳订阅费才能获得定量的内容服务。例如，起点中文网的 VIP 阅读按照章节定价。

6. 会员费模式

在互联网起步阶段，用户可以免费获得不少内容和服务。但是，随着互联网商务应用的进一步推广，不少互联网服务以会员注册费的模式收取服务费用，使会员付费模式成为一种比较成功的收入模式。如爱奇艺、优酷等视频网站需要付费才能免广告或观看某些热门影视剧。

7. 合作分成模式

在电子商务模式价值网络中，合作商对核心电子商务企业的价值越来越大，合作分成甚至成为核心电子商务企业的重要收入来源。例如，阿里妈妈等广告联盟模式不仅使这些联盟平台获得源源不断的广告收入，而且使众多加入联盟平台的中、小站点也通过合作分成模式获得可观的收入。作为 SNS 网站的代表，Facebook 与应用平台开发商的分成，使其盈利模式变得更加明朗。

(三)定价模式

从向用户提供的产品或服务中获取收入的关键是对所提供的产品或服务正确地定价。在电子商务市场中，大多数产品和服务是以知识为基础的，这种产品一般具有高固定成本、低可变成本的特点，因而产品或服务的定价具有较大的特殊性。企业定价的目标不单单在于单位产品的利润率水平，而更加重视产品市场占有率的提高和市场规模的扩大。而且这类产品还具有能够锁定消费者的特点，使许多消费者面临较高的转移成本。例如，一个已经注册为阿里巴巴诚信通会员的企业，获得了比较全面的服务并通过阿里巴巴建立了广泛的业务关系，如果决定转而使用其他 B2B 交易平台，它就必须放弃那些已经获得的服务，并重新学习使用新的平台，这样会浪费巨大的时间、金钱等成本，往往使企业不会做出转换交易平台的决定。

在具体的定价过程中，企业可以根据其提供的产品或服务的性质以及客户特点，采取不同的定价策略。

1. 明码标价

在电子商务定价策略中，最常使用的定价策略就是固定价格策略，即明码标价，如在淘宝网店中广泛采用的一口价定价模式。

2. 一对一议价

对于个性化的产品或服务，则可以采取一对一议价的定价策略，克服了明码标价的缺点，如不少垂直网站所提供的咨询服务主要采用议价定价模式。

3. 拍卖定价和反向拍卖定价

拍卖定价和反向拍卖定价策略则是在电子商务市场中比较普遍的价格形成机制。前者由卖者向众多买者征求出价，并将一种产品或服务卖给出价最高的一个购买者，如 eBay 是拍卖定价模式的代表。后者是买主对产品或服务出价，然后由卖主提出投标价，一般投标报价低者能够和买主达成交易，不少企业对原材料的网上招标(电子采购)就采用这种定价模式。

4. 集体竞价

集体竞价就是卖主对产品或服务提出初始报价，在一定期限内，根据提出购买需求的买主数量多少，给出一定幅度的价格折扣，竞价期限到期时的价格就是最终的价格。曾经非常流行的团购网站就是采用集体竞价的价格形成机制。

5. 竞价排名

在搜索引擎广告中，竞价排名是非常重要的一种广告定价模式。搜索引擎对某一关键词搜索结果的排列是有一定顺序的，对于广告主，在购买关键字时，可以自行报价，根据广告主对关键词的出价高低，搜索引擎对其网站的搜索结果进行排名，出价越高则排名越靠前。这种定价模式实际上是搜索引擎服务商对搜索结果排列顺序和广告主关键词报价的一种自动匹配。

6. 免费模式

免费定价策略是互联网商务模式的一种重要经营策略。这种策略的目的是企业为了获得更高的市场占有率或建立用户基础。一般来讲，有三种免费策略：一是免费向用户提供产品或服务，建立用户基础后，向广告用户收取费用，免费是为了提高流量；二是对同一用户免费赠送现有产品或服务，后续对较高版本或更全面的产品或服务收费，网络游戏、网络出版物等往往采用这种免费定价策略；三是免费赠送一种产品或服务，而对相关产品或服务收费。

电子商务盈利模式在很大程度上表现为电子商务对企业价值链结构的改变：基本活动中的信息处理部分，如商品信息发布、客户沟通、供应和分销商订单处理乃至支付都可以通过电子商务手段在网上完成，带来大量的成本节约；基本活动中的采购、进货、发货、销售等环节的物流活动，则可以通过第三方物流加以完成或通过信息管理系统提高效率，进而降低经营成本获得收益；辅助活动中的人力资源管理和技术开发中的部分活动也都可以通过电子商务方式在网上完成，这将产生管理成本降低的收益。

因此，进行电子商务案例的盈利模式分析，需要回答如下问题。

(1) 从用户价值定位看，其盈利能力或盈利空间如何？

(2) 网站从哪些用户那里获得哪些收入？

(3) 在企业的收入来源中，哪些因素对企业的利润水平具有关键性的影响？

(4) 哪些因素影响企业的收入？

(5) 企业收入来源的定价模式有什么特点？

五、核心能力

核心能力是相对稀缺的资源和有特色的服务能力来说的，它能够创造长期的竞争优势。核心能力是企业的集体智慧，特别是那种把多种技能、技术和流程集成在一起以适应快速变化的环境的能力。经过集成后的企业的核心能力应该包括以下三个方面。

(一)资源

企业需要有形的、无形的以及人力资源来支持向客户提供价值的一系列关键活动。有形资源包括厂房、设备以及现金储备。而对于从事电子商务的企业来讲，有形资源主要表现在企业的网络基础设施以及电子商务的软硬件建设水平。无形资源包括专利权、商誉、品牌、交易秘密、与客户和供应商的关系、雇员间的关系，以及以不同形式存在于公司内部的知识。例如，含有重要客户统计数据的数据库以及市场研究发现的内容。对于从事电子商务的企业来讲，这类资源往往包括企业自行设计的软件，访问者或客户的登录信息、品牌和客户群。人力资源是企业员工具有的知识和技能，是企业知识资源的载体，在知识经济时代的作用显得更加重要。

(二)竞争力

竞争力是企业将其资源转化为客户价值和利润的能力，它需要使用或整合企业的多种资源。客户价值目标要求企业充分利用其核心能力加强其向客户提供的价值。企业的竞争力是可扩展的，例如，本田公司设计优良发动机的能力使它不仅能够向汽车，而且能够向便携电力发动机、除草机等提供发动机。

(三)竞争优势

企业的竞争优势来源于企业所拥有的核心能力。那些难以模仿的核心能力往往是由于企业在发展过程中处于领先，或者这些核心能力的形成需要较长的时间，模仿者难以在短期内获得。

进行电子商务企业的核心能力分析，需要把握以下 4 个问题。

(1) 企业拥有的核心能力是什么？

(2) 企业的这些能力有哪些是其他企业难以模仿的因素？

(3) 企业如何才能保持它的竞争优势？

(4) 企业在形成和保持这些竞争优势的过程中，采用了哪些营销战略？

自 测 题

1. 什么是商务模式？简要谈谈商务模式对于电子商务企业的作用。
2. 电子商务网站的盈利模式主要包含哪些内容？你认为最主要的是什么？为什么？

第二章　网　络　零　售

【学习要点及目标】

通过对本章的学习，熟悉网络零售的定义，能够对比综合性 B2C 商城——京东和专门做特卖的网站——唯品会之间不同的商务模式。重点关注网络零售对传统零售方式的颠覆性创新，分析新技术在网络零售中的作用。

【引导案例】

国家统计局数据显示，上半年网络零售和实体零售呈现出明显的"双增长"态势。2018 年 1—6 月份，全国网上零售额 40810 亿元，同比增长 30.1%。另一方面，2018 年 1—6 月份，限额以上零售业单位中的超市、百货店、专业店和专卖店零售额同比分别增长 7.4%、4.6%、9.5%和 6.2%。

经过天猫新零售数字化转型的实体商超，都迎来了客流井喷、销售大增的局面。在线上，天猫仅用了 13 天，就超过 2017 年 "6·18" 整体 18 天的成交量；在线下，全国各大城市超过 70 个新零售商圈、10 万家天猫智慧门店、300 多个品牌同步参与天猫 6·18，极大地激发了实体零售的活力。仅 6 月 18 日当天，就吸引了超过 7000 万人在线下参加天猫 "6·18"。

天猫新零售一直发挥着消费升级主引擎的作用。近日，《人民日报》刊文《消费引擎动力强劲》指出，2018 年 "6·18" 期间，我国网络零售在创下成交量新纪录的同时，表现出明显的品质化趋势，品牌家电、品牌家具成交额同比增速超过一般产品。文章指出，电子支付、虚拟试衣、顾客识别、智能橱窗等天猫新零售新技术在消费市场中的应用场景越来越多，让消费充满科技感。

2018 年的天猫 "6·18" 结束后，商务部发言人高峰在总结 6 月消费趋势时强调，"网络零售呈现服务高质化特点，物流配送、售后服务水平不断提升"。最终消费支出对经济增长的贡献率为 78.5%天猫新零售新消费为国民经济注入内生动力。

线上线下相融共赢的天猫新零售，一方面带动传统消费提质升级，另一方面引领新兴消费风生水起，给经济注入了强劲的内生动力。

(资料来源：网络和实体零售双增长 天猫新零售线上线下加速融合.
https://baijiahao.baidu.com/s?id=1606127577654213091&wfr=spider&for=pc)

第一节　网络零售简介

一、网络零售概述

网络零售是指交易双方以互联网为媒介进行的商品交易活动，即通过互联网进行的信息的组织和传递，实现了有形商品和无形商品所有权的转移或服务的消费。买卖双方通过电子商务(线上)应用实现交易信息的查询(信息流)、交易(资金流)和交付(物流)等行为。网络零售也称网络购物，主要包括 B2C(企业对消费者)和 C2C(消费者对消费者)两种模式。

其中，B2C 主要还可分为平台型和自主销售型两类。平台型的代表如天猫，提供给商家开店的网络环境，平台本身不参与商品的销售。京东则属于自主销售型，大多数商品为自营，通过网站直接向消费者销售商品。

C2C 的代表为 eBay 和淘宝，个人卖家直接在 C2C 平台上发布商品进行销售。但随着业务的发展，越来越多的个人卖家成立了公司，逐步成长为小 B(企业)，C2C 与 B2C 呈现相互融合的趋势。

二、网络零售发展现状

《2018 年度中国网络零售市场发展报告》显示，2018 年中国网络零售市场交易规模达 90 065 亿元，相比 2017 年的 71 751 亿元，同比增长 23.9%。预计 2019 年全年中国网络零售市场交易规模有望突破 10 万亿元。

B2C 市场份额天猫、京东遥遥领先：2017 年我国 B2C 网络零售市场(包括开放平台式与自营销售式，不含品牌电商)，天猫依然稳居首位，在市场中的份额占比为 52.73%，较 2016 年下降了 4.97%。京东凭 32.5%的份额，较往年提高了 7.1%，紧随其后。唯品会的市场份额维持 2017 年的 3.25%，继续保持第三。排名第 4~8 位的电商是：苏宁易购(3.17%)、拼多多(2.5%)、国美在线(1.65%)、亚马逊中国(0.8%)、当当(0.46%)。其他电商平台占 2.95%。

网络零售与社会消费品零售总额占比进一步增大：2017 年全年，社会消费品零售总额 366 262 亿元，比上年增长 10.2%。2017 年中国网络零售市场交易规模达 71 751 亿元，占到社会消费品零售总额的 19.6%，较 2016 年的 14.9%，增幅提高了 4.7%，2018 年占比预计将达 22.7%。其中，实物商品网上零售额 54 806 亿元，增长 28.0%，占社会消费品零售总额的比重为 15.0%；在实物商品网上零售额中，吃、穿和用类商品分别增长 28.6%、20.3%和 30.8%。

B2C 电商上市公司总市值达 3.8 万亿元：中国 2017 年 B2C 电商上市公司中，市值排名前十的分别是：阿里巴巴(5087.82 亿美元)、京东(502.1 亿美元)、苏宁易购(1473.78 亿元)、唯品会(76.97 亿美元)、南极电商(256.29 亿元)、宝尊电商(34.72 亿美元)、国美零售(185.4 亿港元)、有赞(124.95 亿港元)、御家汇(101.16 亿元)、寺库(4.76 亿美元)。据电子商务研究中心测算，11 家海内外零售电商上市公司总市值约达 3.8 万亿元人民币。

百亿级 B2C 电商"独角兽"出现：估值排名前十的零售电商"独角兽"分别依次是：拼多多(113 亿美元)、瓜子二手车(32 亿美元)、汇通达(16 亿美元)、易果生鲜(30 亿美元)、万达电商(飞凡网)(30 亿美元)、美丽联合(30 亿美元)、小红书(30 亿美元)、宝宝树(20 亿美元)、美菜网(20 亿美元)、云集(20 亿美元)。

进口跨境电商融资金额超过 18.5 亿元：2017 年进口跨境电商有 26 起融资事件，涉及金额不低于 18.5 亿元人民币，融资金额排名前三的分别为：豌豆公主(6800 万美元)、洋码头(数亿元人民币)、淘淘羊(数亿元人民币)。其中，融资金额千万元以上的事件有 20 起。

电商"第三极"崛起，主流社交电商融资总额达 230 亿元人民币，目前中国主流社交电商平台有融资 15 起，其中，拼多多平台融资金额最高，达 30 亿美元，占主流平台融资金额的八成。

生鲜电商市场呈现两大派系格局：近年生鲜电商发展增长强劲，在阿里巴巴、腾讯两大互联网产业巨头的影响下，形成了一定的市场格局。目前，阿里巴巴的生鲜电商布局体系以自营盒马鲜生、天猫超市为代表，同时还汇集了大润发飞牛网、易果生鲜、苏宁苏鲜生、欧尚等。腾讯则以其电商界最大合作伙伴京东为生鲜电商先锋和基础设施服务商，汇集了京东生鲜、京东 7FRESH、永辉超市、超级物种、每日优鲜、天天果园、拼多多等平台。

第二节　京东案例

一、京东简介

京东于 2004 年正式涉足电商领域。2014 年 5 月，京东集团在美国纳斯达克证券交易所正式挂牌上市，是中国第一个成功赴美上市的大型综合型电商平台。2015 年 7 月，京东凭借高成长性入选纳斯达克 100 指数和纳斯达克 100 平均加权指数。2018 年，京东集团市场交易额接近 1.7 万亿元人民币。2019 年 7 月，京东第四次入榜《财富》全球 500 强，位列第 139 位，在全球仅次于亚马逊和 Alphabet，位列互联网企业第三。

截至目前，京东集团拥有超过 17 万名正式员工，并间接拉动众包配送员、乡村推广员等就业人数上千万的岗位。京东目前已完成全品类覆盖，消费品、3C、家电等优势品类年交易额突破千亿元大关。在传统优势品类上，京东已成为中国领先的手机、数码、计算机、家电零售商，京东超市领先线上线下商超渠道。京东一向坚持诚信经营，大量品牌直供从源头杜绝假货，通过严审商家资质、严控进货渠道、自主研发质控系统等六大举措确保正品行货。

近三年来，京东时尚品类销售额年均增长率超过 100%，增速是行业平均增速的两倍以上。过去四年，京东家居家装品类年销售额平均增长率超过 200%，显著高于行业水平。2016 年，京东积极布局生鲜业务，拥有国内领先的生鲜电商冷链宅配平台，冷链配送覆盖全国 300 多个城市。

京东集团自 2007 年开始自建物流，并于 2017 年 4 月 25 日宣布成立京东物流集团。目前，京东自营物流在全国范围内拥有七大物流中心，截至 2018 年 9 月，在 50 多座城市运营了 550 个大型仓库，总面积约为 1190 万平方米；拥有 5367 个配送站和自提点，覆盖全国范围内的 2356 个区县，并且正在加速推进渠道下沉。京东致力于成为全球唯一拥有中小件、大件、冷藏冷冻仓配一体化物流设施的电商企业。京东物流大件和中小件网络已实现大陆行政区县 100% 覆盖，自营配送服务覆盖了全国 99% 的人口。

二、京东发展历程

1. 1998—2006 年：柜台起家、试水电商

1998 年 6 月 18 日，刘强东用 12 000 元从中关村租下 4 平方米摊位，开始以卖光盘、光磁产品、刻录机等批发零售业务起步，创办京东公司。

2003 年京东试水电商。非典爆发成为京东开始做电商的契机，京东全力迎合趋势发展。当时公司账面资金两三千万元。

2005 年京东线上销售额 1000 万元，利润微薄。

2. 2006—2010 年：引入风险投资、自建物流体系

2006—2010 年，京东完成战略布局、博弈、与竞争对手战斗、自建物流体系、提升团队(引入职业经理人、管培生)。

2006 年 10 月，京东首次引入今日资本风险投资 1000 万美元。

2007 年 6 月，京东多媒体网正式更名为京东商城；7 月，京东建成北京、上海、广州三大物流体系，总物流面积超过 5 万平方米。

2009 年，老虎基金以估值 2.5 亿美元投资京东。

2010 年 4 月，高瓴资本张磊以 10 亿美元估值，投资京东 2.65 亿美元，后来又追加 5000 万美元，成为京东第一大股东。

3. 2011—2015 年：上市，成为规范运作的大公司

2011 年至 2014 年 5 月上市前，京东融资金额累计 20.26 亿美元，股东名单上有今日资本、雄牛资本、老虎基金、高瓴资本、DST、红杉基金、凯鹏华盈、加拿大安大略教师退休基金、腾讯等。

2014 年 5 月 22 日上午 9 点，京东在美国纳斯达克挂牌上市。

2014 年 6 月开通微信"购物"一级入口，推出"智能云"平台。

2015 年 7 月，美国纳斯达克股票市场宣布，京东商城(JD)7 月 29 日起将成为纳斯达克 100 指数和纳斯达克 100 平均加权指数的一部分。

2015 年 10 月与腾讯联合宣布推出全新合作项目"京腾计划"。

4. 第四阶段：2016 年至今

2016 年 6 月，《2016 年 BrandZ 全球最具价值品牌百强榜》公布，京东首次进入百强榜，品牌价值同比增长 37%至 105 亿美元，排名第 99。同月，与京东到家合并后重组的众包物流平台新达达宣布，其众包物流系统已与京东商城的配送系统完成对接，自此，新达达平台上 200 多万众包配送员将纳入京东商城物流体系，为其提供最后一公里配送服务。

2016 年 7 月，京东入榜 2016 年《财富》全球 500 强，位列 366 位，成为中国首家、唯一入选的互联网企业。

2017 年 3 月，京东集团正式签署关于重组京东金融的最终协议，6 月完成重组交割。

2017 年 4 月，京东物流子集团正式成立。同月京东服饰得到 AAFA(美国服装和鞋履协会)认证，正式成为 AAFA 的官方会员。

2018 年 2 月，京东物流获中国物流行业最大单笔融资 25 亿美元。

2018 年 6 月，京东与谷歌签订战略合作协议，双方将围绕零售创新展开全方位的深度合作，共同开拓国际零售市场。

三、京东的商务模式

Michael Rappa 教授指出，"商业模式就其最基本的意义而言，是指做生意的方法，是一个公司赖以生存的模式——一种能够为企业带来收益的模式"。

(一)战略目标

本着"让购物变得简单、快乐"的使命，以"诚信、客户为先、激情、学习、团队精神、追求卓越"的价值观，京东致力于成为一家为社会创造最大价值的公司。京东在商业领域一次又一次突破创新，取得了跨越式发展。与此同时，京东不忘初心，积极履行企业社会责任，在促进就业、提升社会效率、反哺实体经济等方面不断地为社会做出贡献。

截至目前，京东集团拥有超过 17 万名正式员工，并间接拉动众包配送员、乡村推广员等就业人数上千万。2016 年开始，京东全面推进落实电商精准扶贫工作，通过品牌打造、自营直采、地方特产、众筹扶贫等模式，在 832 个国家级贫困县开展扶贫工作，上线贫困地区商品超过 300 万个，实现扶贫农产品销售额超过 300 亿元。依托强大的物流基础设施网络和供应链整合能力，京东大幅提升了行业运营效率，降低了社会成本。在品质电商的理念下，京东优化电商模式，精耕细作反哺实体经济，进一步助力供给侧改革。京东以社会和环境为抓手整合内外资源，与政府、媒体和公益组织协同创新，为用户、为合作伙伴、为员工、为环境、为社会创造共享价值。

(二)目标用户

京东的目标用户主要定位于强调交易效率、购物体验和商品品质的以 25～35 岁青年为主的中高端网络购物客户。这些用户学历水平整体较高，熟悉计算机和互联网操作，愿意接受京东提供的大规模品牌商品和统一服务标准，同时这类群体也是互联网的主要用户群体。

2018 年京东拥有核心业务年度活跃用户数 3.05 亿，同比增长 4.38%。在京东购买商品的用户中，25～35 岁的人群占到了 56%，公司职员和企业管理者占到了 70%。

(三)产品和服务

首先，京东用诚信打开市场，商城销售商品保证是正品，并且售后无忧。京东在业内除了以正品低价著称外，配送服务也是相当人性化，包括 211 限时达、次日达、极速达、夜间配和自提柜等。

此外，京东推出 3C 产品四大升级战略，涵盖运营、营销、渠道、金融等方面，全方位推动品牌升值。

(1) 渠道方面，京东将整合 3C 全渠道能力，为合作伙伴提供定制化的渠道解决方案，除了京东原有的 PC、APP、微信等传统渠道，未来京东还将发力于企业客户采购、开拓线上联盟、线下渠道联盟、区域行销渠道等新渠道解决方案，打造线上线下全渠道平台。

(2) 运营方面，京东物流将打造专业的 3C 品类仓保驾护航，在运营中实现快速交付减少等待时间，上门提货检测维修，并由开放的售后导购提供咨询服务。

(3) 营销方面，京东与腾讯共同推出的战略合作项目京腾 3C 计划，将利用京东销售大数据和腾讯社交大数据对消费者进行精准任务画像，深度打造消费者触媒习惯，为厂商提供定制化的营销解决方案，实现销量和品牌的双重提升，并针对不同属性的消费需求形成多维度战场，利用腾讯社交平台进行精准人群定制化投放。京东将数据和场景化电商整合，为目标人群创造社会化电商体验。

(4) 金融方面，针对 3C 产品，京东金融将从设计研发、生产制造、渠道营销、支付交易等整个供应链及销售链条上为厂商消费者提供全程金融服务，为消费者在购买环节进一步增强保险和众筹的覆盖范围，使得消费者和厂商互利共赢。

除此之外还有其他的增值服务，包括仓间调拨、代贴条码、个性包装、B2B 服务、商品加工、京配打标、动产金融等。

(四)盈利模式

据 2018 年 11 月 19 日晚京东发布的 2018 年 Q3 财报显示，京东本季度总成交金额为 3948 亿元，同比增长 30%；其中净营收 1048 亿元，同比增长 25.1%，净服务收入 109 亿元，同比增长 49.4%；在美国通用会计准则下，归属于普通股股东的持续经营业务净利润为 30 亿元，同比增长 195.8%。从京东 2016 年 Q1 季度财报到 2018 年 Q3 季度财报显示的归属于公司股东净利润数据来看，同比下降的趋势在不断收缩，并于 2018 年第一季度开始实现盈利。京东集团董事局主席兼首席执行官刘强东表示："京东承诺提供便捷可靠的服务和高品质正品行货，这为我们持续带来了越来越多的忠诚用户。'零售即服务'战略为广大的合作伙伴提供创新的零售基础设施解决方案，也在获得越来越多的青睐。"

京东目前的主要利润来源于与供货商的包销模式中获取的产品差价和返点收益。刘强东曾透露，2009 年，京东商城的毛利率比 2008 年提高了 70%，而这 70%的增长全部来自于返点收益。2012 年 2 月，就有网友在微博曝光京东商城与供货商的合作协议。该协议称，京东商城收取供货商 20 万元品牌服务费，并要供货商保证京东商城销售总额 20%的毛利额。此外，京东商城还设计出其他收益项目，比如平台使用费。京东商城根据服务类型收取相应比例的佣金，如收取平台使用费 6000 元等，同时根据不同的店铺经营类目，收取平台保证金 1 万元至 10 万元不等。京东商城还提供物流服务；利用收到顾客货款和支付供应商的时间差产生的资金沉淀，进行再投资，从而获得盈利；广告费也成为其营收来源之一。从商品品类来看，京东从 3C 转型到综合百货类，它的盈利来自直接销售收入、虚拟店铺的出租费、广告费、资金沉淀收入等。下面从利润点、利润对象、利润源分析京东商城的盈利模式。

1. 利润点

利润点是企业提供产品或者服务，让企业获得利润的项目。京东主要提供了以下几项产品及服务。

(1) 自营商品：京东拥有自营商品，特别是在计算机、笔记本、平板电脑、手机等 3C 产品上，更是以正品保证实现了大量销售。

(2) 销售平台：京东为其他卖家提供了销售平台，同时也提供宣传推广等服务。

(3) 自营物流：京东自建物流配送体系，为自营产品、其他卖家提供物流服务，另外还对外接配送业务。

(4) 其他附加产品：如金融领域的京东白条、京保贝、小金库等。

2. 利润对象

利润对象是指企业的目标客户范围。自公司成立以来，京东每年的注册用户都以接近 200%的速度增长。2013 年 4 月，京东注册用户突破 1 亿，2014 年活跃用户数为 9660 万，

到 2015 年 9 月 30 日，其活跃用户数为 1.319 亿，同比增长了 59%，截至 2018 年年底，京东商城拥有活跃用户数 3.05 亿，同比增长 14.6%，为京东营收持续增长打下了坚实的基础。

3. 利润源

利润源就是利润获得的渠道或途径，是企业发展和生存的基础。京东根据提供的不同产品与服务，采取相应的获利渠道，如直接销售自营商品，收取入驻商家的年费、平台使用费、店铺保证金，收取商家广告费，自营物流，以及京东白条等附加产品收取利息等获得利润。早在 2012 年，京东广告收入就有近两亿元，目前京东物流每天承接的外部包裹量已经超过 10 万单。

(五)核心能力

1. 产品正品保证

京东商城的商品在价格合理的情况下，能够保证质量及正品，而这也正是大多数消费者所追求的"物美价廉"。

2. 支付方式便捷

京东提供货到付款、在线支付、分期付款、公司转账、邮局汇款等支付方式。在线支付可以支持京东白条、余额、银行卡、网银+、微信、银联在线、网银钱包、信用卡等方式；分期付款暂时只支持京东白条。

3. 物流配送服务完善

1) 自建物流系统

2009 年 3 月，京东商城成立了自有快递公司，物流配送速度、服务质量得以全面提升。自 2009 年至今，京东商城陆续在天津、苏州、杭州、南京、深圳、宁波、无锡、济南、武汉、厦门等 50 余座重点城市建立了城市配送站。此外，京东在北京、上海、广州、沈阳、成都、武汉等大城市已经建立了 23 个智能化物流中心——亚洲一号。2010 年 4 月初，京东商城在北京等城市率先推出"211 限时达"配送服务，在全国实现"售后 100 分"服务承诺。90%以上的自营订单可以在 24 小时内送达。

2) POS 机上门服务

京东商城启用移动 POS 上门刷卡服务，不仅便利了消费者，提升了交易的速度，而且大幅度提升了销售量和客户满意度。

3) 库存管理

作为网上零售商场，京东自建 ERP 系统，全面管理供应商、物流、配送信息，帮助京东缩短库存周转率，节约成本，从而提升公司整体运营效率。

4. 在线服务周全

京东商城在为消费者提供正品行货、机打发票、售后服务的同时，还推出了"价格保护""延保服务"等举措，最大限度地解决消费者的后顾之忧，保护了消费者的利益。

5. 售后服务全面

除了基本的售后服务外，京东还提供一些特色服务，比如商品拍卖、家电以旧换新、京东礼品卡、积分兑换、上门服务、延保服务、DIY 装机等，满足了客户的不同需求。

四、成功之处

(一)多渠道融资，坚实的运营资本

2007 年 4 月至上市前，京东共获得近 30 亿美元的风险投资。2014 年 5 月 22 日，京东在美国上市，市值为 260 亿美元，成为仅次于腾讯、百度的中国第三大互联网上市公司。截至 2019 年 8 月，京东市值超过 390 亿美元。2016 年 1 月，京东金融集团获得来自红杉资本中国基金、嘉实投资和中国太平领投的投资人的投资，融资金额 66.5 亿元。此轮融资对京东金融的估值为 466.5 亿元。

(二)"一站式"服务，满足消费者需求

"一站式"服务集成了上网、信息、支付、物流与配送、售后保障、技术支持等多种服务，尽最大努力满足消费者的购物需求，让消费者"一站"解决所有问题。

京东商城在 2007 年开始尝试扩充产品线。2008 年下半年，京东正式在 3C 的基础上增加日用百货商品，至 2010 年已经有了 10 多个品类，其中涉及数码、计算机、家用电器、服装、化妆品、运动、母婴、食品等多个领域。2010 年年底，京东商城第三方销售平台"品牌直销"频道正式上线，截至 2018 年 11 月，该频道共有约 20 万个签约商家，近百万种商品入驻。平台商户可以享受京东的仓储、配送、客服、售后、货到付款、退换货和自提货等服务，减少自建服务体系的成本。

(三)自营物流，高效的配送服务

2007 年 8 月，京东开始在北京、上海、广州三地建立自己的配送队伍。目前，京东在北京通州已经建成了华北物流中心的三个仓库，总占地面积达到 3 万平方米。同时，京东还在北京市的主要商业区设置了 8 个自提中心和 10 多个配送中心。2009 年年初，京东商城斥资成立物流公司，布局全国物流体系。至 2018 年 11 月，京东在 50 多座城市运营了 550 个大型仓库，拥有 5367 个配送站和自提点，仓储设施占地面积约 1190 万平方米。2018 年 9 月 10 日，其东南亚地区的智能仓储物流中心在泰国建成；此外，2018 年 11 月，京东物流的第一架全货机也成功完成首航。京东专业的配送队伍能够为消费者提供一系列专业服务，至 2018 年年底，京东物流搭建了包括 211 限时达、京瞬达、快递到车、京准达、京尊达、极速达、长约达等在内的"配送全家桶"服务体系，全面满足消费者不同品类、不同消费场景的时效需求，将用户体验带入"按需配送"时代，保障用户享受到卓越、全面的物流配送和完整的"端对端"购物体验。

(四)低成本，高效率

对于 B2C 公司来说，网络生存的法则就是"低成本、高效率"。京东商品价格制定从不参考同行价格，而是在商品的采购价上，加上 5% 的毛利，即为京东的价格。利用低价迅速征服消费者，不断扩大销售规模。

同时，又利用电子商务的短账期优势，提高了资金周转效率，降低成本。京东商城在

创立之初，就自建信息系统，根据消费者在网上的点击率、关注程度、过往的销售量等信息，迅速对产品销售做出预判，并对产品销售全过程——订单确认、仓储、检货、物流、配送等环节进行信息化管理，充分利用电子商务的高效率优势，尽可能缩短账期。京东目前的平均库存周转只需 7～12 天左右，平均账期只有 20 天，从而加快了整个产业链运营的效率。

(五)目标客户定位精准

互联网用户主要以 25～35 岁的青年为主，而计算机、通信和消费类电子产品的主流消费人群正是他们。这意味着京东商城的主流消费人群与互联网的用户重合度非常高，也就具备了开拓市场的前提。

2018 年第三季度，京东商城拥有核心业务活跃用户数 3.052 亿，第三季度核心业务的订单销售总额为 3948 亿元，这两个数字证明了京东商城的用户黏度非常强。2018 年在京东商城购买商品的用户中，23～40 岁的人群占到了 59%。京东用户收入水平分布相对平均，22 岁以下用户与收入 3000 元以下用户重合度较高，可见是学生用户的聚集地。京东商城的会员是互联网购买人群的主力，具有较强的购买能力，但相对于 23～40 岁的网民数量而言，京东商城仍有很大的发展空间。

垂直类 B2C 商城只需要上万种商品就可以满足大部分消费者的需求，但综合类 B2C 商城至少需要 10 万种以上的商品才能满足运营需求，商品数量的增多必然带来工作难度和人员配备的增加，增加管理的难度。京东商城最初进入市场时以 3C 为切入点，做垂直类 B2C，能够使自己精准锁定目标客户，了解客户需求，并提供其所需要的产品和服务，培养客户的忠诚度，形成品牌效应。

(六)可靠的售后保障

为了提高用户购买体验，京东除了提供传统的售后服务之外，还提出"售后 100 分"服务。该服务承诺，客户购买京东自营商品 15 日内如出现故障，在 100 分钟内处理完客户的售后问题，处理完的标志为已经为客户提交了换新订单、补发订单、补偿申请或者退款申请。如客户不同意以上解决方案，协商时间另计。如以上承诺京东未做到，除故障商品全额退款外再给予客户 1000 个京豆作为补偿。

(七)电商云服务链和生态圈

2014 年 1 月 9 日，京东发布了"京东电商云战略"。京东电商云是京东电商开放生态的云信息平台，提供围绕电商应用全生命周期的云服务，向合作的 ISV 和个人开发者提供京东系统开放接口、服务交易市场、电商应用云托管平台、应用开发云平台、社区生态环境等电商云服务，从而形成一个完整的云服务链条，与广大商家、用户、ISV 和应用开发者共同培育电商应用生态。

同时，京东集团逐步加大对外投资并购力度，有效地补充了已有核心电商业务模式，通过投资并购切入汽车、旅游、餐饮、生鲜等领域，更为全面地满足京东海量、优质用户的多元化需求，为公司长远发展进行战略布局。如 2015 年，京东战略投资了三家上市公司——易车网、途牛旅游网和金蝶软件，还与科大讯飞、上海医药两家 A 股上市公司签订合作协议。京东还联合投资了我国最大的网上订餐平台——饿了么，战略投资了金融服务公司——分期乐、51 信用卡和 ZestFinance，以及生鲜电商——天天果园等。

(八)无界零售构造新生态

京东通过"无界零售解决方案"实现了与腾讯、百度、奇虎 360、网易、搜狗、爱奇艺、搜狐等诸多一线互联网公司线上线下数据的融合、场景的贯通和交易的同步。而通过这一系列的合作，京东帮助其背后的品牌商们几乎触达了全体中国互联网用户，并能够利用各个平台的数据资源、用户流量，辅以大数据和人工智能算法，实现精准营销。京东通过无界零售战略，一方面拓展了流量来源，让零售场景和入口变得更加多元化；同时也提高了流量转化的效率，在流量成本激增的 2017 年，依然能够保持获客成本的相对稳定。

五、结论与建议

京东是最受中国消费者欢迎和最具影响力的电子商务网站之一、除了网络零售外，京东还涉足物流、金融等领域，业务朝多元化方向发展，但是目前京东仍面临诸多挑战。

(一)巨额投入仍在继续

京东的自建物流投入巨大，要投资构建一个覆盖全国的仓库、快递网络，需要上百亿元的资金。为了提高客户体验满意度，京东需要不断地投入人力、物力、财力，以提供各种便民服务。虽然目前京东的各种物流服务和设施已经逐渐完善，但商品交易量日益增长，要继续保持良好的客户体验，需要不断的资源投入。

(二)平台商品质量难以保证

京东自营品牌向来以"高质量""正品"著称。然而随着平台开放，第三方卖家大量涌入，平台产品良莠不齐，引发了大量投诉事件。保障平台用户享受与京东自营同样的购物体验是极大的挑战。在非自营商品特别是跨境产品的把关上，京东还需要不断的资源投入与技术革新，才能保住其良好的口碑。

(三)活跃用户数增长遭遇瓶颈

从图 2-1 中可以看到京东活跃用户数的增速一直处于下滑状态，且首次出现环比负增长，这意味着京东活跃用户或遭遇瓶颈。作为以电商起家的京东，活跃用户数的增长见证着京东平台的活力，在电商红利见顶的时代，京东对于用户数据的积累并不算少，不过随着各大电商平台的出现也一定是在分流着用户数。

那么如何逆转活跃用户数？2018 年社交电商成为一个小风口，比如拼购模式，京东拼购在社交电商领域的布局便较为明显，坚持"低价不低质"的定位，依托京东平台采销体系和品质监管体系，通过"工厂直供+单品特卖"的双重模式减少中间环节，打造价格优势，推动渠道下沉；此外以京东平台为载体、以时尚生活产品为核心的一站式领券购物平台——享橙，或许在一定程度上再次为京东导流和增加活跃用户数。所以社交电商的布局或将是京东未来用户数突破瓶颈的重要一环。

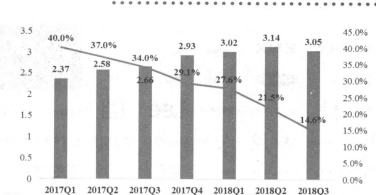

图 2-1 2017—2018 年 Q3 京东活跃用户数统计

(四)由零售向技术转型的挑战

京东集团于 2017 年年会宣布要全面向技术转型，要用 12 年的时间，让技术驱动和支撑今天所有的业务。在服务品质和履约成本上做权衡，技术一定是最好的解决途径，京东的 X 事业部，就是专门从事智慧化物流设备的研发。如果真正实现了智慧物流，人力成本就能得到极大的节省。不过，因为政策法规上的问题，目前京东的无人车、无人机等智慧物流设备还无法大规模商用。2017 年，京东用于技术研发上的投入也从上一年的 45 亿元人民币大幅增加到 67 亿元人民币，增速为 49.4%。进入 2018 年，仅仅在第一季度，京东用于技术研发上的投入就提升到 24 亿元人民币，同比增幅达到了 87.2%。

(五)股价暴跌影响资金链

2018 年以来，受国际环境的影响，京东的股票从 2 月到 8 月跌幅已达 42%。刘强东美国事件曝光后，股价更是急剧下跌，9 月亏损的资金已经达到将近 500 亿元。而京东在物流和仓储配送的投资还未停止，在技术研发方面也在不断地投入，加上近年来大量的并购，京东资金链面临前所未有的挑战。

可见，在从电商平台到电商、物流、金融、技术并举的转型过程中，京东也遇到了资金、政策及发展方向的诸多挑战。最大的竞争对手阿里和百度也在加速技术研发，京东正面临前所未有的压力。

第三节 唯品会案例

一、唯品会简介

唯品会是一家做品牌特卖的网站，主打正品保证、深度折扣、限时特惠抢购的网络闪购模式。入驻唯品会的部分知名品牌如图 2-2 所示。唯品会在中国开创了"名牌折扣+限时抢购+正品保障"的创新电商模式，并持续深化为"精选品牌+深度折扣+限时抢购"的正品特卖模式，为消费者带来愉悦的购物体验和超高性价比的购物惊喜。这一模式被形象地誉为"线上奥特莱斯"。

图 2-2 入驻唯品会的知名品牌

唯品会以提升我国甚至全球消费者的时尚品位为目标，为消费者打造唯美的生活格调和高品质的生活态度。唯品会致力于打造国内一流的电子商务平台，以"用户是上帝，也是我们的衣食父母，坚持用户利益至上，不断倾听和深刻理解用户需求，不断给用户惊喜，不断提供超预期的体验和服务，不断创造新的用户价值"诠释了企业对待客户的理念；以"尊重和善待合作伙伴，真诚合作，一起共建共生共赢的生态环境"为原则对待合作伙伴；以"员工是公司最大的资产，不断激发员工潜能，使员工与企业共赢、共成长；善待员工，关爱员工身心健康"的理念对待员工；以"怀感恩的心，注重社会责任，尽企业的力量，回报社会，施帮助于需要帮助的人，塑造健康企业形象"的态度回报社会，以"简单、创新、快速、协作"的理念实现成功。

二、唯品会发展历程

2008 年 12 月，唯品会名牌限时折扣网正式运营。

2012 年 3 月 23 日，唯品会成功登陆美国纽约证券交易所(NYSE)上市(股票代码：VIPS)，成为华南地区首家在纽约证券交易所上市的电子商务企业。

2013 年 1 月，唯品会主动访问用户比例升至 31%，在 B2C 网站中排名第一。

2016 年 5 月，唯品会"唯品国际"频道全新升级，继续深化"正品、精选、价格、服务、规模"五大核心差异化竞争优势，将原有的"跨境商品特卖平台"升级为用户"遇见全球美好生活"的"生活方式平台"。

2017 年 6 月，唯品会正式宣布将宣传语从"一家专门做特卖的网站"升级为"全球精选 正品特卖"。

2017 年 12 月 18 日，腾讯和京东联合向唯品会投资 8.63 亿美元。

2018 年 5 月 11 日，唯品会宣布唯品国际与京东全球购已在供应链和采买方面达成合作。

三、唯品会的商务模式

(一)战略目标

唯品会将宣传语从 "一家专门做特卖的网站"升级为"全球精选　正品特卖"后，全新品牌定位在特卖的基础上，更着重强调全球精选、正品保证，着力于为用户带来除低价格之外的优质体验。唯品会作为中国最大的名牌折扣网站之一，积极打造成为 B2C 电子商务平台上名牌折扣网上第一店，中国的网上奥特莱斯，以高质量的产品、专业的设计和运营、完善的售后服务等服务消费者，致力于提高中国消费者的时尚品位。

(二)目标客户

唯品会在全球范围内注册用户约 3 亿，以二、三线城市白领居多，其中 80% 以上为女性。这些地域的消费者收入低于一线城市，购买正价品牌商品的能力较弱，但也想拥有品牌商品。唯品会提供了超过 20 000 个高质量的折扣品牌商品，以满足她们的需求。

唯品会最初定位的客户群为 20～35 岁的年轻白领，但据相关数据显示，2017 年年中开始，90 后一跃成为唯品会占比最高的客群。截至 2018 年一季度，90 后客户数占比近 40%，且新增用户近半数为 90 后。这群年轻人追求时尚、新颖，追求个性独立，唯品会中的商品以较低折扣进行销售，这更易于刺激青年群体对品牌产品的消费。在购买力上，近 5 年来随着 90 后的成长和角色的多元化，无论是客单价还是人均订单量，与唯品会全站的差距正在逐渐缩小，成为消费主力的态势明朗。

唯品会已与京东达成战略合作，京东的用户以一、二线城市中产阶层为主，而唯品会二、三线及以下城市的用户占 70%，京东的优质用户将补充唯品会的用户来源，为唯品会创造更多利润。2018 年第二季度，来自腾讯、京东的新客户数量占唯品会本季度新客户总数的 24%，唯品会的京东旗舰店目前有大约 150 万用户，来自唯品会小程序的新客户数量环比增长了 500%以上。

(三)产品和服务

每天早 10 点晚 8 点，唯品会准时上新，在售商品涵盖服饰穿戴、美妆、母婴、居家等全品类。目前在线销售品牌超过 6000 家，以低至 1 折的超低折扣限时抢购，为消费者带来"网上逛街"的愉悦购物体验和超高性价比的购物惊喜。同时，唯品会为用户提供了以下服务。

1. 正品保障

唯品会所销售的商品均从品牌方、代理商、品牌分支机构、国际品牌驻中国办事处等正规渠道采购，并与之签订战略正品采购协议。不仅如此，唯品会对供应商的资质都进行严格审查，营业执照等五证、产品检验报告及品牌授权许可文件，缺一不可。对于进口的商品，还要求供货商必须提供进关单据等文件。对于 3C、化妆品、食品等产品，均依据国家规定要求供应商提供商品特殊资质证书。

在唯品会上售卖的品牌均为正品，并由中国太平洋财产保险股份有限公司对购买的每件商品进行承保。

2. 支付服务

唯品会支持多种支付方式，包括在线支付、优惠券、货到付款、唯品钱包、联名卡、唯品花和优惠口令等，多种形式的支付方式能够最大限度地满足客户的个性化需求。

3. 配送服务

唯品会与多家快递公司合作配送商品，会员在唯品会成功购买商品的每一个订单，系统都会默认生成一个包裹。唯品会目前暂时不提供自选物流的服务，会根据订单中的收货地址和商品种类选择最合适的物流公司为会员配送。唯品会的配送范围覆盖全国大部分地区(港澳台地区除外)。

验货与签收商品是配送服务中的重要方面，唯品会已与配送公司签订先验货后签收协议，顾客在配送人员还在场的情况下，当面验收商品。

当成功订购商品后，唯品会在指定的时间内把订购的商品送到顾客的手中，其中包括购买的商品、送货单、商品发票等。唯品会承诺如有任何问题，可与唯品会客服联系。

4. 售后服务

售后服务是整个交易过程中不容忽视的重要环节，为提升客户的满意度、树立良好的企业形象，唯品会承诺的售后服务有退换货、维修服务、保险理赔、投诉及建议等。

(四)盈利模式

唯品会的核心价值在于：第一，尽管唯品会本质上仍是一个商品销售平台，但唯品会专注的是闪购市场，并且是最早把闪购做大做强的网站，先动者优势明显。唯品会毛利率高的一个原因在于其在闪购市场的议价能力。唯品会引入新品牌进入线上销售的流程是，首先与品牌商进行接触，以极低的价格达成协议，把商品引入线上，唯品会只支付货物价格的10%～15%的押金，对于长期合作的品牌商甚至不用支付押金。通过线上的促销活动实现对商品的销售，最后把剩余的商品返还供应商，大大降低了资金占有率，这是唯品会实现盈利的关键。与此同时，马太效应使得唯品会在闪购市场迅速成长，尽管当当的"尾品汇"等竞争者相继杀入闪购市场，但是由于其大部分正价与部分折扣的定位相违背，难以控制价值链，并不能真正动摇唯品会的地位。

第二，尽管唯品会提供的商品品类和其他综合性网络零售平台相比不算多，但是唯品会的一大核心价值在于导购。对于消费者而言，商品品类过多容易造成选择困难。而唯品会对海量的商品进行筛选后再确定上线商品，使消费者的购物体验更轻松化。与此同时，唯品会选择的商品都是具有一定口碑的品牌，因而其网站上提供的商品的质量也得到了保障。这无疑有利于唯品会树立一个良好的企业形象，增加了其无形资产和竞争力。较少的商品品类也降低了库存管理的难度，降低了物流成本。

第三，唯品会采用自营平台、自有仓库、自有配送，全链路自营模式将正品直接送到用户手中。同时，由于唯品会的闪购与限时特卖的模式，其网站上出售商品每天都在更新，商品的上下架速度非常快，因此唯品会库存转化速度要快于其他电商。通常情况下，唯品会的库存 5～7 天便会进行一次更新，而其他网站经历这一过程往往需要 20 天左右。极快的库存周转率是唯品会实现盈利的另一关键因素。从供应商的角度来看，从达成合作协议到商品上线进行销售，再到剩余货物的返回整个过程也就 40～50 天，因此也乐于与唯品会合作。

除此之外，唯品会的直接收入来源主要有以下几种：销售商品或服务获取的差价、销售佣金、广告收入以及竞价排名等。唯品会的利益相关者主要有消费者、产品供应商、物流配送企业及广告主，其基本价值网络如图 2-3 所示。

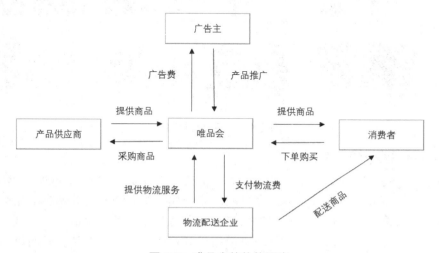

图 2-3　唯品会的价值网络

得益于强劲的盈利模式，截至 2018 年第二季度，唯品会已经实现连续 23 个季度盈利，打破电商行业纪录。2018 年第二季度总净营收至人民币 207 亿元(约合 32 亿美元)，较 2017 年同期的人民币 175 亿元增长了 18.4%。唯品会 2018 年第二季度总净营收的同比增长，主要得益于总活跃用户数量的增长，以及每用户平均营收的提升。唯品会 2018 年第二季度总活跃用户达到 2980 万人，同比增长 6%，反映出与腾讯和京东的合作开始结出硕果。来自这些渠道的新客户数量占唯品会该季度新客户总数的 24%。而订单总量为 1.113 亿份，较 2017 年同期的 8480 万份增长了 31%。

(五)核心能力

1. 精准定位，极高的复购率

唯品会开创了"名牌折扣+限时抢购+正品保证"的营销模式。每天早上 10 点和晚上 8 点准时上线 200 多个正品品牌特卖，以最低至 1 折的折扣实行 3 天限时抢购，给消费者带来良好的购物体验。2018 年第二季度，唯品会用户复购率高达 85%，高于 2017 年同期的 79%，复购客户订单占比 96%，高于 2017 年同期的 93%。用户的高复购率源于唯品会较好的用户体验和精准的用户定位。据统计，老客户所产生的销量是新客户的 15 倍以上，开发一个新客户的成本是维护一个老客户的 5 倍左右。唯品会通过精准地锁定价格敏感人群，培养起目标客户的消费习惯，极高的复购率是其持续盈利的主要原因。例如图 2-4 所示的唯品会活动预告。

图2-4　唯品会活动预告

2. 商品精选的导购价值

唯品会并不是一家导购网站，但其最大的价值恰恰却是导购所创造的。购物本应当是件轻松、快乐的事情，但置身于网上海量的商品中往往感受到的是茫然。唯品会的价值就在于其站在独立第三方的角度，从海量的商品中为消费者做了一次精选，并且由于这些商品基本上都有一定的品牌认知度，产品质量也相对有保证，因此唯品会能通过口碑逐渐地在消费者中间建立信任感。

3. 与品牌供应商直接合作

截至2018年第一季度，唯品会累计与全球超过20 000家品牌达成合作，已有超过10 000多个国内外知名品牌强势入驻唯品会，潮流服饰、时尚美鞋、品质家纺、精美配饰、童装、母婴用品、大牌化妆品、顶级奢侈品等一应俱全。由于免除中间商费用，大大降低了采购成本，使用户享受到更多的优惠。

4. 独特的仓储物流体系

唯品会目前在全国设有 5 个大规模仓储中心，分别辐射华北、华南、华东、华中、西南，仓库总面积达约100万平方米。唯品会的仓储管理模式中最具特色和竞争力的就是"零库存"模式，采用品牌产品集中一次促销的模式，每种商品从进仓、上线、促销、下线到退货，周期往往不超过30 天。由此，唯品会要求仓库作业与线上平台商品的上线下架周期高度配合。"零库存"模式与唯品会专注于限时打折、闪购的营销方法有着很大的关系，唯品会大宗出货能力非常强大，每天都会有 100 个品牌授权特卖，限售时间一到，库存商品马上就要从仓库撤掉，立刻腾出空位上架新的单品，这样一来就大大减少了品牌商的现金流压力，加速了品牌商的资金周转率，缩短了供应链。

通过"干线+落地配"的物流模式，由自家仓储中心配送至目标城市，再选择当地的快递公司做"送货上门"的二次落地配送，这种模式的好处自然是可让电商做最擅长的运营

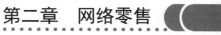

业务，减轻资金压力，但也对管控与物流商的合作提出了更高的要求。

四、成功之处

作为线上电商平台，唯品会开创了"限时抢购+名牌特卖"的经营模式。以正品特卖来吸引人，以限时抢购来刺激消费者。与天猫等电商平台大而全的模式不同，唯品会与超过20 000家全球品牌达成合作，全球9大仓储系统，11家海外公司当地直采，自营入仓，保证优质。由1600名专业买手亲身体验，通过大数据及智能分析，精准推荐品质好货。通过品牌授权实现深度折扣，保证全网最高性价比。

除了形式上的创新，完善的配套服务组合也成为其打造"回头客"的关键。在物流环节，唯品会通过自营平台、自有仓库、自有配送，全链路自营模式将正品直接送到用户手中，有效地加强了对物流环节控制力度，大大提升了客户体验。

另外，唯品会为顾客提供了完善的售后服务体系，极大地免除消费者的后顾之忧。除了贴身产品几乎所有的商品都能够7天无条件退换货。因商品质量问题产生的退换货，退换货运费由唯品会承担；因个人原因产生的退换货，唯品会提供10元唯品币/单的退货运费补贴。申请退货的流程也非常简便，在网上能够很快完成操作。

五、结论与建议

唯品会依靠正品保障、精选知名品牌、限时特卖、自建的仓储物流以及良好的售后服务赢得用户，使得唯品会得以保持较高的复购率，成为中国第三大电商平台。

另外，唯品会已经与腾讯和京东达成了战略合作关系。腾讯和京东为唯品会提供流量和内容的支持，微信钱包入口和京东APP入口为唯品会提供了大量的用户流量，而唯品会在电商领域的成功模式，将补齐腾讯在电商方面的短板。唯品会和京东的客群将形成互补，共同打造更完整的电商生态链。

但唯品会所依赖的销售模式单一，容易被其他电商平台模仿，如当当、聚美优品都有相似的业务，而天猫、京东等大型电子商务平台都有能力涉足唯品会所占有的市场。唯品会需要继续加强品牌选择和商品品质管控，进一步完善物流配送体系，通过提升用户黏性，继续巩固其在闪购领域的先行优势。另外，可依托在跨境电商领域海外仓的优势，占领跨境闪购的先机。

自　测　题

1. 现阶段，京东的战略目标、主营业务是什么？
2. 你认为京东难以被模仿的核心能力是什么？
3. 面对消费者对于京东信用体系的质疑，京东应如何应对？
4. 你认为唯品会能够长期保持盈利的关键是什么？
5. 京东与唯品会合作后，将分别为双方带来哪些收益？

第三章　旅游电子商务

【学习要点及目标】

通过对本章的学习，熟悉旅游电子商务中在线旅游代理(OTA)模式的代表携程网以及用户生成内容(UGC)模式的代表马蜂窝的商务模式。重点关注商务模式中的盈利模式和核心能力，分析网络经济学中先行者优势及网络外部性在这些企业中的体现。

【引导案例】

携程 2017 年总交易额高达 5600 亿元人民币，比 2016 年同比增长 30%；净利润达 268 亿元人民币，同比增长 39%。同时，非美国通用会计准则下核算的经营利润率从 2016 年的 10%增长到 2017 年的 18%，充分验证了携程商业模式的规模优势和高效的管理水平。

多年来，携程一直在与全球旅游供应链进行整合，致力于为用户提供更多的选择、更优的价格和独特的高品质体验。从机票、酒店、地面交通、渡轮邮轮到打包旅游、当地向导、当地玩乐和目的地餐馆合作伙伴，携程提供超过 60 种产品和服务，所有这些都已整合到一站式旅游体验当中。供应链中每一个公司都是携程传递独特用户价值的重要组成部分。

携程将继续投资和开发关键技术来帮助生态系统中的合作伙伴更准确地预测需求和更有效地分配资源。例如，推出了"生意通"这一后端平台来帮助酒店分析和优化运营绩效。同样的，在机票业务中，可帮助航空公司更好地预测基于用户搜索行为的航班需求。携程还为汽车租赁伙伴建立了一个信息管理系统，不仅可以在线管理他们的订单和车队，还可以享受携程在购车和保险产品上的优惠价。"开放平台"技术使许多第三方旅游生意伙伴能够有效地与携程合作。携程还开发了基于平台上用户历史预订记录的"信用评级系统"，不同信用评级的用户可以在未来预订中享受不同程度的便利。产品供应商也可以通过此系统更好地了解他们将服务于何类客户。截至 2017 年年底，信用评级系统已服务于约 6.5 万家酒店，使超过 500 万的客户可以通过信用担保或延期付款享受更便捷的预订过程。

携程在技术方面也做了一些重要投资。通过对 Travelfusion 的投资，能够利用其作为低成本航空整合分销平台及全球分销直连解决方案创新者的先进技术。携程还投资了住宿技术方面的另一个创新者众荟，进一步提高了住宿领域的技术实力。携程致力于通过技术创新为生态系统中的所有合作伙伴持续赋能。

总之，旅游生态系统是携程成功的关键，且已成为最大的竞争优势之一。作为拥有先进技术和卓越服务能力的一站式旅游平台，携程将继续发挥其自身优势，与所有的合作伙伴共同成长。

(资料来源：携程梁建章、孙洁发公开信：以客户为中心是携程的核心价值观. https://baijiahao.baidu.com/s?id=1600130070561614429&wfr=spider&for=pc)

第一节　旅游电子商务

一、旅游电子商务概述

　　旅游电子商务，顾名思义，就是旅游业与电子商务的结合体，是信息时代的新产物，同时也是现代信息发展的便捷与效率的体现。利用先进的计算机网络及通信技术和电子商务的基础环境，整合旅游企业的内部和外部的资源，扩大旅游信息的传播和推广，实现旅游产品的在线发布和销售，为旅游者与旅游企业之间提供一个知识共享、增进交流与交互平台的网络化运营模式。

　　2018 年，国内旅游市场持续高速增长，国内旅游人数 55.39 亿人次，比上年同期增长 10.8%；出境旅游市场平稳发展，中国公民出境旅游人数 1.4972 亿人次，比上年同期增长 14.7%。初步测算，全年全国旅游业对 GDP 的综合贡献为 9.13 万亿元，占 GDP 总量的 11.04%。旅游行业带动直接就业 2825 万人，总就业 7990 万人，占全国就业总人口的 10.28%。

　　随着互联网及电子商务的发展，目前，90%的出游游客通过网络和手机客户端进行相关数据搜索，50%以上的游客通过在线及手机客户端正式预订旅游产品。随着我国旅游市场的主力消费人群转为 80 后、90 后甚至 00 后的年轻人，在线旅游的市场渗透率将会进一步提升，预计 2019 年线上渗透率接近 15%。

二、旅游电子商务的类型

(一) B2B 模式

　　旅游电子商务 B2B 模式，是指旅游企业在互联网上注册网站，向其他企业提供旅游服务或旅游商品。这种模式可以实现旅游企业之间的交易，如旅行社和旅行社之间、旅行社和酒店之间、旅行社和景区之间的交易，也可实现旅游企业与旅游系统外部企业或机构网上交易功能，如团购等。

(二)B2C 交易模式

　　B2C 旅游电子商务交易模式，也就是电子旅游零售。交易时，旅游散客先通过网络获取旅游目的地信息，然后在网上自主设计旅游活动日程表，预订旅游饭店客房、车船机票等，或报名参加旅行团。对旅游业这样一个地域分散的行业来说，旅游 B2C 电子商务方便旅游者远程搜寻、预订旅游产品，克服距离带来的信息不对称。通过旅游电子商务网站订房、订票，是当今应用最为广泛的电子商务形式之一。另外，旅游 B2C 电子商务还包括旅游企业对旅游者拍卖旅游产品，由旅游电子商务网站提供中介服务等。

(三)C2B 交易模式

　　C2B 交易模式是由旅游者提出需求，然后由企业通过竞争满足旅游者的需求，或者是由旅游者通过网络组成群体与旅游企业讨价还价。旅游 C2B 电子商务主要通过电子中间商(专业旅游网站、门户网站旅游频道)进行。这类电子中间商提供一个虚拟开放的网上中介市场，提供一个信息交互的平台。上网的旅游者可以直接发布需求信息，旅游企业查询后双方通过交流自愿达成交易。

三、中国旅游电子商务发展现状

(一)在线旅游交易规模不断扩大

经过 20 余年的发展，我国在线旅游规模稳步扩大。根据《中国在线旅游行业研究报告》的数据显示，2018 年在线旅游用户规模达到 4.1 亿人，占网民整体比例的 49.5%。

(二)旅游电子商务网站呈现多元化市场格局

目前，触及游客终端的旅游电子商务网站主要包括 OTA(在线旅游代理，如携程)、UGC(用户生成内容，如马蜂窝)和综合电商平台的旅游服务(如飞猪)等类型。各地旅行社、旅游景点、酒店、航空公司等也纷纷建立企业网站，宣传旅游产品、发布信息、提供旅游定制等中介服务。总体而言，各类旅游电子商务网站陆续推出，功能互补、相互竞争，呈现多元化的市场格局。

(三)移动端已成为中国旅游电子商务的主流渠道

自 2010 年起，中国部分旅游电子商务平台就开始关注并布局移动互联网，着手推出 APP 应用。截至 2014 年年底，中国旅游电商约有 49.8%的交易量来自移动端。易观发布的《2018 中国移动互联网数据盘点&预测专题分析》显示，2017 年，我国移动旅游市场同比增长 16.3%，市场规模达到 6355.5 亿元人民币，预计 2018 年将达到 7749.6 亿元人民币，同比增长 21.9%。

前景可期的移动旅游市场，加上可观的微信生态流量，推动在线旅游品牌纷纷开展"超越 APP"跨平台布局。以途牛为例，除了 APP 和 M 站(移动端网页)，其正利用小程序矩阵在微信端构建服务闭环，除了普吉岛、中国香港等核心目的地攻略小程序外，还有途牛门票、途牛特惠、途牛问答等涵盖产品预订和内容互动的小程序。截至 2018 年年底，途牛移动端流量占在线流量的比例达到 80%，移动端订单量占在线总订单量的比例达 90%。

在移动旅游市场稳步发展的趋势下，新兴技术和营销方式将重塑移动旅游机遇：5G 的发布、人工智能的进步以及改进的语音搜索等技术，加上流量精细化运营，将为旅游企业吸引用户创造新途径并促使旅游更轻松、更丰富、更便利。

(四)中国旅游电子商务得到风险投资的青睐

随着互联网普及率的不断攀升，中国旅游电商市场发展潜力巨大，受到越来越多风险投资者的追捧。大额风投项目如途家网在 2014 年 6 月获得了高达 1 亿美元的风险投资，这笔年度最大的风险投资分别来自于携程、Home Away 等 7 家投资方。而后，马蜂窝于 2017 年 12 月获得 1.33 亿美元 D 轮融资。1/3 的风险投资融资聚焦于出境游，除此之外，周边游、C2B、移动应用也是风险投资的重点。

(五)许多在线旅游平台深陷亏损困境

　　然而，运营成本高、产品同质化严重、管理模式不完善等问题让许多在线旅游平台陷入了亏损的困境，如途牛、同程、驴妈妈等。想要走出困境实现盈利，需提升产品质量、加强口碑营销、提升服务质量、利用 AR 等新技术打造特色产品，满足消费者多样化的需求。只有得到消费者认可的平台，才能在竞争激烈的旅行市场走得更远。

第二节　携程网案例

一、携程网简介

　　携程旅行网创立于 1999 年，总部设在中国上海，公司员工 30 000 多人，目前公司已在北京、广州、深圳、成都、杭州、南京、厦门、重庆、青岛、武汉、三亚、南通等 95 个境内城市，新加坡、首尔等 22 个境外城市设立分支机构，在中国南通、苏格兰爱丁堡设立服务联络中心。2003 年 12 月，携程旅行网在美国纳斯达克成功上市，目前市值超过 230 亿美元。作为中国领先的综合性旅行服务公司，携程成功地整合了高科技产业与传统旅行业，向超过 2.5 亿会员提供集无线应用、酒店预订、机票预订、旅游度假、商旅管理及旅游资讯在内的全方位旅行服务，被誉为互联网和传统旅游无缝结合的典范。

　　2016 年 1 月，携程战略投资印度最大旅游企业 MakeMyTrip，并在新加坡成立了东南亚区域总部。同年 10 月，携程加大对北美洲地区的投入，与纵横、海鸥、途风达成合作。11 月，携程投资英国机票搜索平台 Skyscanner(天巡)，完成了对海外机票市场的布局。自此，携程完成了全球化的相关业务布局。携程目前是全球市值第二的在线旅行服务公司。

二、携程网发展历程

　　1999 年 10 月，携程旅行网成立。

　　1999 年 10 月，酒店预订量创国内酒店分销业榜首。

　　2000 年 11 月，并购北京现代运通订房中心。

　　2003 年 12 月，在美国纳斯达克上市。

　　2004 年 10 月，建成国内首个国际机票在线预订平台。

　　2005 年 09 月，进军商旅管理市场。

　　2008 年 07 月，携程南通呼叫服务中心正式启动。

　　2010 年 03 月，"携程无线"手机网站正式上线。

　　2010 年 10 月，携程入围 2010 中国旅游集团 20 强。

　　2013 年 04 月，携程全球门票预订平台上线。

　　2014 年 05 月，战略投资艺龙旅游网。

　　2014 年 12 月，携程成为中国最大旅游集团。

　　2015 年 07 月，跻身中国互联网企业十强。

　　2015 年 10 月，携程与去哪儿合并。

　　2016 年 07 月，首次登上《财富》中国 500 强榜单。

2016 年 08 月，成立我国首个"旅游安全管理中心"。

2017 年 04 月，布局二、三线城市、5500 家体验店落地。

2018 年 09 月，携程上线"高铁游"频道，瞄准万亿级新市场。

三、携程网的商务模式

(一)战略目标

携程网最初的战略定位为"旅游百科全书"，后来随着旅游行业竞争压力的变化及大众旅游的兴起，携程不断地调整自己的定位，逐步向旅游产业链上下游渗透，以订房订票、预定线路的业务为主要盈利点。如今，携程明确要做世界级的旅游公司，实现旅游产品供应链、品牌和研发的全球化。

(二)目标用户

携程的三大核心业务主要是酒店预订、机票预订及旅游线路预订；主要的目标市场为中高端商务旅行市场，其次是观光和度假旅行市场。随着旅游大众化时代的到来以及与去哪儿网的合并，携程目标市场中的大众旅游与观光度假者的比例将不断增加。因此携程的目标用户主要有商务旅行用户、跟团游用户、自由行用户三大类。面向中国市场的总交易用户数，2018 年达到了 1.35 亿，过去两年复合增长为 25%。用户结构也呈现年轻化趋势，50%的用户年龄在 30 岁以下，远远高于 2013 年的 1/3。另外，在过去 5 年里，35 岁以下用户的比例一直保持在 2/3 左右。

(三)产品与服务

1. 酒店预订服务

酒店预订是携程目前长期保持的营收和利润占比最大的板块，如图 3-1 所示。携程依托渠道优势，保证酒店价格全网最低。携程拥有领先的酒店预订服务中心，合作酒店超过 32 000 家，遍布全球 138 个国家和地区的 5900 多个城市，有 2000 多家酒店保留房。另外还通过酒店+景点的套餐形式出售旅游服务，且支持团购模式。国内五星级酒店的销售量一半以上是在携程的预订系统上完成的。

图 3-1 携程酒店预订服务

2. 机票、车票预订服务

携程机票业务的成功源于高满意度的用户体验。首先与航空公司建立战略伙伴联盟，在客户方面，提供线下免费送票、人工预订改签及咨询。2011 年 7 月 5 日，携程推出高铁频道，为消费者提供高铁和动车的预订服务，可以预订一个月以内的车票。携程拥有全国联网的机票预订、配送和各大机场的现场服务系统，为会员提供国际和国内机票的查询预订服务。目前，携程旅行网的机票预订已覆盖国内和国际各大航空公司的航线和航班，是中国领先的机票预订服务中心，如图 3-2 所示。

图 3-2 携程机票及车票预订服务

3. 度假产品

度假产品是近两年携程重点培育的"战略种子业务"，引入高质量度假概念。自由行产品依托充足的行业资源，为会员提供丰富的酒店、航班、轮船、巴士、代驾等完善的配套服务，以合理的行程安排和深入的旅行体验为特色，逐步引领团队游行业新标准。携程为游客专门设立了超过 20 家的度假类专卖店，每一家店都会为客人提供无重复的产品线，可供游客组合、自选的线路众多，如图 3-3 所示。

图 3-3 携程度假产品

4. 私人向导服务

自携程 2017 年 7 月 5 日宣布推出"当地人带你玩"以来，目前已有 8000 多名当地向导加入这一平台，来自包括中国在内的全球 80 个国家，在 800 多个目的地城市提供向导服务。游客可在平台上根据向导的年龄、性别、价格、服务次数、点评等选择自己心仪的导游，如图 3-4 所示。选择后，还可与导游沟通，初步确定需求。在出行前，导游也会对游客的需求定制个性化的游玩线路。确定行程后，游客即可在平台上确认合同、在线支付。

图 3-4 携程私人向导

5. 携程顾问

携程顾问是携程旅行网基于 2016 年推出的全新的"B2C2C"个人旅游分享经济服务模式。携程顾问借助携程品牌和产品库为客人提供旅游咨询和预订服务，为消费者提供最有效的帮助。

6. 携程信用卡

携程与多家银行合作，推出携程信用卡。携程信用卡不仅具有合作银行提供的基本功能与服务，同时也享受携程会员专属服务。

7. 携程礼品卡

携程旅行网自 2011 年推出代号为"游票"的预付卡产品，逐步深度优化产品的用户体验及支付范围，2013 年，正式定名"携程礼品卡"(如图 3-5 所示)，并将其分为"任我行""任我游"两类产品。携程礼品卡可预订预付费类酒店、惠选酒店、机票、旅游度假产品、火车票产品、团购产品等。

图 3-5 携程礼品卡

8. 商旅管理

"携程企业商旅"(如图 3-6 所示)的目标客户为企业或集团公司，致力于提高它们的商旅水平和综合能力。以成熟的业界资源为基础，通过整合酒店、航空公司等资源，包括国内及国际协议航空、协议酒店以及大量的商旅专属的预付费类特价酒店，向企业客户提供不同种类的商旅套餐组合，提高企业的出行效率。

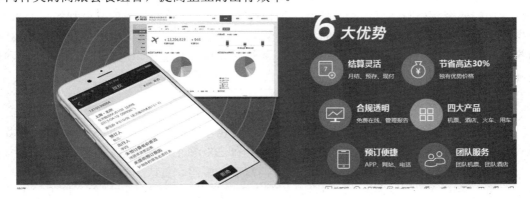

图 3-6　携程商旅预订

(四)盈利模式

携程 2018 年全年净营业收入为 310 亿元人民币。其中，2018 年第四季度净营业收入为 76 亿元人民币，同比增长 22%。携程的主要收入包括：酒店预订代理费、机票预订代理费、旅游度假产品、商旅服务费用，自助游与商务游中的酒店和机票预订代理费，预订旅游门票、订餐佣金以及书籍和广告收入。其中最主要的收入来自前四项，这四大旅游产品为携程创造了 95%以上的营业收入。截至 2018 年 12 月 31 日，携程全年住宿预订收入为 116 亿元人民币，同比增长 21%。全年交通票务营业收入为 129 亿元人民币，其中，2018 年第四季度交通票务营业收入为 34 亿元人民币，同比增长 17%。另外，全年旅游度假业务营业收入为 38 亿元人民币，同比增长了 27%。全年商旅管理业务营业收入为 9.81 亿元人民币，同比增长了 30%。

携程的盈利模式总体上可概括为：从航空公司、酒店、景区等上游供应商获取代理权限，以批发商的优势获取低价，然后再转手重新定价卖给消费者，通过收取佣金同时赚取差价实现盈利。

携程旅行网几大盈利点如下。

1. 酒店预订

作为行业领先的酒店预订企业，携程网的酒店合作对象多达 28 000 多个，覆盖全球 134 个国家、地区的 5900 多座城市。用户通过携程成功地进行酒店的预订和入住后，携程可从中获取差价，并且合作酒店需要付给携程一定比例的佣金。携程在酒店预订业务方面不提供返现的毛佣金率可以维持在 10%～15%，但在中小城市市场会提供一些返现活动以保持竞争力，所以净佣金率大约为 8%～10%。

2. 机票预订

最初，用户通过携程预订机票，航空公司机票本身的价格与代理价格之间的差价成为其利润的主要来源，另外还有一部分佣金收入。但 2015 年国资委向几大国有航空公司提出

"提直降代"的要求(几家国有航空公司未来三年内直销比例要提升至50%,同时代理费要在2014年的基础上下降50%)。随后南航宣布机票代理费降至0,其他航空公司陆续跟进,国内机票进入"零佣金"时代,这让携程的机票收入大幅缩水。携程还与保险公司合作,提供附加的航空意外险、延误险等产品,供消费者选择,保险佣金成为其盈利的重要来源。以携程这样的规模,拿到保费金额的80%甚至更高的比例作为代理佣金已经是公开的秘密。而携程通过降低票价提升销量,再搭售保险的这一新模式显然比单独卖机票的旧模式利润更高。

3. 旅游度假产品

旅游度假产品也是携程盈利的主要来源之一,包含自由行、半自助游、跟团游等多种形式,如图3-7所示。携程的旅游目的地囊括国内外200多个度假地点,并且在上海、北京、广州、成都设立四个区域中心及深圳、杭州、南京、厦门、重庆、青岛、沈阳、武汉、三亚、南通、香港等10多个分支机构,服务网络覆盖国内60多个大中城市。携程网旅游度假产品2015年的营业收入达到了16.7亿元人民币,2018年则上升到38亿元人民币。

图3-7　当地旅游产品

4. 商旅管理

携程商旅于2006年正式进军商旅管理市场,2015年年初,携程商旅PC端全新改版,全面覆盖国内机票、国内酒店、国际机票、国际酒店、在线管理报告等核心产品。紧接着携程企业商旅APP新版本正式上线,实现了一键中英文语言版本切换和多币种转换,更丰富了国际机票和境外酒店等资源。携程商旅为大型企业提供与客户公司的自有系统对接,实现统一管理,便捷服务;同时通过基于互联网思维的平台模式,为中小企业提供标准化、自动化、自助化的差旅管理服务,极大地满足了中小型企业客户高效率、低成本的差旅管理需求。目前,携程商旅已拥有8000多家大型企业客户,包括120余家世界五百强和100余家中国500强企业,服务于13万家中小企业。其中,小企业差旅自助平台也在2017年正式命名为"携程商旅通"。2018年全年商旅管理业务营业收入为98 100万元人民币(约14 300万美元),同比增长30%,占携程总收入的3%,与2017年的占比保持一致。

5. 广告投放

越来越多的合作伙伴凭借携程在行业内的领先地位,尤其是会员数量的优势,选择与其合作投放广告。通过置换携程与其他行业的优势资源,扩大双方业务规模,实现共赢。

除了在携程网站打广告外，还通过深挖当地旅游资源，结合目的地旅行的季节性和平台用户的出行数据给予合作规划，助力品牌推广，也有助于新客增加。携程广告能够满足不同客户的需求，成功地为车企类、金融类、3C类、快消类、旅游类等广告主提供优质推广方案，广告收入逐年递增，成为携程的一个重要利润点，如图3-8所示。

图3-8　携程广告业务

6. 合作佣金

携程与世界各地旅游景点的热门大型购物百货商场达成商务合作关系，收取相应的佣金。携程向用户提供优惠券或返现，用户在指定商场购买商品时，若满足要求即可使用携程优惠，获得折扣，这就给携程及商场合作方同时引流，实现双赢，如图3-9所示。

图3-9　携程购物优惠券

(五)核心能力

1. 一站式服务

携程为用户提供"一站式"旅游服务，包括机票、火车票、汽车及船票、打车租车、酒店、门票、旅游线路、签证等50余类，并以单项业务和线下门店为依托，加上民宿、邮轮游、高端定制旅游等，全方位覆盖我国在线旅游用户群体，几乎能够满足用户出行的所有需求。

同时，2018 年携程升级了所有产品线的服务承诺，并投资了后端技术和系统以优化产品和服务流程。截至 2018 年年底，各主要产品线的净推荐值(NPS，一个反映客户对产品和服务满意度的重要指标)平均同比提升了 35%。这充分反映了携程在产品可靠性、全面主动的服务以及强大的客户保障方面的进步，进而提高了用户的留存率，建立起竞争对手难以突破的壁垒。

2. 规模效应

携程拥有世界上最大的旅游业服务联络中心，拥有 1.2 万个座席，呼叫中心员工超过 10 000 名。携程在全球 200 个国家和地区与近 80 万家酒店建立了长期稳定的合作关系，其机票预订网络已覆盖国际国内绝大多数航线。规模化的运营不仅可以为会员提供更多优质的旅行选择，还保障了服务的标准化，确保服务质量，并降低运营成本。据携程 2018 年财报披露，携程年度交易用户总数达到 1.35 亿。根据网络外部性的概念，每个用户从使用某产品或服务中得到的效用与用户的总数量正相关。这就意味着携程庞大的用户数量，将会带动用户总所得效用的几何级数增长，进而吸引更多的用户使用携程，形成正反馈。

3. 技术创新

携程先后建立了一整套现代化服务系统，包括海外酒店预订新平台、国际机票预订平台、客户管理系统、房量管理系统、呼叫排队系统、订单处理系统、E-Booking 机票预订系统、服务质量监控系统等。早在 2007 年，携程便在业内率先推出了酒店实景图、酒店点评系统等功能，解决了用户与酒店之间的信息不对称难题。2013 年携程发布"大拇指+水泥"策略，构建指尖上的旅行社，提供移动人群无缝的旅行服务体验。近年来，携程通过大数据分析用户的浏览和预订信息，可以更好地辨识出不同客户的出行需求，为其提供精准的推送服务，甚至可以准确预测旅游高峰，提前为旅游景点分散大批游客，避免拥挤，提升用户满意度。

4. 服务体系规范

先进的管理和控制体系是携程的又一核心优势。携程将服务过程分割成多个环节，以细化的指标控制不同环节，并建立起一套精益服务体系。同时，携程还将制造业的质量管理方法——六西格玛体系成功地运用于旅行业。目前，携程各项服务指标均已接近国际领先水平。每天客服中心通过超过 100 万个电话和 1000 万条实时消息处理客户请求；超过 90%的用户请求在 20 秒内得到应答；一次解决率达到近 90%，服务质量和客户满意度也随之大幅提升。

四、成功之处

(一)先进的经营理念

秉承"以客户为中心"的原则，以团队间紧密无缝的合作机制，以一丝不苟的敬业精神、真实诚信的合作理念，建立多赢的伙伴式合作体系，从而共同创造最大价值。

(二)先行者优势

携程旅行网在发展了数量众多的会员之后，对于相同模式的市场后进者即是一个强硬的壁垒。除非竞争对手可以提供更低的折扣优惠、更便捷可信的服务，否则无法轻易转移它的会员，这也使它的市场先发优势最终转化为其核心竞争力。

(三)产品服务规模化

携程拥有完善的规章制度，提供种类繁多的旅行服务产品，可以满足不同消费群体的选择需求。作为在线旅游代理(OTA)的佼佼者，携程网向其超过 2.5 亿会员提供全方位的旅游产品及服务。

(四)标准化的管理

携程网拥有一套完善的管理体系，通过该体系可以将员工按照不同的职责划分，专事专做，提高员工的工作效率和工作积极性。不仅如此，携程网还有专门的工作评价系统，以督促员工高效地完成工作。

(五)构建旅游生态系统

携程通过战略投资旅游百事通、与美国三大旅行社战略合作、收购天巡、与去哪儿度假进行合并等手段，整合在线度假市场"生态圈"，旨在建立起一个更完善的国际旅游生态系统。

五、结论与建议

自携程成立以来，从简单的票务预订，到亚洲最大的呼叫中心，再到"互联网+"的综合票务预订平台，成为拥有上亿用户的行业巨头，为会员提供旅行"吃、住、行、游、娱、购"等各方面服务。然而，前一段时间，出现了携程泄露用户信息等负面新闻；与合作伙伴、客户之间矛盾的报道也屡有出现。在旅游市场竞争不断加大，市场趋于饱和的环境下，携程面临的问题越来越多。

(一)商业模式面临竞争者挑战

后起的在线旅游平台如飞猪、驴妈妈等提供的产品和携程差异化较小，均是主打票务预订、旅游出行，而且涵盖了携程未涉及或较少着力的细分市场，携程市场份额遭到侵蚀，例如，驴妈妈在周边游市场中份额达到了 30.7%。不仅如此，随着自助游和中高端定制出游开始受到消费者的青睐，许多旅游平台将众多的票务、酒店、旅游业务交给提供商本身，向消费者展现透明的、对称的信息，这更符合现在消费者的消费特点和模式。

(二)矛盾激化，影响行业地位

面对 OTA 白热化的竞争，携程为了向会员提供更具有竞争力的产品和价格来留住老客户、获取新客户，不惜以自身的分销能力为筹码，提高供应商的佣金，导致供应商的利润大幅度降低，与携程的合作产生矛盾。携程作为一个中介性质的平台，若没有上游供应商多样化、高质量的产品支持，必然影响下游用户的满意度，降低客户黏性，行业巨头的地位受到影响。

(三)低价策略导致的产品质量及服务信用问题

携程向来以"全网最低"的优惠价来招揽用户，甚至为了给用户提供优惠的价格，不惜压榨供应商的利润。而随之而来的是供应商为了保证不亏本，或者控制成本保证利润，降低产品质量，以次充好，将应对客户的直接成本以及商誉受损的间接成本转移给携程。因而我们经常可以看到诸如"订单中附带早餐的房间需要收取早餐费""通过携程购买的机票无法正常使用""靠海的房型被替换成没有窗户的房型"等投诉。这些极大地影响了用户满意度及携程的信用水平。

(四)未来发展建议

1. 调整商业模式

随着信息在大数据、大网络时代变得更加廉价，单纯靠售卖信息，"买低卖高"已经渐渐失去了其在在线旅游市场发展的主导地位，顺应时代，更加注重信息对称、透明的在线旅游平台的 OTP 模式已然兴起，携程的商业模式亟待调整。

2. 合理分配上下游利益

在竞争压力大的形势下，携程更需要公平地分配好供应商与用户双方的利益，而不是陶醉于自身看似"强大"的分销能力而忽视了上游合作商的利益。在信息获取成本低、信息逐渐趋于透明的环境下，只有当携程利用其规模经济为上游企业节省下来的渠道费用小于一体化成本时，双方的共赢局面才能形成。

3. 通过线下门店扩张市场

在线上业务发展放缓的形势下，线上线下相结合是业务发展的新引擎。携程正在加码线下旅游新零售，通过门店扩张获得更多低线城市的线下流量。携程旅游门店总数计划在2019 年达到 3000 家，计划新增的 1300 多家门店中，有一半要落地到县级城市。以此计算，加上旅游百事通和去哪儿门店，携程系品牌线下门店总数量将突破 8000 家。

4. 拓展海外市场

国际旅游市场未来几年有很大的增长潜力和机会，携程具有向国外游客提供产品和服务的优势，特别是东亚的游客，他们喜欢的旅游目的地与中国的游客类似。因此，携程可与合作伙伴一起，为世界各地的游客提供一站式的服务，比如与英国天巡在国际机票预订，与美国 Priceline 在亚洲以外地区的国际酒店预订方面紧密合作，拓展海外市场。

5. 改善低价策略，提供品质服务

随着经济水平的提高及消费观念的改变，低价已经不是消费者的首选理由，甚至过低的价格会让消费者认为是品质低的表现。因此携程不应只是追求低价策略，而应该注重消费者的实际需求，注重品质，提供更高附加价值的产品。只有这样，携程才能保持可持续发展。

第三节　马蜂窝案例

一、马蜂窝简介

随着互联网的发展和旅游需求的增加，人们改变了以往在实体旅行社报团出游的方式，更多地转向从在线旅游市场去寻找更适合自己的旅游产品和旅游信息。马蜂窝的创始人陈罡将在线旅游的发展分为三个时代：第一个时代是在线旅游代理商的时代，通过对线下旅游产品的整合，在线上出售；第二个时代是垂直搜索时代，对在线旅游资源进行整合，方便用户检索信息；第三个时代是旅游攻略产品时代，马蜂窝就是一个基于个性化旅游攻略信息构建的自由行交易与服务平台。

马蜂窝是一个旅游分享社交媒体，提供旅游攻略、自助游线路等服务，提供覆盖全球 6 万多个目的地的旅游攻略及产品预订服务，探索出独有的"内容+交易"的商业模式。自 2006 年上线运营以来，马蜂窝注册用户量持续攀高，截至目前已有超过 1.3 亿用户，其中大部分用户来自北京、上海、广州、深圳、香港等一线大城市，也不乏海外旅居人士。它的用户热爱户外旅行，钟情于自驾游，拥有专业的摄影技术，因此，马蜂窝凝聚的是一个高质量的旅游爱好者群体。最初，马蜂窝的创始人陈罡和吕刚是出于自身对旅游的热爱，为了让同样爱好旅行的人们在其中分享自己的旅游经历和攻略，以供他人参考而搭建了该平台，原名为"蚂蜂窝"。在平台上，用户可以交换资讯，分享旅行或者获得帮助，也可以交流攻略、美食、音乐、摄影日记，以及与旅行有关的种种内容。

截至目前，马蜂窝已经收录了国内外众多旅游目的地。依靠注册用户提供的大量一手信息，马蜂窝已先后制作推出了各类目的地旅游攻略路书。路书设计精致、新颖，路书内容涵盖当地吃、住、行、游、购、娱等各方面丰富翔实的旅游信息，给无数自助游爱好者提供了方便快捷的旅行指南，受到了用户的普遍欢迎。

二、马蜂窝发展历程

2006 年 1 月，网站上线。

2010 年 3 月，正式成立公司投入运营，注册用户数 15 万。

2011 年 4 月，上线首款 APP 客户端"旅行翻译官"。

2011 年 10 月，获得资本 500 万美元 A 轮融资和 200 万美元无息贷款。

2012 年 6 月，开始商业化尝试，半年收入超千万元，主要来自广告及佣金分成。

2012 年 10 月，注册用户数超过 400 万，PC 端用户数在 3 年内增长 40 倍，攻略累计下载量 6000 万次。

2013 年 4 月，获得启明创投领投的 1500 万美元 B 轮融资。

2014 年 6 月，注册会员数突破 5000 万。

2015 年 2 月，获得高瓴资本、Coatue、CoBuilder、启明创投的 C 轮融资，累计融资逾亿美元。

2015 年 9 月，用户数达 1 亿，其中 80%的用户来自移动端，月活跃用户数达 8000 万。

2017年11月，获得1.33亿美元D轮融资，由由鸥翎投资、美国泛大西洋资本集团、淡马锡、元钛长青基金、厚朴基金共同投资，参与前几轮投资的今日资本、启明资本、高瓴资本继续跟投。

2018年2月，"蚂蜂窝旅行网"正式更名为"马蜂窝旅游网"，并启动新一轮品牌换新。

三、马蜂窝的商务模式

马蜂窝旅游网是基于旅游社交和旅游大数据的新型自由行服务平台，其用户最初是网友之间口口相传积累起来的，当用户发展到一定规模的时候，用户生成内容就成为马蜂窝网站的主要内容。经过数据挖掘和分析，这些内容形成结构化的旅游数据并循环流动，如图3-10所示。马蜂窝依据用户偏好及其行为习惯，对应提供个性化的旅行信息、自由行产品交易及服务。

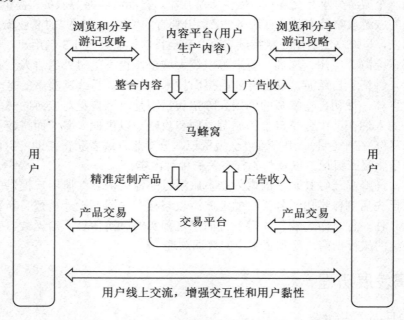

图3-10 马蜂窝商业模式示意图

用户之间通过内容进行直接或间接的交流和反馈，而马蜂窝既是用户生成内容的信息接受者，又是用户生成内容的审核者，它决定了什么样的内容可以被加工整合成攻略路书，进行二次传播。用户可以接受马蜂窝的推荐，也可以根据自己的意愿另行查找信息。

(一)战略目标

"实现每一个旅行梦想，是马蜂窝的使命。"两位创始人写到，"我们的愿景是，只要有旅行者能到达的目的地，就有马蜂窝提供的服务"。马蜂窝致力于做"全球旅游消费指南"，站在自由行消费者的角度，帮助用户做出合理的旅游消费决策。UGC(用户创造内容)、旅游大数据、自由行交易平台是马蜂窝的三大核心竞争力，社交基因是马蜂窝区别于其他在线旅游网站的本质特征。

(二)目标用户

马蜂窝的用户覆盖全球超过 200 个国家的 1000 万位旅游者。以自由行、年轻人群为主，在平台上分享攻略、路线、住宿等信息。用户在马蜂窝中既是信息的传播者又是信息的接收者，在分享自己旅行经历的同时也能够获得别人分享的旅游攻略，从而做出合理的旅游决策。决策的关键在于以下 6 个要素：第一是交通(又包含大交通和当地交通)，第二是住宿，第三是当地重要景点，第四是当地特色体验或经典线路，第五是当地美食，第六是当地特色商品购物。

数据分析发现，马蜂窝的核心用户群主要分布在华南、华北和华东地区，大部分来自于一、二线城市，并且以女性和年轻人居多，正是当下的旅游消费主力。这样一个用户群，代表了新一代的旅行人群：第一，年轻敢于探索未知，哪儿都想去，也敢去；第二，家庭负担小，敢于消费甚至超前消费；第三，对于旅行的品质有要求。他们不喜欢传统旅游方式——上车睡觉、下车打卡，他们更希望体验和感知每一个目的地，并且在旅行中小秀一下(嗡嗡和朋友圈)，旅行后大秀一场(游记)。

(三)产品和服务

1. 旅游攻略推荐服务

推荐内容一般由马蜂窝认证商家和马蜂窝攻略作者撰写，其中也有节选自用户游记的内容，如图 3-11 所示。

图 3-11　旅游攻略推荐板块

2. 旅游问答服务

马蜂窝旅游问答是旅行者获取个性化旅行信息的平台，旨在"所有人帮助所有人"；旅行者不用进行大量的搜索和整理，只提出一个问题，就能快速得到其他用户的个性化解答，就好像有几个靠谱的朋友在给马蜂窝用户出谋划策似的。

这些个性化的解答来自马蜂窝数百万的资深旅行者，他们拥有丰富的自由行经验，比一般的旅行者更深入，甚至在当地长期生活。马蜂窝用独特的算法和运营手段，保证这些问题能快速地被相关用户解答。不管是旅行前还是旅行中，用户都可以通过互联网和手机随时随地提问题，随时随地获得信息。马蜂窝问答是更快捷、简短、个性化的旅游攻略，也是马蜂窝一贯推崇的"分享精神"的体现。

3. 酒店预订服务

用户通过马蜂窝可以预订全球 140 万家国际酒店和民宿。马蜂窝站在自由行用户的角度，打破按行政区域预订酒店的传统方式，专门设计了按旅行兴趣区域划分酒店的方式，令酒店预订变得更加高效、轻松和有趣，用户在 5 分钟内即可完成全球各地的酒店和民宿预订。

4. 当地游服务

"当地游"旨在为自由行用户找到全球各地值得体验的本地游乐项目，包括景点门票、美食特产、交通票务、演出展览、当地娱乐 1~5 日游等，为旅行者提供超值且富有当地特色的自由行产品。通过与全球各地的合作伙伴对接，马蜂窝在当地直接采购旅游产品和服务，省去中间交易环节，让用户、马蜂窝的当地供应商都能享受到快捷的交易体验。

5. 游记

1) 蜂首游记

自 2010 年 8 月 9 日开始，每天由马蜂窝编辑选出一篇游记挂在首页上，被选中的游记可以在首页上滚动出现 5 天，最大限度地曝光用户所撰写的游记，为用户的游记增加人气，提供更多与其他用户互动的机会，如图 3-12 所示。一般来说能够登上蜂首的游记都拥有以下几个特点：图片精美、攻略详细、经历奇特、文字优美等。

2) 宝藏游记

宝藏游记是马蜂窝每个目的地页面下置顶的优秀游记。宝藏游记通常包含大量的实用信息，能从行程、景点、路线、交通、语言各方面为用户提供帮助，是一篇极具参考价值的游记。

6. 未知旅行实验室

从 2016 年 9 月 27 日的"未知旅行"活动开始，未知旅行实验室正式成立，号称要"用一场未知的旅行检验一段未知的感情"，引爆了朋友圈；10 月，实验室发起"Tripmon Go!"，让正在途中的旅行者满世界寻找他们释放的精灵球。"旅行标签""造梦机器"，一些精悍有趣的小实验时不时出现在朋友圈，让人们记起它来。截至 2017 年年底，该实验室已前后发起 9 季"未知旅行"系列实验，最高曾获得超过 1 亿的关注与转发。

热门游记　≡ 筛选　　最新发表　　　　　　　　　　　☑ 写游记

杭州千岛湖　　　　　　　　　　　　　　　　　　

2019正月初五早上7:00驱车三个小时到达 千岛湖 中心湖旅游码头，几个停车场都停满了，路边很多店招呼着吃饭的免费停车，眼看离售票点越来越远，只好在招呼下开进去停了，押金100，等下吃饭时…

📍千岛湖，by 🌿 源源　👁 79/1　　　　　　10 顶

说走就走 薄荷岛休闲度假游 🏖　　　　　　　　

写在前面 薄荷 之旅是很匆忙的一次旅行准备，2个月以前开始跟老公讨论过年去旅游，但是他工作比较忙一直没确定好时间，我也就一直没定好目的地。最后定下时间后用了一个礼拜搞定签证 机票…

📍薄荷岛，by 🐧 lup33　👁 197/2　　　　　11 顶

一次玩遍西北大环线 青海 青海湖 茶卡盐湖…　　

一直想来一次大 西北 之行，今年冬天终于抽出时间，和朋友来了一次背包去旅行，第一站 青海 行，当天到达 西宁，西宁 到 青海湖 去还是有一定距离，再加上 青海 地广人稀，包车成了最好的…

📍敦煌，by 🐢 爱旅行　👁 190/5　　　　　14 顶

图 3-12　马蜂窝首页蜂首游记板块

与谷歌的最高机密部门谷歌 X 类似，马蜂窝的未知旅行实验室承担的主要职责是"不断寻找未知"，继承了马蜂窝"Don't fear the unknown"的精神。

7. 寻找旅行家

"寻找旅行家"是马蜂窝旗下旅行家专栏的阅读分享平台，旨在分享旅行家独特视角下的旅行经验，共同领略世界各国的文化历史风俗，如图 3-13 所示。专栏以纪实、趣味和实用为主，内容涵盖旅行方式、人文风俗、时尚美食、建筑设计、摄影绘画、逸闻趣事、历史故事、社会观察……

图 3-13　旅行家专栏页面

"寻找旅行家"长期招募全球各地的旅行家，开放投稿，可以自荐或推荐旅行家，分享路上的感知，重新发现和定义旅行。

8. 足迹

足迹是一款马蜂窝用户记录自己旅行经历的产品。将自己的旅行一点一滴记录在旅行地图上，点亮去过的地方，并形成地点和足迹的时间轴，绘制自己独特的旅行足迹。

(四)盈利模式

马蜂窝通过整合用户分享的游记攻略，提取其中有关行程、酒店的信息，为用户打造精准的旅游产品，并通过马蜂窝的交易平台将产品销售给用户，以赚取网站的广告收入。马蜂窝并非直接与攻略里提到的商家谈判，而是成为沟通用户和在线旅游代理商的桥梁。"马蜂窝的核心是帮助大家做出旅游的消费决策。"

1. 旅游机构宣传费

运用马蜂窝独有的攻略引擎技术，然后计算出一套消费排行榜。例如，泰国哪家酒店最好，马蜂窝能够通过用户在游记里面提及的次数、评价的口碑，以及拍摄照片的数量，计算出一个该景点的酒店排行榜。陈列的每一间酒店后面都会附上评价数量，来自多少位用户以及该酒店在多少篇游记中被提到，以帮助旅游爱好者做出决策。马蜂窝与 OTA 平台进行合作，用户可以在 OTA 平台完成酒店预订，而马蜂窝则获得相应的广告宣传费用。

2. 撮合交易获得佣金

基于真实可信的攻略计算出来的消费排行榜，马蜂窝只做撮合交易。一方面，用户获得了良好的旅行体验；另一方面，也为旅游代理商带来了巨大的流量，而马蜂窝自身则收取服务佣金。这样的三赢模式是马蜂窝最核心的盈利模式。

(五)核心能力

1. 搭建自由行交易平台

马蜂窝通过搭建专门的自由行服务平台，在移动端、PC 网站、微信、微博等社交媒体上，为自由行合作伙伴提供全方位的产品展示、引流、线上支付、大数据支持和销售服务体系等 O2O 解决方案。

马蜂窝把旅游大数据与自由行合作伙伴共享，合作伙伴能够参考自由行产品销售数据、旅游点评、旅游问答、旅游攻略、游记等数据，生成更多贴近用户需求的产品，持续提升服务和自身的品牌建设。

马蜂窝也把庞大的用户流量与线下企业共享，"无佣金"的方式使合作伙伴不用砸钱买流量，从而节省高额的推广费用，共同致力于为消费者提供高性价比的自由行产品，实现用户、线下企业、马蜂窝平台三方共赢。

2. 富有原创力的新鲜内容

以经验分享为主的网站内容一直都是马蜂窝区别于同行的最大竞争优势之一。马蜂窝网站创建初衷就是让旅行者有一个分享旅游经验故事的平台，并未考虑到其潜在的商业价值。平台的建立意外获得了很好的反响，到 2009 年时，平台已经积累了 10 多万用户，并且积累了一些质量相当高的分享内容，两位创始人才开始思考后续的商务模式。至今，内容分享

一直是平台的主营业务，而这些丰富、原创、新鲜的内容则成了马蜂窝的核心竞争力之一。

3. 拥有数据研究中心

马蜂窝有自己的数据研究中心，对注册用户的数据进行分析整理，定期发布用户行为、自由行、出境旅游数据报告。

马蜂窝打通了企业内部和外部的信息流、产品流和服务流，专门研发了自由行数据分析系统，每天系统地分析 PC 端、移动端的自由行用户行为偏好，如攻略下载、旅游搜索、旅游问答、目的地游记浏览、查看旅游点评等，得出自由行的热门目的地、关注的航班、热门酒店等聚焦性购买需求数据。根据这些数据，马蜂窝与全球供应商合作，进行自由行产品的用户反向定制和销售，协同供应商对自由行产品进行优化和重构。

马蜂窝发布的《十一旅游趋势报告》《中国出境游报告》系列数据报告，一方面持续总结用户习惯、满足用户需求，另一方面有助于提升整个旅游行业的服务质量。中国旅游研究院等科研机构也与马蜂窝长期合作，定期对用户数据取样分析，发布相关的旅游研究报告。

四、成功之处

根据 2016 年马蜂窝大数据显示，2016 年 1—10 月，用户撰写的游记数比去年同比增长 28%，很多人在写游记时并不是三言两语带过，而是在用"匠心"撰写。而 2016 年 1—10 月期间，马蜂窝用户通过手机 APP 人均阅读游记 7 篇，平均阅读时间达到 22 分钟。这充分说明用户在看游记时也是在认真阅读，并非一扫而过。可见，不论是撰写游记还是阅读游记，用户都是以认真的态度对待的，这与一部分作为传播者的用户真心分享经验，承担起作为传播者的责任，一部分作为受传者的用户真心吸取经验，以便日后采取行动时作为参考有关。

(一)通过对用户数据体系的研究和应用，实现业务量快速增长

从用户的访问，到内容的产出、深度浏览和评价，以及用户在马蜂窝形成的交易信息……在马蜂窝上，每天新产生的数据量超过 3 个 T。根据马蜂窝官网实时披露的数据显示，马蜂窝服务已经覆盖全球 200 多个国家和地区，信息点超过了 5000 万，涉及 1 亿位旅行者；平台真实点评 2100 万条，攻略下载次数为 3.82 亿次，这在全网都是领先的。

(二)马蜂窝能够提高旅游景点的曝光度

当马蜂窝用户决定到一个地方旅行时，往往倾向于下载当地的攻略路书以便对该地有一个整体的了解，攻略路书是通过众多用户所提供的信息整合而成的。对于那些攻略路书没有提到的景点，马蜂窝上的景点板块可以给予补充。

景点板块创建新景点，需要将景点图片和介绍上传至马蜂窝，经过马蜂窝的审核，方可创建成功。而且在百度搜索中，新创建的景点链接在搜索结果的排名中比较靠前。无论是用户主动搜集，还是平台的宣传推动，都能够提高景点的曝光度。

(三)马蜂窝能够利用口碑传播提升优质景点的形象

对口碑传播的研究可以追溯到 20 世纪 60 年代，最早是指没有商业利益关系的人之间

面对面交流产品或公司的信息。但随着互联网的发展，传统的口碑传播已经被搬到了网络上，从淘宝的用户评价到大众点评中的每一条评论都是用户口碑传播的体现，由于发表评论的都是有过真实体验的用户，所以他们所提供的评价对其他用户来说极具参考价值，也更容易影响其他用户的决策。

上文提到马蜂窝已积累真实点评 2100 万条，在马蜂窝平台上，点评即起到口碑的效果。一些优质的景点即使知名度不高，在获得大量的正面评价后，利用口碑传播效应也能够提升形象，迅速提高知名度。

(四)马蜂窝丰富记录了旅游景点的细节

大多数用户在撰写游记时喜欢把自己在旅途中拍摄的照片分享出来，对擅长拍摄照片的用户来说更是如此，他们在旅行时用心拍摄照片，在旅行结束后精心挑选照片，为照片做后期的修饰并插入游记中。同时，用户十分喜欢将景点现场的文字解说展板以图片的形式拍摄下来。由于一些用户不喜欢撰写文字，就用这一办法方便快捷地让其他用户对景点有一定的了解。

除此之外，游记其实也算作用户的旅行日记，用户除了会介绍自己去过的景点外，还会分享一路上遇到的故事，这些故事也吸引着其他用户阅读这些带有景点真实信息的游记。这就丰富了景点传播的内容，让更多的人接收到更加真实完整的景点信息。

(五)马蜂窝推动小众景点的传播

游记本身带有攻略的功能，一些稍微小众的旅游景点如果不依靠过来人的指点可能难以被了解。当用户参考他人的游记找到这些地方，并且将自己的行程分享出来后，就成了一个循环的传播模式，每循环一次，就再一次强化了传播效果。

例如，有一篇名为《#城市游记#这不是游记，这是关于梧州的——广告》曾经于 2015 年登上马蜂窝首页，其中介绍到的梧州近代建筑群和中山纪念堂，如今就被更多的人所知晓，同时也了解了一部分梧州的历史。这篇游记下有用户留言："国庆和朋友去了梧州，很大部分的参考就是来自你的游记！谢谢!!"而在这位留言用户的梧州游记中，同样也提及了在那篇蜂首游记中提到过的梧州近代建筑群和中山纪念堂。

五、结论与建议

作为首家以内容生成为主的旅游网站，马蜂窝可以说是风头正盛，更被外界称为"旅游独角兽"。而在 2018 年 10 月 21 日，自媒体"小声比比"的一篇名为《估值 175 亿的旅游独角兽，是一座僵尸和水军构成的鬼城？》的文章在网络上引起一片哗然，阅读量迅速达到 10 万多。文章指出，马蜂窝大量点评数据造假，抄袭同行内容，其中最为核心的 2100 万"真实点评"里面，有 1800 万条是通过机器人从点评和携程等竞争对手那里抄袭过来的。

时下，攻略、点评的商业化已大势所趋，浏览点评后再决定消费行为是许多人的消费习惯。于是，优质点评、精彩攻略等成为旅游在线网站争夺的稀缺资源。正因为资源稀缺，一些商家或用户采取抄袭、搬运的方式大规模提交点评。这样做的目的之一，就是为了制造流量大的假象。如今，整个在线旅游行业甚至互联网业界对于流量和客户转化率十分看重。一方面，合作方要看流量数据来决定是否合作和投放，高流量和越多越好的样本数据肯定会更容易促进合作方的合作和投资；另一方面，从用户角度来讲，在互联网时代，消费者对于点评、网络信息的接受度和参考度很高，在客户和用户的"双面夹击"下，公司要想存活下去，数据造假成了行业内的"潜规则"。

对于一个以内容为主的网站，被指内容造假无疑是一个致命的打击。虽然马蜂窝公开发文回应称，相关指控不实，"针对文中歪曲事实的言论和已被查证的有组织攻击行为，马蜂窝将采取法律手段维护自身权益"。但仍然避免不了对平台的负面影响。在线旅游行业或多或少的数据造假现象"冰冻三尺非一日之寒"，对此监管部门应当引起重视，并做到以下三个方面。

(一)构建第三方监测机制

当前，我国在线旅游领域的监管相对薄弱，一些监测、咨询机构会时常发布相关数据报告，但是这些机构多为商业化公司，其发布相关监测报告有较强的商业目的，缺乏相应的公正性、权威性，甚至还可能成为一些公司数据造假的合谋。为此，要借鉴司法领域的公证机构和金融领域的评级机构，构建中立、权威的第三方数据监测和信用机构及管理体系，确保相关数据真实有效。《电子商务法》第七十条也明确规定，国家支持依法设立的信用评价机构开展电子商务信用评价，向社会提供电子商务信用评价服务。

(二)强化信用监管体系

当前，我国对于数据造假缺乏相应的惩戒措施，对相关企业更多的是舆论监督。舆论"一阵风"过后，很多数据造假行为便不了了之了。为此，要进一步发挥信用监管作用，完善信用体系，建立信用信息互通共享机制，实现社会信用信息共享共用，加大失信行为惩戒力度，形成"一处违法、处处受限"的信用约束机制。

(三)完善相关法律法规

虽然《旅游法》第四十八条规定，发布旅游经营信息的网站，应当保证其信息真实、准确。《电子商务法》第十七条规定，电子商务经营者不得以虚构交易、编造用户评价等方式进行虚假或者引人误解的商业宣传，欺骗、误导消费者。但这些条款不够具体，可操作性相对较差。因此，还要进一步细化相关条款和处罚措施，让法律条款更具约束性和可操作性。

自　测　题

1. 航空公司、酒店及传统旅行社纷纷建立自己的电子商务网站，提供更低价格的机票、酒店或旅游线路；阿里、京东等电商平台也涉足旅游领域；加上众多旅游 APP 的横空出世，携程如何直面竞争，保持先行者优势？

2. 大数据时代，旅游电子商务网站如何从内容产生价值？

3. 旅游电商的未来应该是大而全还是细分市场？

第四章 O2O 模式与新零售

【学习要点及目标】

通过对本章的学习，熟悉线上线下相结合(O2O)模式中，外卖 O2O 的代表饿了么以及传统行业转型的代表优衣库的商务模式。通过几个案例的对比，关注 O2O 向新零售的转变，以及新零售对传统零售方式的颠覆性创新，分析新技术在新零售中的作用。

【引导案例】

日前，优衣库发布消息称将通过 O2O 智能新零售加码新年营销，将"双十一""双十二"运用的 O2O 门店自提，即 A 地下单 B 地取货沿用到此次新年营销，同时增加线上、门店 AI、AR 技术等形式促进消费体验。

据悉，春节期间，优衣库将借全国 500 多家门店，开通 365 天"网店下单，全国门店最快 24 小时内取货"的 O2O 门店自提服务(即网店下单，让亲友快速在当地门店取货)。而像"免费改、轻松换"等"双十一"推出的售后增值服务，也将沿用在此次春节活动中，满足修改裤长、同类商品换颜色、尺寸，以及当场试装等个性需求。

同时，自 2018 年 1 月 18 日起，消费者手机参与优衣库 AI "笑颜焕新衣"活动，扫描个人/全家笑脸合照，即能收获适合不同笑颜风格的主力商品穿搭推荐，更能根据 AI 精准识别的笑脸数量，领取支付宝笑颜代金券。而自 2 月 2 日起，优衣库将携手支付宝，推出融合 AR(增强现实)技术与购物体验的店铺 AR 智能红包。

日前，优衣库还联合艾瑞咨询，收集了来自 283 座城市共计 5733 份问卷，发布《2018春节改变进行式：看新零售如何快乐玩转过新年》总结中国年生活消费改变的 10 大趋势。

据问卷调查显示，81%的人会用手机发送红包或祝福，提前预热春节气氛；54%的人利用新零售及线上线下服务，提前为家人买礼物。83%的人在逛街时喜欢用手机"扫一扫"，参与门店数字创新服务和优惠活动，感受实体结合虚拟的趣味智能体验。71%的人希望在门店获得比网店更便捷贴心的售后服务，如退换货、换尺寸等。78%的人会为全家储备年货，服装取代传统年货成为很多人的首选。

(资料来源：优衣库 O2O 智能新零售加码新年营销. http://www.ebrun.com/20180122/262160.shtml)

第一节 O2O 模式与新零售

一、O2O 概述

O2O(Online To Offline，线上到线下)这一概念最早于 2010 年由 TrialPay 创始人 Alex Rampell 提出，他认为 O2O 商业模式的关键是吸引线上用户到线下实体店中去消费，相比以前无法准确衡量广告效果的模式，可追踪、可衡量、可预测是其巨大的进步。此后的理论发展中逐渐衍生出线下到线上、线上到线下再到线上、线下到线上再到线下三种模式，其核心都在于跨互联网的线上线下交流互动，通过发现机制对买卖双方进行最佳匹配，以线上平台做中介，以支付与物流体系做支持，以全渠道的无缝穿梭满足消费者随时随地购物、娱乐、社交的综合消费需求体验。

从狭义上讲，O2O 是指消费者通过线上平台在线购买并支付/预订某类服务/商品，并到线下实体店体验/消费后完成交易过程；或消费者在线下体验后通过扫描二维码/移动终端等方式在线上平台购买并支付/预订某类服务/商品，进而完成交易。狭义的 O2O 强调的是交易必须是在线支付或预订的，同时商家的营销效果是可预测、可测量的。

此外，还有一种比较常见的形式，称为本地生活服务 O2O，是指与百姓日常生活相关的线上线下服务，包含餐饮、休闲娱乐、美容美护、酒店、婚庆、亲子、旅游及教育等行业，外卖平台饿了么即属于这一类型。

基于上述分析，O2O 商业生态系统构成如图 4-1 所示。其中，核心供应链系统包括消费者、物流服务商、O2O 平台企业、线下实体店、支付服务商等要素，是整个 O2O 商业生态系统的核心与运行基础；环境支持系统包括政府机构、认证机构、金融机构、电信服务商等要素，既可以为核心供应链系统提供各种支持服务，也可以通过核心供应链系统获得价值增值；竞争系统包括传统的实体消费店、广告商、软件商等要素，对核心供应链系统的产品生产、销售产生影响，诱导核心供应链系统发生变革，反之，核心供应链系统决定竞争系统的成员类型；宏观环境系统包括经济、法律、政策、科技、文化、自然等要素，是核心供应链系统的运行土壤，它将对整个 O2O 商业生态系统提供基础设施与不断进化的外部动力，对系统内部成员产生环境选择压力。

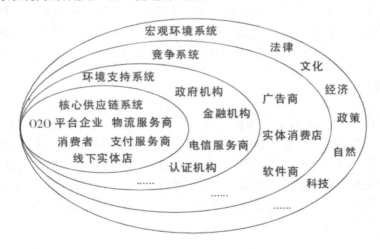

图 4-1 O2O 生态系统结构图

二、O2O 电子商务的类型

(一)线上到线下闭环

团购是这种模式的主要代表形式，消费者通过互联网在团购网站中挑选自己喜欢的产品，在网上下单并完成在线支付，这时可以取得消费凭证，消费者用这个凭证就可以到指定的实体店去享受服务，从而完成消费。早期 O2O 商务模式的开展主要得益于团购网站的推广，有的学者甚至认为团购网站是 O2O 电子商务的主要模式之一。

(二)线下到线上闭环

O2O 商务模式的核心是在线下，也可以说，线下是 O2O 商务模式的根基。消费者购买的商品和服务主要靠线下来提供，通过线下的体验，再到线上去完成交易。同时线下的产品和服务出现的问题也可以通过线上快速得到解决，使得消费者的满意度和忠诚度都有一定的提高。

(三)互逆势闭环

B2B、B2C 等业务发展到一定阶段后缺少新的动力，速度明显放缓，这时 O2O 商务模式的线下环节可以弥补这一不足，它和普通的营销模式正好相反，因此被称为反向 O2O 商务模式。商家在已有的线上店铺的基础上开设线下实体店，实体店的体验能够为线上服务做宣传，这样就大大提高了线上的客流量。传统的 O2O 商务模式将互联网变成前台，而线下实体店则提供服务。对于反向 O2O 商务模式而言，这和其经营方向恰恰相反，反向 O2O 电子商务的线下实体店则具有体验和吸引顾客的作用，主要消费还是以在线操作为主。

(四)行业闭环

O2O 电子商务模式的发展要求行业之间相互配合，不断调整策略和供应链管理。O2O 商务模式的线上和线下变化都非常快，行业发展对此具有一定的引领作用，特别是一些具有潮流趋势的产品，通过线上和线下的这种模式来快速实现产品的销售，因此要求行业具有一定的反应能力，形成闭环来促进 O2O 电子商务的发展。

三、新零售概述

2016 年 10 月，阿里巴巴集团董事局主席马云在阿里云栖大会上提出了"新零售"的概念。马云指出，未来，线下与线上零售将深度结合，再加上现代物流，服务商利用大数据、云计算等创新技术，构成未来"新零售"的概念。2017 年 3 月，《C 时代 新零售——阿里研究院新零售研究报告》中对"新零售"做出了明确的定义："'新零售'是以消费者体验为中心的数据驱动泛零售形态。"根据众多学者及行业权威人士的观点，可将"新零售"的界定概括为以下几个方面。

(一)线上线下与现代化物流的高度融合

其目的是为消费者提供全渠道、全方位的服务。

(二)大数据及云计算技术驱动

通过大数据以及云计算技术的结合应用，了解不同地区、不同时段的消费者喜好，建立以需求推动生产的供应链模式，减少库存成本与损耗成本，优化零售效率。

(三)以消费为核心的零售理念

努力为消费者提供全方位高效满意乃至超过预期的服务,提高用户满意度。

简而言之,新零售即企业以互联网为依托,通过运用大数据、人工智能等先进技术手段并运用心理学知识,对商品的生产、流通与销售过程进行升级改造,进而重塑业态结构与生态圈,并对线上服务、线下体验以及现代物流进行深度融合的零售新模式。

"新零售"的核心要义在于推动线上与线下的一体化进程,其关键在于使线上的互联网力量和线下的实体店终端形成真正意义上的合力,从而完成电商平台和实体零售店面在商业维度上的优化升级。同时,促进价格消费时代向价值消费时代的全面转型。此外,有学者也提出新零售就是"将零售数据化"。将新零售总结为"线上+线下+物流,其核心是以消费者为中心的会员、支付、库存、服务等方面数据的全面打通"。

四、从 O2O 到新零售

(一)新零售的政策背景

2016 年 11 月 11 日,国务院办公厅印发《关于推动实体零售创新转型的意见》(国办发〔2016〕78 号)(以下简称《意见》),明确了推动我国实体零售创新转型的指导思想和基本原则。同时,在调整商业结构、创新发展方式、促进跨界融合、优化发展环境、强化政策支持等方面做出具体部署。《意见》在促进线上线下融合的问题上强调:"建立适应融合发展的标准规范、竞争规则,引导实体零售企业逐步提高信息化水平,将线下物流、服务、体验等优势与线上商流、资金流、信息流融合,拓展智能化、网络化的全渠道布局。"

(二)新零售的发展动因

1. 线上零售遭遇天花板

虽然线上零售一段时期以来替代了传统零售的功能,但从两大电商平台——天猫和京东的获客成本可以看出,电商的线上流量红利见顶;与此同时线下边际获客成本几乎不变,且实体零售进入整改关键期,因此导致的线下渠道价值正面临重估。线上电商始终没有找到能够提供真实场景和良好购物体验的现实路径。因此,在用户的消费过程体验方面要远逊于实体店面。不能满足人们日益增长的对高品质、异质化、体验式消费的需求将成为阻碍传统线上电商企业实现可持续发展的"硬伤"。

2. 移动支付等新技术的普及

开拓了线下场景智能终端由此带来的移动支付、大数据、虚拟现实等技术革新,进一步开拓了线下场景和消费社交,让消费不再受时间和空间的制约。

3. 居民消费观念转变

在我国居民人均可支配收入不断提高的情况下,人们对购物的关注点已经不再仅仅局限于价格低廉等线上电商曾经引以为傲的优势方面,而是愈发注重对消费过程的体验和感受。因此,探索运用"新零售"模式来启动消费购物体验的升级,推进消费购物方式的变革,构建零售业的全渠道生态格局,成为传统电子商务企业实现自我创新发展的又一次有益尝试。

第二节 饿了么案例

一、饿了么简介

饿了么起源于上海交通大学闵行校区,由张旭豪、康嘉等人在上海创立,其网站于 2009 年创立,是中国专业的餐饮外卖 O2O 平台,由拉扎斯网络科技(上海)有限公司开发运营,隶属于上海拉扎斯信息科技有限公司。

截至 2019 年 6 月,饿了么在线外卖平台覆盖全国 2000 个城市,加盟餐厅 130 万家,用户量达 2.6 亿。作为中国餐饮业数字化领跑者,饿了么秉承激情、极致、创新之信仰,以建立全面完善的数字化餐饮生态系统为使命,为用户提供便捷服务极致体验,为餐厅提供一体化运营解决方案,推进整个餐饮行业的数字化发展进程。

二、饿了么发展历程

2008 年 9 月,饿了么网站正式上线。

2009 年 2 月,平台支持网络订餐。

2012 年 9 月,成功推出在线支付功能,以及餐厅超级结算系统,率先形成网上订餐闭环系统。

2014 年 5 月,饿了么获得大众点评 8000 万美元投资,成为其深度战略合作伙伴。

2014 年 9 月,公司员工超过 2000 人,在线订餐服务已覆盖全国近 200 个城市,用户量 1000 万,加盟餐厅近 18 万家,日均订单超过 100 万单。

2015 年 8 月 28 日,饿了么获 6.3 亿美元融资,创全球外卖行业最高纪录。

2015 年 11 月,饿了么的自营配送队伍已超过 6000 人,标准人效达每人每天 35 单,蜂鸟团队及众包配送员更超过 50 万人,覆盖全国 300 多个城市。同月,饿了么和滴滴出行合作落地,未来双方将携手共同搭建两轮电动车加四轮汽车的"2+4"同城配送网络。

2017 年年初,饿了么与 Today、上蔬永辉、屈臣氏、7-Eleven 等 4 家便利店优质品牌达成合作。

2017 年 3 月 1 日,饿了么宣布"食安服务"APP 上线。饿了么可在 APP 上将涉嫌食品安全违规的餐厅同步至监管部门,目前监管范围覆盖上海的全部餐厅。

2018 年 4 月 2 日,阿里巴巴集团、蚂蚁金服集团与饿了么联合宣布,阿里巴巴已经签订收购协议,将联合蚂蚁金服以 95 亿美元对饿了么完成全资收购,张旭豪出任饿了么董事长,阿里巴巴集团副总裁王磊出任饿了么 CEO。

2018 年 5 月 29 日,饿了么宣布获准开辟首批无人机即时配送航线,送餐无人机正式投入商业运营。本次获准飞行的无人机航线共 17 条,均位于上海金山工业园区内,合计覆盖面积 58 平方公里,服务外卖商家 100 多家。

三、饿了么的商业模式

(一)战略目标

饿了么网站的战略目标是建立一个完善的"C2C 订餐"的系统，成为中国餐饮业行业的"淘宝网"，致力于推进整个餐饮行业的数字化发展进程，以及快餐行业的总体水平，为用户带来方便快捷订餐体验的同时，也为餐厅提供一体化的运营解决方案。同时饿了么秉承"Everything 30′"使命，致力于用创新科技打造全球领先的本地生活平台，推动了中国餐饮行业的数字化进程，将外卖培养成中国人继做饭、堂食后的第三种常规就餐方式。

(二)目标客户

饿了么早期的重要用户群体为高校学生，学生群体人口密度大、周边商圈成熟、推广成本低、扩散速度快，这让饿了么快速获得了广泛的知名度。然而在众多外卖 O2O 平台烧钱竞争的过程中，越来越多的问题也凸显出来了，例如，学生群体消费能力有限，且受学校食堂、假期、优惠促销等多方面因素的影响，用户忠诚度相对较低。因而从 2014 年起，青年白领群体成为饿了么重点推广的对象，饿了么为此不断完善配送体系，成立主打中高端餐饮的品牌馆，自建物流配送，从各方面来满足白领群体的消费需求。

(三)产品和服务

饿了么属于外卖 O2O 模式，是线上与线下交易结合的产物。该模式将电商行业和外卖行业相结合，通过网站展示商品、资金流加线下物流、商流为主要特点。其业务流程为：通过与商家协定，将餐户和餐品信息展示在第三方外卖平台上，用户通过平台可看到商家提供的餐饮服务信息，并通过在线下单的方式通知第三方外卖平台经营商和商家，由商家配送或第三方外卖平台专有的物流系统配送至用户手中，用户可以在线支付或等餐品送达后付款。根据第三方外卖平台是否拥有线下配送体系，可将其划分为轻模式平台和重模式平台。轻模式平台不提供线下配送服务，需要餐户自行配送或用户线下取餐。重模式平台提供线下配送服务，配送人员获取订单信息后，首先去餐厅接收餐品，再送达用户。如图 4-2 所示。

饿了么测试30个城市的配送数据

28.62分钟
智能调度后的配送时长

99%
准时送达、好评率

界面新闻 data says

数据来源：饿了么

图 4-2 饿了么配送数据

饿了么为在订餐平台开通有经营权的店铺发布产品信息，为普通用户提供外卖服务。同时饿了么网站为餐厅提供终端管理软件，便于商家接单。产品和服务虽然单一，但会沿着订餐这条路线深入下去。饿了么认为核心产品做好了，用户就会忠实，不是说产品要多，而是更相信产品质量要好。

(四)盈利模式

饿了么创业初期向合作餐厅抽取佣金(交易额的 8%)，随着竞争的日益激烈，饿了么不断地发展创新，目前形成如下几种盈利方式。

1. 商家入驻平台费用

饿了么前期向入驻外卖餐厅收取佣金，后来改为收取固定服务费，这一收费方式更容易被商家接受，还能够改善网站现金流，免去每月结算和催收佣金的烦恼。这是饿了么目前的主要收入。

2. 竞价排名

饿了么会将用户附近的入驻商家全部向用户展示，但是考虑用户浏览习惯，页面越靠前的商家，越容易受到用户的光顾。因此，饿了么提供竞价排名，向想要占据前排的商家收取一定的费用。

3. 增值收费

饿了么平台会定期或不定期开展各类营销活动，饿了么将对参加的商家收取一定的费用。

4. 广告收费

随着饿了么大受追捧，部分广告主看到了商机，选择在饿了么上投放广告，饿了么通过收取广告费支持网站的运营。饿了么首页轮播和栏目广告都是可以接受广告投放的，APP流量每日都会通过对这些流量的点击来收取广告投放商的广告费用。

5. 会员制度

在面临外卖平台利用补贴赚取流量红利的补贴战之后，饿了么抛弃了外卖平台们所依赖的烧钱换增长的补贴模式，凭借新零售战略优势，通过联动效应和优质客群效应实现了逆转。饿了么利用会员制度，深挖用户价值，提高用户复购率和客单价。连续包月的用户仅需 10 元即可分 4 次享受 5 元无门槛红包、奖励金(可兑换红包)、折扣商品等优惠。

(五)核心能力

饿了么——轻(餐厅自行提供物流)重(自建物流)梯度配合，扩张快。

饿了么早期靠"轻模式"起家，合作商家主要定位于中小餐饮商户，仅需向商家提供线上入口和相应软件，以较低成本扩大平台覆盖范围，通过整合中小餐厅来产生"长尾效应"。

后期则逐步转战白领用户群，这个群体更看重的是送餐速度、餐品口感等，因此为拓展白领市场、提高自身送餐服务水平，2014 年 4 月，饿了么自建物流配送体系。饿了么的

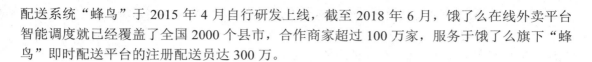

配送系统"蜂鸟"于 2015 年 4 月自行研发上线，截至 2018 年 6 月，饿了么在线外卖平台智能调度就已经覆盖了全国 2000 个县市，合作商家超过 100 万家，服务于饿了么旗下"蜂鸟"即时配送平台的注册配送员达 300 万。

四、成功之处

(一)网络订餐系统

饿了么网络订餐系统是一种全新的电子商务模式，它为餐厅和顾客搭建了一个高效的网络订餐平台，顾客可以通过网站、手机等一系列数字终端浏览周边的餐厅信息，并且直接在线下单，完成交易，而餐厅就像在网络上又开了一家餐厅一样。同时，饿了么网络订餐系统拥有目前上海最完整的餐厅地理位置数据与外卖餐厅信息的数据系统，其申请的一项专利技术"通过 Web 访问销售终端"也是行业中一大核心技术。

(二)移动终端

餐厅是如何收到消费者的订单呢？很大一部分原因是得益于团队 CTO 叶峰自主研发的餐厅终端。餐厅只需要安装饿了么特制的终端就能直接接收顾客订单，并配送外卖。安装饿了么网络订餐系统特制的终端就能使餐厅更轻松地管理自己的网上餐厅(包括订单处理打印、营业额统计、优惠信息发布等功能)。

餐厅使用移动终端软件每年只需向饿了么预付一定的年费，不用按外卖量提成，一个终端的价格比 POS 机还便宜，并且还具有不会中毒的优势；同时，终端打印机是一式三份地打印账单，提高了店家的结账效率，因此餐厅非常乐于接受。

(三)人性化设计

饿了么足足花了半年开发出的网络平台可按需实现个性化功能，比如顾客输入所在地址，平台便自动检测出其周边饭店的地理信息和外送范围，给出饭店列表和可选菜单；而在平台另一端，饭店实时接到网络点单，可直接打印订单及外送地址。饿了么还在网站上提供了一系列小游戏，从而迎合消费者的心理。

为了更好地与消费者沟通，帮消费者解决订餐难题，建立了一套完善的反馈机制。反馈功能的作用不仅可以了解到加盟店的质量与动向，从而相应地进行调整与沟通；同时提升了饿了么网络订餐的专业程度。另外，在下雨等某些特殊状况，饿了么的首页上会显示"天雨路滑，外卖大哥会晚些到""此店家现在十分忙碌"等友情提示。

五、结论与建议

(一)总结

互联网时代的到来，观念不断更新，大众需求也日新月异，外卖 O2O 平台等本地生活服务平台前进的步伐已不可阻挡。本地生活服务平台的价值正逐渐得到市场的广泛认可及应用。

目前外卖 O2O 行业发展虽然已经成熟，但是餐饮外卖的相应机制还需不断完善，而机制的建立一方面要满足外卖用户的用餐需求，也要考虑到外卖提供方的供给能力和诉求。当这一机制初步实现时，餐饮外卖的产能得到充分释放，并将产生可观的交易规模。

(二)建议

1. 明确市场定位，开拓新的细分市场

基于特定餐品提供的外卖服务在很大程度上影响用户的外卖体验和对餐户品牌价值的感知。这一领域内，平台模式或有较大发展空间，但由于餐品种类较多，用户认知程度有限，先发优势将更为明显。虽然饿了么正在开拓中高端市场，但一方面平台上的"中长尾餐饮"影响了品牌餐饮的进驻热情，另一方面最初的客户认知会影响其开拓市场的速度。因此巩固已有的市场定位是至关重要的。

2. 目标顾客适当差异化，进行相应特色营销

现阶段，国内的外卖 O2O 平台虽然服务模式存在一定差异，但随着平台的不断扩张，各大平台对对方的目标顾客相互渗透，逐渐进入对方的市场，同质化趋势严重，竞争更为激烈。长此以往，行业乱象丛生，外卖 O2O 平台必然只能继续以贴钱的方式实现扩张，最终，必然会有一大批外卖 O2O 平台倒下。

所以，饿了么要想稳固市场地位，目标顾客应适当差异化，避开竞争对手的主要客户群体，建立自己的目标客户群，并进行相应的特色营销。

3. 与餐饮商家协同信息化，使流程更顺畅

随着外卖订单以及外卖企业和服务的增多，对餐饮企业技术能力的要求也越来越严格，外卖订单实时分拨处理、堂食与外卖产能动态分配等流程问题逐渐显露出来。

而外卖 O2O 平台的发展在一定程度上遵循着"木桶效应"，一只水桶能装多少水取决于它最短的那块木板。外卖送餐过程中订餐体验、送餐速度及服务态度、餐厅态度等一系列因素都会影响消费者对外卖 O2O 平台的印象。

因而，饿了么不仅要重视自身平台的更新及流程优化，也要辅助餐饮企业开展信息化建设，从而使整个订餐流程更加顺畅。

4. 加大监管力度，保障客户利益

由于饿了么运营管理体制不完善，产生了一系列问题——无法对平台上的众多外卖商家进行全盘检查，由此无法保证餐厅及餐品质量，导致客户投诉现象日益增多。为最大限度地保障客户利益，饿了么优化开店申请的流程，客服、市场、运营三大部门联动审核，以防无证商户加盟；大型客服团队 24 小时待命，负责处理客户的食品安全投诉。后期饿了么吸取实际运营中得到的经验教训，对商户及其产品和服务加强监管，以维护客户合法权益。

5. 融入阿里生态体系，挖掘更多潜在市场

阿里巴巴正式收购饿了么后，饿了么将依托外卖服务形成的庞大立体的本地即时配送网络，协同阿里新零售"三公里理想生活圈"，盒马"半小时达"和 24 小时家庭救急服务，

"天猫超市一小时达"，众多一线品牌"线上下单门店发货二小时达"等一起，成为支撑各种新零售场景的物流基础设施。同时借力阿里生态流量、金融、技术等领域的全方位支持，饿了么需要加强与整个生态的联系，相互协作，协同效应将会更加显著，饿了么用户、商户和合作伙伴都将分享阿里生态带来的巨大红利。

第三节　优衣库案例

一、优衣库简介

优衣库(UNIQLO)是日本迅销集团(FAST RETAILING)旗下的最具实力的服饰品牌。迅销集团于 1963 年建立，是日本最大的服装零售企业，其在 1984 年建立了优衣库。经过 30 多年的发展，优衣库成为全球第四大、亚洲第一大的平价服装品牌，其服装产品热销全球并渐渐成为时尚潮流的代名词。

优衣库最初的零售方式是大卖场式，给消费者提供自助购物的体验，是其创始人柳井正受到美国的仓储式销售方式启发后引进日本的一种零售方式。其产品的款式虽然乍看之下仅仅是基本款，但是上身试穿之后，普遍让人觉得舒适又不失时尚感。同时，它的性价比也在消费者中有口皆碑。优衣库在产品设计的过程中不仅着眼于款式、质量这些传统时装品牌的着力点，而且更多地将重点聚焦于和产品相关的科技上。

截至 2018 年 8 月末，优衣库全球共运营门店 2068 家，其中，日本 827 家，全球 1241 家。日本以外的市场又以中国为主，中国内地共有 633 家优衣库门店，2018 财年新增 78 家，并且优衣库还在不断扩张，加快了其国际化经营的步伐，逐渐在东南亚和欧美市场发展壮大。在 O2O 模式开始变得火热的时候，优衣库作为服装品牌 O2O 的领头羊，其营销手段对我国其他服装品牌营销推广方式的对策分析有一定的借鉴意义。人们通常认为，采用虚拟店铺形式的网路营销一旦得以扩大，实体店铺往往难逃衰落的命运。而实际情况却并非如此简单，很有可能出现的是：实体店铺与网络营销相结合，二者的功能在相互提携中得以升高，并最终形成一个新型的产业。优衣库对 O2O 营销模式的运作有绝对的发言权。

二、优衣库发展历程

1984 年 6 月，优衣库一号店于广岛市开业。

1996 年 2 月，为强化商品供应，成立了山东宏利棉针织有限公司。

2000 年 10 月，开始实行网上直销。

2001 年 8 月，中国子公司 Fast RETAILING(Jiangsu) Apparel CO.，LTD 江苏成立。

2002 年 9 月，中国首家优衣库店于上海(共两家)开业。

2008 年 4 月，优衣库在中国品牌服装零售业率先推出网购业务，其网络旗舰店于 2008 年 4 月 16 日在淘宝商城和外部网店同时发布，开店后平均每天销售 2000 件。

2010 年 5 月，优衣库上海南京西路店在中国开业，成为该品牌的第四家全球旗舰店。

2017 年 7 月，优衣库推出了一个名为"智能买手"的电子屏。目前，"智能买手"已经覆盖了北京、上海、广东、天津、福建等多个省市的 100 家门店，这可不是一块简单的广告屏，当你走近"智能买手"5米范围内，它便会"say hi"与你打招呼，滑动屏幕，你能浏览到店内新品、穿搭建议和优惠信息，甚至还有简单的互动游戏，如图4-3所示。

图4-3　优衣库"智能买手"电子屏

三、优衣库的商务模式

(一)战略目标

优衣库(UNIQLO)的全名是 UNIQUE CLOTHING WAREHOUSE，意思是"独特的服装仓库"。优衣库坚持将现代、简约自然、高品质且易于搭配的商品提供给全世界的消费者，倡导的"百搭"理念，采用超市型的自助购物方式，以高性价比吸引客户，坚持"衣服是配角，穿衣服的人才是主角"的穿衣理念。优衣库在追求营业额和收益高度成长的同时，将目标定位于成为世界一流的休闲服装零售企业。

(二)目标客户

优衣库是面向基本、大众的群体提供面料舒适且大众化的休闲服。优衣库的目标客户定位在充满自信，相信自我，不断追求高品质生活和事业成功，尽情享受现在，积极向上的中坚阶层。为满足"让所有人都能穿的休闲服"的经营理念，优衣库满足儿童、青年、中年、老年和不同性别人的穿着习惯和风格，为不同年龄层设计不同主题系列的衣服，满足各个人群的搭配，使客户充分展现自我个性。

(三)产品和服务

优衣库所提供的产品是休闲服装，这些服装满足各个年龄层群体的穿衣风格，高质平价，简单百搭，同时混搭奢侈品，以优良的材质打动每个顾客。

优衣库在O2O模式方面提供了线上线下同价、线上下单，快递/门店自提、线下试衣，

线上下单快递到家等服务，真正做到全渠道营销，线上线下整合统一。

优衣库根据线上客户下单的地理位置、日活跃度、复购率等相关数据进行分析，构建了大数据模型。通过这一系列的数据分析，来提供开店选址和各方面决策的参考，同时优衣库实现了线上与线下同价同品，避免线上渠道的单独统计。

优衣库还自行研发APP，提供电子POP优衣"码"，可以通过APP和"码"了解产品信息，实时查询每件产品的颜色、尺码和相关的店铺库存量信息，并且还可以找到最近的线下门店。它还采用APP实体店位置指引、实体店专用二维码等设计达到线上引流到店的目的。以"双十一"为例，当天线上"售空"后，消费者可以凭借"提货凭证"短信到线下自提，第二天，线下实体店就引爆了。

因为优衣库的APP和天猫旗舰店的用户都是来自全国各地的，所以优衣库可以通过数据分析做基础，来选择开店地址。虽然优衣库并没有会员系统，也没有积分系统，但是它仍然能够对这些用户群体进行很全面的分析。

优衣库坚持用户到店才能操作优惠折扣，为此还专门设计了自己APP才能扫描的二维码，有效避免优惠券的浪费，把这上面省下来的钱全部投到线下店的改造中。

优衣库还做了很多消费升级，如上线了虚拟的衣柜服务，可以根据用户的性别、穿衣风格还有当地的天气，给网购用户推荐合适的商品，这些都是通过数据分析实现的。优衣库在用户体验上做出了很大的努力，抓住每一个可以优化的消费场景。比如，2017年7月，优衣库门店数字化升级再出新招——推出"智能买手"电子屏终端。在诸多可投放到门店的智能设备中，"智能买手"电子屏让优衣库门店购买率提升了15%。"智能买手"呈现给消费者的内容主要分三块：新品上市、促销信息以及穿衣搭配。此外，消费者完成任何一个操作，点击步骤不会超过四步，大大节省了体验时间。

(四)盈利模式

2018财年，在优衣库1.76万亿日元的收入中，日本市场占据48.9%，海外市场占据51.1%。海外市场又以大中华区为主，占据25%的市场份额。在2018年"双十一"开售的35秒里，优衣库天猫旗舰店销售额突破了1亿元人民币。优衣库采用ECR(有效客户反应)系统，以消费者需求为出发点，产品的设计、生产到销售围绕着满足消费者的需求，提升供应链和需求链的效率，又能管控销售情况和工厂生产，做到良性库存，从而大幅减少SKU(库存的最小可用单位)，尽可能地挖掘标准化品类。由此带来的结果是，优衣库的SKU远比其他企业低。

优衣库采取以下方式获得收入，实现盈利。

1. 通过网上和实体店面销售服装来获取收入

优衣库采取直销方式，其主要收入来源是通过线下直营店与B2C网站等渠道销售各类服饰。

2. 通过网上和实体店铺销售配件来获取利润

优衣库销售的服饰类型很多，不同的服饰之间有密切的联系，优衣库积极利用不同服饰活动之间形成的协同优势。例如，在以外衣为主打的基础上，适当地配套一些休闲的内衣，又如，除了销售衣服，在优衣库的货架上同时还有帽子、围巾、鞋袜等一系列相关产品，使之形成一个有效的业务体系，主副业务相辅相成。

3. 通过过程控制获得利润

依赖于 IT 及其他辅助系统完成消费信息传递，实现零售、设计、生产等环节的价值转换。高效的过程控制效率提升了公司运营现金流的能力，其价值并不直接表现在公司利润层面，而是让公司有了更多的预算，提高了 SPA(Specialty retailer of Private label Apparel,是一种从商品策划、制造到零售都整合起来的垂直整合型销售形式)模式中零售终端的扩展能力，由此形成了一个良性循环的商业模式。

四、成功之处

(一)打造线上线下无差别购物环境

在 O2O 模式下，优衣库线上线下及供应链深度融合的营销模式将二者无缝对接，消费者无论从哪种渠道下单所享受到的购物体验都趋于一致：升级供应链后，线上线下实现同价，消费者不再需要进行比价；门店数字化和虚拟现实科技的普及使服装商品需要"被触摸及感受"的程度降低，通过线上虚拟可以看到服装上身的效果。到店之后如该店没有库存，也可通过智能大屏等数字化设备进行虚拟试衣。

(二)给予消费者个性化体验

优衣库将人、货、场进行重构，其中提升消费者购物体验，增加其购买兴趣是最终目的。在 O2O 模式中，优衣库通过在线支付、虚拟试衣等环节取得消费者的个性化信息，包括其服装款式的偏好、购物地点的选择、购买渠道的习惯等信息都可以通过遍布全渠道的数据收集方式进行采集。从而对单个消费者进行购物之前的引导和购物之后的关系维护，让其得到更有针对性的个性化购物体验。

(三)缩短消费过程

优衣库通过线上线下和供应链的深度融合，各渠道之间的信息传递速度加快，无论是在生产决策环节，还是消费者购买环节所耗费的时间都会大大缩短。并且在决定零售效率的物流环节，O2O 模式中的线上线下取货、就近门店发货等机制，也让消费者能够以更快的速度拿到自己所下单的商品，并且解决了服装品牌高库存风险的痛点。这样一来在单位时间中，企业所售出的产品数量就会增加，利润也会不断攀升。

(四)注重产品和面料的研发投入

优衣库一直致力于利用本土的技术优势大力开发高科技面料，由此增加自家产品的亮点来吸引消费者。优衣库聘请前 Prada 首席设计师等知名设计师，提升产品的时尚度，同时极重视直营店的装修风格。通过独特的设计为消费者树立现代、简约、自然的品牌形象。

(五)优秀的企业管理

作为一家日本企业，优衣库的身上浸润着日本企业管理的基因：精细化管理、标准化流程、对节省时间和物料近乎苛刻的要求，这些体现在优衣库卖场里极度整齐的衣物陈列上，体现在员工如何向顾客鞠躬的细节要求上。在严格成本控制的理念指引下，日本企业的产品相比于其竞争对手往往具有更大的降价空间，由此创造出独特的竞争优势。优衣库继承了日本企业在这一领域的卓越实践，在供应商选择、采购管理、库存管理、物流管理、运营管理、供应链管理等多方面都处于服装行业的领先水平。优衣库难能可贵之处在于：它能够在执着追求高效率低成本生产产品、坚守为顾客提供低价格高品质产品的同时，不断变革创新。

五、结论与建议

(一)结论

从优衣库的成长历程来看，它的变革创新主要体现在以下几个方面：在公司发展的第一个十年中将公司的定位从"销售休闲服的零售商"转变为"自有品牌服装生产零售商 (Speciality retailer of Private label Apparel，SPA)"；在研发团队的建设上不遗余力，不断开发出适合制作休闲服的面料；在店铺经营管理上"权力下沉"，让店长担当自主决策的重任，这是迥异于一般的日本企业管理模式的；在产品销售定价时权变处理，它会根据不同国家的市场情况实行差别定价，在清仓处理时则采用"限时特优"和"变更售价"等灵活定价方式。这些日积月累的变革创新成就了优衣库在市场上的品牌定位，使得它不仅区别于欧美企业，也与传统的日本企业大不相同。

优衣库在中国市场开创特有的 O2O 模式，它在中国的线上渠道只有官网和天猫店，并且官网最终的产品页会跳转到天猫，共用天猫店的后台，而优衣库 APP 的流量也是导向天猫店和门店。优衣库充分理解线上与线下的关系，做到了完全整合，线上能为线下新增门店引流，利用线上营销费用低的特点，带动线上线下销量增加。

(二)建议

1. 加大产品和材料的研发投入

优衣库可以和国际知名的设计师合作，加大在产品款式上的设计力度，同时加强服装技术攻关，研发更为舒适的面料，这将有助于生产特殊面料的衣服来吸引消费者，同时还可以有助于防止其他商家的仿制，走在时尚前沿。

2. 加强运用新媒体技术，以用户体验为出发点

优衣库需要加强运用新媒体技术将产品的海报数字化，消费者可以通过移动端与店内各种数字海报信息相连接，获取产品相关信息，大大节约了人力成本和相关数据的采集与分析时间。

3. 加强全渠道营销，为线上线下增加客流量

优衣库需要采用多种营销手段提升优衣库品牌美誉度，为线下实体店带来大量客流。优衣库可以通过在 SNS 平台推广促销，宣传品牌故事、设计理念、趣味互动游戏传播等方式，将线上消费者带到实体店，充分挖掘客户价值。

4. 减少昂贵的店面租金

门店是优衣库强化品牌的最好阵地，直营门店可以直接掌握消费者信息，并第一时间反馈给总部，总部再根据顾客的反馈或者要求来设计出他们需要的产品。优衣库通常将直营店开在城市 CBD 或者毗邻奢侈品店，直营店占地面积均在 1000 平方米以上，店面租金是一块很大的成本。为了获得更大的利润，优衣库可考虑适度缩减店面租金成本。

第四节　盒马鲜生案例

一、盒马鲜生简介

盒马鲜生是阿里巴巴集团旗下以数据和技术驱动的新零售平台，是阿里巴巴对线下超市完全重构的新零售业态。盒马希望为消费者打造社区化的一站式新零售体验中心，用科技和人情味带给消费者"鲜美生活"。

盒马鲜生于 2015 年 6 月成立，2016 年 1 月 15 日开始营业。截至目前，短短 3 年多时间，盒马鲜生的团队从最初的 7 人发展到 4000 余人，从 1 家线下门店发展到全国 93 家门店，遍布全国 16 个重要城市，从 10 余万元的销售额到成为阿里财报的重要增长点。据华泰证券 2016 年 12 月的研报显示，盒马上海金桥店 2016 年全年营业额约 2.5 亿元，坪效约 5.6 万元，远高于同业平均水平 1.5 万元。

与传统零售最大的区别是，盒马运用大数据、移动互联、智能物联网、自动化等技术及先进设备，实现人、货、场三者之间的最优化匹配，从供应链、仓储到配送，盒马都有自己的完整物流体系。盒马的供应链、销售、物流履约链路是完全数字化的。从商品的到店、上架、拣货、打包、配送任务等，作业人员都是通过智能设备去识别和作业，简易高效，而且出错率极低。整个系统分为前台和后台，用户下单 10 分钟之内分拣打包，20 分钟实现 3 公里以内的配送，实现店仓一体。

二、盒马鲜生发展历程

2015 年 6 月 2 日，盒马鲜生正式成立。

2016 年 1 月 15 日，第一家盒马鲜生在上海开业，盒马 APP 同步上线。

2016 年 3 月 12 日，盒马鲜生完成 A 轮融资，融资金额为 1.5 亿美元。

2016 年 12 月 12 日，盒马集市在上海八佰伴上海湾正式开业，实现真正意义上的超市和餐饮、超市和百货服装、休闲和娱乐、线上和线下的完全融合。

2017 年 7 月，侯毅在接受采访时表示，盒马营业时间超过半年的门店已经基本实现盈利。

2017 年 7 月 14 日，阿里巴巴董事局主席马云和 CEO 张勇等人在盒马鲜生品尝刚刚出炉的海鲜。随着马云的到店走访，盒马鲜生被推到了聚光灯下，正式成为阿里"动物园"在天猫、菜鸟、蚂蚁金服之后的新成员。

2017 年 9 月 28 日，在上海、北京、杭州、深圳和贵阳 5 个城市，10 家盒马店同时开业。

2017 年 12 月 4 日，盒马 F2 便利店在上海北外滩白金湾广场开业。F2 针对高端商务办公区域，为上班族提供服务，开启了盒马的第二条业务线。

2018 年 8 月 11 日，北京居然之家家居连锁集团与盒马牵手后的首个门店正式落地居然之家顺义店。

三、盒马鲜生的商务模式

盒马鲜生将食品零售与餐饮业结合，采用线上+线下的 O2O 模式。线上 APP 主打门店三公里范围内最快 30 分钟送达的服务，线下主营生鲜商品零售，所有商品都标准化售卖，产品低数量、高质量；线上与线下的商品品质价格完全相同；线上线下高度融合，通过背后数字化和智能化的技术支持最终实现线下体验线上下单的闭环消费模式。盒马鲜生与京东到家的区别在于，盒马鲜生一开始就瞄准 APP 快送而生，定位是电商体验店，而非超市，在卖场布局、商品选择和包装、系统设计开发、拣货配送方面都完美贴合 O2O 特性。

(一)战略目标

盒马鲜生的战略目标是为消费者打造社区化的一站式新零售体验中心。2018 年盒马鲜生以 140 亿年销售额和 149 家门店数量位居超市便利店百强第 18 位。盒马未来的市场规划将重点从以下几个方面开展。

1. 建立全球采购网络

在全国乃至全球建立盒马自己的种植基地、养殖基地、捕捞基地。

2. 建立强大的供应链体系

大力建设常温、冷链物流中心，加工中心，中央厨房，海鲜圈养中心，保证企业的核心竞争力。

3. 建设盒马自有品牌，打造盒马研发能力

盒马希望在三年内做成 50%以上的自有品牌，主要由供应商专供盒马来买断这些单品的供应权，全球成功的零售企业自有品牌的比例都在 50%左右。

(二)目标客户

盒马鲜生的最终目标客户为中高端年轻群体。盒马的目标消费群体是 80 后、90 后的年轻消费者，他们相比 60 后、70 后的消费者更注重产品本身品质而非产品价格，他们更加追求高质量、高效的生活方式，也就是说，他们的价格敏感度较低。因而盒马的价格策略是通过高性价比的产品吸引用户，利用其他中高端产品获取利润，同时筛选出中高端消费者，培养忠实客户，为其他业务服务。

(三)产品和服务

1. 多样化的生鲜产品、食品半成品

盒马的线下门店以场景定位的方式销售来自 103 个国家、超过 3000 种的商品，主要有海鲜、生鲜食材、冻品、半成品食材，甚至还有罕见野味，例如 99 元一只的波士顿龙虾、245 元一斤的俄罗斯帝王蟹、5000 元一条的野生黄鱼等。

2. 现场加工食品原材料

用户可以到线下门店购买食品原材料，并当场加工。加工完后可以在门店食用，也可以打包带走。如果用户食用后觉得满意，可以再次购买原材料回家烹饪。这种线下体验方式集合了生鲜超市与餐厅的角色，全套完整的一站式服务非常适合忙于工作、没时间做饭的年轻上班群体。

3. 三公里以内半小时送达

针对线上 APP，盒马提供了三公里以内半小时送达的服务。即用户可通过盒马 APP 线上下单，配送员会从距离用户收货地址三公里以内的线下门店将产品送达用户手中。因为距离的严格控制以及配送团队的完善管理，能够保证在用户下单后 30 分钟送达，完美解决了生鲜电商"最后一公里"的配送问题。

(四)盈利模式

盒马鲜生通过网络购物所培养的采购网络，实现了源自国内外丰富的商品品类。在库存管理中活用大数据，减少销售剩余。例如，生鲜蔬菜和农民共享信息，将每天的收获量和接下来做的品种进行细致的调整。同时，店内现金支付很少，店铺本身也兼具线上购物的仓库功能。盒马鲜生目前的盈利来源主要是商品溢价。

1. 品牌溢价

从商品品牌看，通常可以分为传统的品牌商品、自有品牌商品和海外品牌商品，这里最大的溢价并非来自于传统的品牌商品，而是自有品牌和国外品牌。自有品牌要求零售商可以清楚地了解消费者特征，并整合生产厂家做出自己的自有品牌，进而形成超高溢价；国外品牌就看能否以消费者所接受的价格提供网上较少销售的商品。因此无论是自有品牌还是国外品牌，都对企业的供应链体系有着极高的要求。盒马鲜生目前更注重产品引进，利用供应链优势和高新技术的熟练应用提供了种类繁多的产品。种类齐全、价格优惠成了盒马赚取溢价的来源之一。

2. 便利溢价

生鲜产品属于快消品，比如饮料、奶制品、零食等。对于蔬菜水果来说，"无品牌"商品是最为常见的，类似于传统的菜市场，不仅溢价低，损耗率也惊人。当面对年轻消费者时，消费者们信奉"颜值即正义"，希望能有高品质、高形象的蔬菜水果。于是，盒马鲜生将生鲜产品加工包装好，在降低人为损耗的同时，也增加了便利性和美观性，变成了"为便利付费"。

3. 体验溢价

对于厨艺不精的消费者来说，再昂贵的生鲜都无法满足消费者享用美食的需求。盒马鲜生线下门店提供现场烹饪服务，完美地解决了消费者的厨艺问题，如图 4-4 所示。这种融合了生鲜超市和海鲜餐馆的经营方式，极大地提高消费者的消费体验。另一方面，盒马极力打造场景体验的消费方式，将商品按照不同的生活场景分类，方便消费者根据不同生活场景的需要挑选商品。

图 4-4　盒马鲜生提供现场加工食材的服务

(五)核心能力

1. 雄厚的资金实力

盒马鲜生的战略目标是打造社区化的一站式消费体验中心。这意味着盒马鲜生的线下门店要有足够的面积，构建丰富的商品品类，同时还需要保留一定的就餐、厨房、仓储等面积。另外，盒马鲜生所构建的全渠道，需要供应链的重构和物流方案的升级，在运营过程中都存在巨额资金消耗。而盒马作为阿里集团的一员，得益于来自阿里巴巴——中国最大和世界第二大网络公司的资金投入与支持，盒马雄厚的资金实力为店铺的快速扩张提供了可能，同时也为其他行业进入者打下了较高的资金壁垒。

2. 大数据技术的有效应用

建设完善的高科技设备有利于积累大数据，通过 WiFi 探头、射频捕捉、盒马 APP 等技术手段，从门店周边、货架陈列、线上平台等渠道抓取用户数据，建立数据模型，再加上阿里巴巴的大数据与云计算技术支持，从而为新门店选址、实体店优化商品结构、升级门店陈列、感知消费者偏好、增强顾客黏性等方面提供参考，如图 4-5 所示。

3. 高效的物流配送系统

盒马综合运用大数据、移动互联、智能物联网、自动化等技术及先进设备，实现"人、货、场"三者之间的最优化匹配，从供应链、仓储到配送，盒马都有自己的完整的物流体系，尤其是冷链物流技术的完善，大大提升了物流效率。另外，三公里范围内 30 分钟送达的高效配送服务，也完美地解决了物流"最后一公里"配送难题，极大程度地提高了消费者体验。

4. 新鲜的全渠道体验

商店、店内系统、闪电配以及支付宝快速支付的共同作用，构成了盒马鲜生的全渠道体验，并打通了线上线下的商品信息以及资金流，可为用户提供多种购买形式。用户可以选择到店下单、送货上门；通过手机应用下单，送货上门；线上下单，然后到门店自提或者直接到店购买。盒马鲜生通过 APP、电子价签实现实体店的职能前台服务，方便用户扫码支付，并可以通过电子价签背后的系统随时查看店内所有商品的库存量和实时价格，从而降低成本、提升效率。

图 4-5　部分盒马鲜生店铺数据

5. 场景带来全新购物体验

从定位、商品结构来看，盒马已经彻底改变了传统零售以商品为中心的经营模式，走向了以场景为中心的商品组织模式。盒马为消费者购买生鲜商品提供了极致的场景化设计和参与性更强的生态空间。通过购物空间、细节的全面打造，为消费者带来愉悦的购物体验。商品、服务与人交互连接而形成"共享时光"，场景满足了消费者的自我身份认同，引发消费者文化、情感与价值观的共鸣，形成独一无二的竞争优势。

四、成功之处

(一)成本控制

盒马鲜生与天猫共享供应链，提高了原产地采购比例，节约采购物流成本。公开资料显示，盒马的菜品价格低于传统菜场 10% 以上。盒马主要通过以下三种方法降低成本。

1. 源头直采

盒马直接从供应链源头采购商品，减少了中间商环节，降低了产品价格，让利给消费者。

2. 超市三公里范围内配送

基于超市的配送方式，采取就近原则，配送范围只限定在三公里范围内，成本容易控制。

3. 线上线下共享库存

线上线下可以共享库存成本，相比于传统电商与传统零售分离状态下各自解决库存的情况，盒马的线上线下结合方式节省了约一半的库存成本。

(二)高效配送

三公里范围内的订单，30 分钟内送达。10 分钟分拣装箱打包，20 分钟配送，高效的配送使网络订单的销售额占全体销售额的 70%，比来店的客人还要多。实现高效率的配送还需要智能履约集单算法、门店智能调度、配送智能调度、商品智能订货等各方面技术的支持。例如通过算法的实施，将不同订单分类整合到相同或不同的配送批次上，再根据各个目的地计算出最优的配送路线，最大程度地节约时间成本、人力物力成本。

(三)少而精的商品模式

盒马优化了整个供应链，降低 SKU，不做大卖场的全面铺货，为客户提供高质量、高品质的服务。对生鲜采用标准化小标装，并采用电子标签，实现线上线下同价，构建即需即买即送，只吃新鲜的消费观念。通过提供精包装后的原料、半成品和成品，并聘请五星级大厨在 APP 中传授做菜方法，让年轻消费者喜欢上做菜，并乐于分享自己的作品。

(四)创新技术的应用

1. 自动化的实现

在金桥店的零售区域和仓储区域，有 30 人负责店内货物的分拣。零售区域同时进行拣货的人员大约为 10 人，线上订单会发送至拣货员的移动手持终端(PDA)，拣货员携带购物袋在店内找到相应商品，用 PDA 扫码之后装袋，将打包好的购物袋挂上传送带，由此传输到物流区进行配送。从前端拣货到后库装箱整个过程都采用全自动物流模式，整个过程仅需 10 分钟左右。

2. 人工智能技术的应用

盒马鲜生最主要的业务是生鲜产品的售卖和配送。为了保证生鲜产品的质量，降低生鲜农产品的耗损，温度识别技术、图像识别技术等人工智能技术在生鲜农产品的存放、储存等方面得到应用。温度识别技术的应用能够有效控制存放生鲜农产品的适宜温度，对存放生鲜产品温度的精准把控能够延长来自深海生鲜产品的寿命，以保证生鲜产品的新鲜度。图像识别技术的应用能够在货物分拣的同时自动获取数据，更新盒马 APP 上的数据，对货物数量精准把控,让后台工作人员能够及时补货,更新库存以满足消费需求。未来盒马鲜生将会采取人力、机器人、无人机三者协同配送的方式来达到配送效率的最大化,实现全程智能化的改造,并布局自有的智慧物流体系。

3. 云计算技术的应用

顾客在盒马 APP 上检索所需产品,在线下实体商店购买所需产品,订单下达、准备配送等所有的消费行为都会产生信息并形成数据,对数据的存储利用分布式存储技术。盒马利用云计算技术分析消费偏好,再制定针对性的营销策略。消费者再次消费时能够利用储存的数据快速做出反应,以最快的速度、最优的路线为顾客提供高效的服务体验。

(五)用户体验丰富

1. 新鲜度体验

生鲜产品对时效性要求非常高。消费者亲自打捞,拎着水产品送到厨房的流程,很好地体现了"鲜活"一词,消费者的参与度被放大,除了体验到新鲜的生鲜产品,还体验到了新的购物方式带来的新鲜感。

2. 丰富度体验

一些生鲜品类之所以少见或者花费不菲,主要受限于保鲜问题和运输成本。盒马引入昂贵的物流运输设备加之信息化管理,克服了这些问题,丰富了生鲜产品的品类。

3. 灵活度体验

基于快节奏的都市生活下,盒马抛弃低价大量批发的策略,将包装做小,保证一餐吃完的分量,并按加工程度进行分类,各取所需,即买即用即食,满足人们不同程度的尝鲜期望,增加烹饪的乐趣,且免去繁杂的准备工作和食用剩余的善后处理。

4. 场景体验

盒马的各种产品不局限于按产品类型分区,反而是采用场景分类。在体验区可以看到各种产品的摆放充分为该片区的主题服务。例如,消费者在水产餐饮区,不仅可以吃到活海鲜,一旁就是烧烤区和啤酒专柜,这些都是由"吃海鲜"这个主题组织起来的。

五、结论与建议

盒马鲜生作为"O2O"生鲜零售商,对传统零售超市以及 B2C 生鲜电商都产生了冲击。相对于传统零售超市,盒马鲜生线下实体店的创新点在于体验式消费。从供应链到经营模式,从线上销售到线下体验,都有清晰完善的规划。但盒马鲜生目前仍存在一些问题。

(一)支付方式单一

在盒马鲜生的实体店中,结算过程虽然能够实现自助式服务,但只能通过支付宝结账,不能用现金。新颖的支付手段对于年轻人来说不成问题,但对于学习能力稍差的老年人来说,就变成了一个障碍,店内需要大量工作人员进行宣导和帮助。

(二)顾客体验有待提高

无论是传统零售业还是新零售，最核心的部分是顾客和商品。盒马鲜生的目标用户为收入较高的白领群体，他们虽对价格敏感度较低，这意味着他们能够承受相对较高的价格定位和客单价，同时也伴随着对消费体验的较高要求，但现实情况是超市火爆，人流量巨大，餐饮区在用餐高峰时期往往需要较为长久的等待时间。顾客们在用餐区享用的大多是价格较高的海鲜、牛排，却被盛在一次性餐盘当中，用餐环境与所付出的价格不成正比，这就造成了不好的用户体验，长此以往将导致口碑变差。

(三)消费者承受成本压力

"技术边界线"受到物流、信息、管理等技术革新的影响会发生位置变动，从而带动服务水平和零售价格的变化。而当零售企业提供的服务价格组合越接近"技术边界线"，就越具备竞争优势。盒马鲜生采用的是重模式运营，即包括市场推广、技术研发、仓储、采购部门、物流配送和售后服务为一体的模式，其中技术研发、仓储、采购和物流是重投入，而其最具特色的是实现三公里内半小时配送到家的完整物流系统，这在前期需要巨大的运营成本投入。再者，需要引进专业的管理团队，能够在线上电商与线下实体店两种模式之间自由切换。可见，盒马的运营成本和管理成本较高，消费者不可避免需要承担一定的成本压力。

(四)解决建议

1. 开通多样化支付渠道

在"互联网+"时代背景下，人们支付方式日益多样化，盒马鲜生应顺应时代要求，开通多样化支付渠道，方便消费者支付结算，减少排队等待时间，提高新零售运作效率。

2. 提高用户体验质量

用户体验式消费是未来新零售发展的必然方向。消费者不仅满足于优惠活动，更愿意获得丰富的社交服务与人性化的购物体验，提升效用需求。通过线上电商与线下实体店相结合的营销渠道，为消费者提供与购物相关的停车预约、休闲娱乐、人性化指引、产品解读、会员服务等全方位体验。

3. 创新重模式运营方式

盒马鲜生采用重模式运营方式，人力物力资金消耗巨大，需要进行模式创新。如可以采用外包服务或引入合作商，分担资金投入风险，简化运营管理成本。另外，建立一整套培训体系和操作规范，有利于标准化作业，简化培训流程，提高培训效率和质量，从而减少管理成本消耗。

自　测　题

1. 传统企业转型电商的过程中，如何通过 O2O 模式同时推动线上线下业务的发展？

2. 外卖 O2O 行业最初由于门槛低，模仿者众多，分析饿了么如何在激烈的竞争中获得领先地位。

3. 你认为盒马鲜生实施新零售成功的关键是什么？

4. 盒马鲜生的运营模式还存在什么问题？该如何解决？

5. 结合本章案例，谈谈 O2O 模式是否逐渐在向新零售转型？

第五章 跨境电子商务

【学习要点及目标】

通过本章的学习，熟悉跨境电商平台亚马逊、我国出口电商的代表敦煌网，以及进口电商的代表网易考拉的商务模式。重点关注商务模式中的盈利模式和核心能力，分析信用体系、物流及数据分析能力在跨境电商中的作用。

【引导案例】

自 2011 年正式落地以来，Wish 以其创新的购物体验成为风靡全球的移动跨境电商平台。更在美国、加拿大、英国、瑞典、阿根廷等国家的各大应用市场高居购物类应用下载量前三，覆盖全球超过 3 亿的消费者。2018 年，Wish 平台在北美及欧洲等传统成熟市场的地位巩固，在南美等新兴市场风头正劲。2018 年前三季度，Wish APP 的月均下载量同比增加超过 50%，日活跃用户同比增长超过 50%，月活跃用户同比增长超过 60%。

目前，Wish 平台已经实现了从消费电子、时尚服装、家居用品，到母婴百货、运动器械、智能穿戴，从几美元到几百美元不等的全品类、全价位的产品覆盖。丰富的产品种类，多样的价格选择，巩固了 Wish 用户 75.45% 的周复购率。用户的增多，市场覆盖的扩大后对平台的产品质量、物流售后提出了更高的要求。2019 年，Wish 平台将围绕提升产品性价比、优化售后服务支持、完善风控体系等实现新的提升与突破。

物流是跨境电商的核心环节，2018 年，Wish 平台围绕物流建设完成了三大工作。一是物流线下转线上：Wish 物流发货平台的建设完成，实现了订单的在线下单、在线结算、信息直接对接，帮助平台商户完成了更大范围的物流服务商评估与管理。截至 2018 年 10 月，超过 90% 的平台货量都是通过 Wish 物流发货平台进行处理，物流时效及退款率有了明显的改善。二是 EPC 合并订单服务：这是 Wish 平台在 2018 年推出的重点服务于轻小件产品的物流服务。通过订单的合并，连接各目的国，搭建经济线路，实现了产品的物流等级升级、物流费用下降。目前，已经有超过 10 万家平台店铺加入该服务，美国路向的日合并订单量也突破 10 万单大关，整体包裹妥投率更是提升了超过三倍。三是海外仓服务升级：时效更佳的 Wish Express 海外仓、FBW 海外仓项目在 2018 也实现了升级突破。WE 海外仓服务覆盖运输目的地达到 21 个，FBW 海外仓在美国及欧洲各增加一个认证仓库，物流时效显著提升，服务覆盖范围更大。与此同时，海外仓售出产品品类突破 3 万个，更多的商户加入到海外仓服务中，产品竞争力不断提升。如何充分发挥直发物流、EPC 合并订单、海外仓的服务能力，打造立体式的物流生态，实现更加经济的产品递送成了 2019 年 Wish 平台物流工作的重点。

Wish 平台在 2018 年发布多项热点政策，通过整合物流管理、优化流量算法等一系列举措，在 2018 年下半年实现了对欺诈行为的遏制，整体退款率下降近 20%。后续，随着更完善的产品评分体系、店铺评分体系的技术优化，Wish 将实现平台流量更合理的分配，给予合规产品、合规商户更多流量，限制违规产品及商户的发展空间。

2019 年，Wish 将构建更加有针对性、保障性的技术体系。加强政策、流量引导，最大限度地限制违规行为；优化定价逻辑及流量价格体系，实现多方共赢；充分发挥平台集中化的优势，更积极地对接物流方案，继续强化物流线上化与平台化。

(资料来源：雨果网. 跨境电商的 2019 该如何规划？Wish 提出三大关键思路！

http://m.cifnews.com/article/39715)

第一节　跨境电子商务简介

一、跨境电子商务概述

跨境电商是指分属不同关境的交易主体，通过各类跨境电子商务平台达成交易、进行支付结算，并通过跨境物流送达商品的一种国际贸易活动。即分属不同国家或者不同关境的交易主体，借助跨境电商平台突破传统外贸销售模式的制约，将产品直接销售给全球商家或者消费者的新型外贸交易模式。

据《2018 年(上)中国跨境电商市场数据监测报告》显示，2018 年上半年，中国跨境电商交易规模达 4.5 万亿元，同比增长 25%。其中，跨境出口电商交易规模为 3.47 万亿元，同比增长 26%；跨境进口电商交易规模达 1.03 万亿元，同比增长 19.4%。2020 年，中国跨境电商交易规模有望达到 12 万亿元。

如今中国跨境电商规模已经稳居世界第一，覆盖绝大部分国家和地区。数据显示，中国已连续九年保持全球货物贸易第一大出口国和第二大进口国的地位。从 2001 年到 2017 年，中国的货物进口平均年增速是世界进口增速的两倍。全球贸易让进出口双方获益，也成为国内市场消费升级的推动力。随着跨境电商平台的崛起，中国跨境电商零售进口渗透率(指通过跨境电商购买进口商品的人数占网购消费者人数的比率)已经从 2014 年的 1.6%迅速增加到 2017 年的 10.2%。

根据相关统计显示，欧盟、美国、东盟、日本、新西兰和澳大利亚等国家为中国进口消费品的主要供给国，以上地区的进口消费品份额占中国总体进口消费品的 79.5%。其中，自欧盟进口消费品 4366.7 亿元，增长 18.7%，占同期中国消费品进口总值的 39.7%。

纵观 2011 年至 2017 年的中国进口消费品市场，进口消费品总额受总体进口额的影响略微出现浮动，消费品进口在进口商品中占比稳步增长。根据世界银行的数据统计，2010—2016 年间中国进口消费品的占比一直维持总进口额的 10%以上。这充分显现了中国消费者对进口消费品的旺盛需求。

随着互联网加速发展，商品信息更加对称，贸易门槛逐步降低，全球跨境电商正迎来新机遇。在国家"一带一路""互联网+"方针和"中国质造"战略的指引下，2017 年中国海淘用户规模升至 0.65 亿人，潜力巨大，属于用户红利期；2017 年跨境电商整体交易规模(含零售及 B2B)达 7.6 万亿元人民币，增速可观，2018 年跨境电商交易规模增至 9.1 万亿元人民币，预计 2019 年将达到 10.8 万亿元人民币。

伴随着电子商务行业的逐渐成熟，跨境电商也已经逐渐从最初的"海淘"阶段步入全新的发展阶段。中国正进入数字贸易 4.0 时代，也就是新贸易时代。目前跨境电商第三方大平台有阿里巴巴、亚马逊、eBay、速卖通、Wish、Lazada、敦煌网等，还有独立网站兰亭集势、DX、大龙网等。

二、跨境电子商务的类型

跨境电商根据商品流动方向的不同，可以分为跨境出口电商和跨境进口电商。前者指将国外的商品运送到国内市场交易；后者指将国内的商品运送到国外市场交易。目前，我国跨境电商市场两种模式兼而有之，均呈现较好的发展态势。

跨境电商根据交易对象的不同，可以分成 B2B、B2C 和 C2C 等模式；根据业务经营模式的不同，可以分为第三方平台模式、自营+平台模式、M2B2C 模式和保税模式等。

(一)跨境出口电商的主要模式

由于跨境出口电商主要面向企业，因此从企业视角将出口跨境电商分为入驻第三方平台、自建跨境电商网站、综合服务商和代运营服务商 4 种模式。

1. 入驻第三方平台模式

入驻第三方平台模式是指生产企业或代理商通过缴纳佣金或会员费等方式入驻第三方跨境电商平台，由第三方企业提供统一的销售平台来连接国内出口企业和海外买家。其中，第三方平台不参与售前售后等过程，而是为企业提供信息展示和商品交易服务，同时还可以提供物流或支付服务，典型代表如速卖通和敦煌网，其中速卖通属于 B2C 模式，敦煌网则兼顾 B2B 与 B2C。

从广义层面来看，跨境电商 B2B 是指互联网上的企业对企业跨境贸易活动，即"互联网+传统国际贸易"。从狭义层面来看，跨境电商 B2B 是指基于电子商务信息平台或交易平台的企业对企业跨境贸易活动。基本流程如图 5-1 所示。

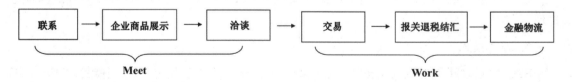

图 5-1 B2B 跨境电商业务基本流程图

线上 B2B 业务的买方和卖方交易流程主要有两个部分，第一个部分是"Meet"环节，主要是买家和卖家联系，洽谈的环节；第二个部分是"Work"环节，涉及交易和后续的出口流程。当前大部分 B2B 业务都是在"Meet"环节，众多企业需要在"Meet"环节展示企业基本信息和商品，让买家进行搜索和挑选，找到最合适的供应商、商品和价格，这一环节主要是做好"高效匹配"。

2019 年 6 月 5 日，电子商务研究中心发布的《2018 年度中国跨境电商市场数据监测报告》显示，在"一带一路"倡议的带动下，2018 年，中国出口跨境电商 B2B 市场交易规模为 7.49 万亿元，占比为 83.2%，同比增长 18.9%。

2. 自建跨境电商网站模式

自建跨境电商网站模式是指生产企业或销售商自主开发电子商务网站将商品销往海外。企业负责产品的生产或采购、在线交易和支付、跨境物流运输、客服、退换货处理、网站维护和产品推广等整条供应链上的工作，例如米兰网和兰亭集势。该模式亦可视为B2C模式，直接面对国外消费者。企业能全程把控产品质量、跟踪物流进度，而且在推广方式选择上具有多样性，在产品推广效率和转化率上也较第三方平台模式高。

3. 综合服务商模式

综合服务商模式是为中小企业提供一站式电子商务解决方案而诞生的一种创新模式。综合服务涵盖了金融支付、通关、结汇退税以及跨境物流等服务。对中小型出口企业来说，跨境贸易链条长且面临着操作环节复杂、政策环境和文化环境难适应等问题，而综合服务商可以为企业提供个性化解决方案，满足企业不同的需求。例如阿里速卖通就为卖家提供国际物流解决方案、数据挖掘与分析服务，此外还有专门提供物流和仓储解决方案的"递四方科技"。

4. 代运营服务商模式

随着中小企业海外业务的拓展，专业跨境电商代运营服务应运而生。在该模式下，代运营服务商全程代理外贸企业产品的销售、推广、物流、支付、通关以及网站搭建和维护等各个环节，为企业降低运营成本、防范交易风险和创立全球品牌等方面提供解决方案，从而达到共同成长、共享收益的目标，典型代表如四海商舟等。

(二)跨境进口电商的模式

随着国内消费者对海外产品的需求朝多元化、个性化的趋势发展，进口跨境电商呈现出强劲的发展势头。当前我国已有超过20万家企业涉足了跨境电商业务，相关的跨境电商平台也已经超过6000家。跨境进口电商主要包括B2C、C2C、特卖会和社交电商这四种运营模式。

1. B2C 模式

B2C 模式以网易考拉以及传统企业的跨境电商转型为主要代表。B2C 模式需要电商平台拥有自己的资金、团队、货源和物流渠道等，是"大而全"的重模式。这种模式增强了电商平台的流程控制力和流量吸引力。一方面，这种模式的采购成本低，能够满足消费者对进口商品"物美价廉"的要求；另一方面，平台上商品的质量、物流的时效性以及资金的周转都比较有保证。

2. C2C 模式

跨境进口电商运营的 C2C 模式，即平台在海外招募买手，由这些买手根据市场的需求变化选择合适的商品，通过平台展示给消费者，并进行交易。因此 C2C 也被称为"买手模式"。比较典型的有街蜜、洋码头 APP 等。这种模式的最大优势就是买手的数量庞大，可以有效解决商品的 SKU 问题；同时也可以借助买手将客户引入平台的契机，实现平台自身的推广营销。

3. 特卖会模式

特卖会是指垂直电商在一个特定的时间内，专门卖某一类或某种产品。进口跨境电商的特卖会模式，以唯品会为代表。特卖会的优点在于折扣很低，容易吸引用户，保证平台流量，并产生二次购买行为。另外，特卖会形式极大地缩短了资金的流转周期，提高了资金的利用效率。

4. 社交电商模式

社交电商模式，是指将社交中的关注、分享沟通、互动等元素，用于电商的运作交易过程。小红书、什么值得买等社交电商平台是这种模式的典型代表。这种运营模式的团队较小，只需很少的投入，且商品供应链等全部外包，运作灵活。同时，这种模式的平台有着很强的品牌效应，容易与用户建立起强关系，也善于打造短期内的爆款商品。

三、我国发展跨境电商的意义

中国制造业正处在转型升级的关键时期，跨境电子商务不仅可以优化产业链、扩展中小企业发展空间、增加就业，而且在重塑国际产业链、提升品牌竞争力、建立全球贸易新秩序等方面起到了积极的作用。因此，发展跨境电子商务对于转变我国外贸企业的发展模式、重塑国际贸易规则具有重要而深远的意义。同时，数据显示，超六成受访网民认同自己比以前更追求个性化、高质量、多样化的商品和服务。人们消费水平不断提高，对商品消费从单纯物质满足向追求高品质的商品发展，注重品牌的消费观念逐渐凸显。人们消费观念的转变对商品质量更有保障的跨境电商平台是良好的发展契机，优质个性化商品提供已成为跨境电商平台未来的主要竞争点。

第二节　敦煌网案例

一、敦煌网简介

敦煌是中国古代丝绸之路上的重要驿站，敦煌网是国内首个为中小企业提供 B2B 交易的网站，为国外众多的中小采购商提供全天候网上批发交易。

作为中国 B2B 跨境电商领跑者，敦煌网通过整合传统外贸企业在海关、边检、物流、支付、金融等领域的生态圈合作伙伴，打造了集相关服务于一体的线上外贸闭环模式，极大地降低了中小企业对接国际市场的门槛，不仅赋能国内中小企业，也惠及全球中小微零售商，并成为连接二者的最短路径。

目前，敦煌网牵手中国 2000 多个产业带、1300 万商品、190 万供应商与全球 222 个国家和地区的 1900 万中小微零售商在线交易，在品牌优势、技术优势、运营优势、用户优势四大维度上建立起了行业难以复制的竞争优势。

敦煌网是商务部重点推荐的中国对外贸易第三方电子商务平台之一，是国家发改委"跨境电子商务交易技术国家工程实验室"，科技部"电子商务交易风险控制与防范"标准制定课题应用示范单位，工信部"全国电子商务指数监测重点联系企业"，工信部电子商务机构管理认证中心已经将其列为示范推广单位。

二、敦煌网发展历程

2004 年，卓越网创始人及首任 CEO 王树彤创办敦煌网。

2005 年，敦煌网 B2B 在线交易平台正式上线，平台第一笔订单成交。

2006 年，获得第一笔融资。

2007 年，成为 PayPal 亚太地区最大的客户，全球第六大客户。

2008 年 12 月，敦煌网入选德勤高科技高成长企业 50 强，排名第 7。

2010 年，启动敦煌动力营行动，培养和孵化超过 20 万网商；获得华平投资集团近两亿元人民币投资；DHpay 跨境支付平台成功接收第一笔来自美国的付款。

2011 年，在北京、深圳、杭州同时发布敦煌一站通全新业务。

2012 年，敦煌网入选"中关村新锐企业百强"。

2014 年，敦煌网实现交易额 108 亿元人民币，同比增长 35%，交易额占比达到全平台的 10.5%。

2015 年 11 月，敦煌网成为中土(土耳其)跨境电商平台唯一承建商。

2016 年，敦煌网成为中秘(秘鲁)跨境电商平台唯一承建商。

2017 年 5 月，敦煌网启动 2017 年度"王牌卖家"计划。

2018 年 12 月，敦煌网入选德勤高成长企业 50 强排名第 7。

作为国际贸易领域 B2B 电子商务的创新者，敦煌网充分考虑了国际贸易的特殊性，全新融合了新兴的电子商务和传统的国际贸易，为国际贸易的操作提供了专业有效的信息流、安全可靠的资金流、快捷简便的物流等服务，是国际贸易领域一个重大的革新，掀开了中国国际贸易领域新的篇章，如图 5-2 所示。

图 5-2 敦煌网首页截图

三、敦煌网的商务模式

敦煌网立足打造"不落幕的广交会"，定位为"在线交易和供应链服务平台"。这个平台可以让买卖双方免费注册、发布产品信息，网站依靠双方实际交易额收取不同比例的佣金。从 2019 年起，当单笔订单金额少于 300 美元，平台佣金率调整至 12.5%～19.5%，中国品牌手机平台佣金率调整至 5.5%；当单笔订单金额大于等于 300 美元且少于 1000 美元，平台佣金率调整至 4.0%～6.0%；当单笔订单金额大于等于 1000 美元，平台佣金率调整至 0.5%～1.5%。交易额越大，佣金比例越低。佣金制省去了注册时需要缴纳的会员费，交易成功后才会收取一定比例的报酬。敦煌网整合跨境交易涉及的各个环节，免费为买卖双方提供信息发布平台，还免费提供物流、支付、翻译等服务，为客户节约了时间和成本。

简单来说，敦煌网让供应商发布商品，帮助采购商找到合适的货源，交易完成之后才向买家收取费用。举个例子，有很多卖家通过店小秘这个 ERP 软件采集 1688 上厂家的商品链接，在店小秘里对产品进行编辑和一键翻译，然后直接发布到他们在敦煌上的网店，他们无须存货，接到订单后就直接转给 1688 的卖家，由 1688 卖家直接把货给最终客户，成本低，速度快，风险也小。

基于技术创新、综合服务以及本土落地能力，敦煌网成为一个服务于中小企业的综合性"赋能"平台。以 2017 年推出的"王牌卖家"计划为例，敦煌网可提供全渠道流量支持、专属的优惠政策和服务以及多种展示渠道和资源，助力中小企业迅速成长。

(一)战略目标

敦煌网立志成为中国国际贸易领域电子商务的领航者，提升中国出口型中小企业的国际竞争力。在创办伊始，就确立了自己的使命，那就是促进全球通商，为无数创业者搭建一个平台，让每个人，不论业务规模大小，都可以通过在线交易平台开展他们的业务，实现他们的创业梦想。

为此，敦煌网创立跨境电商在线交易模式，建立并推行为成功付费的理念；推出跨境电商移动平台、买家 APP、卖家 APP 和社交商务；成立诚信安全部，建立完善的风险控制体系；搭建外贸交易服务一体化平台，对接传统工厂，实现传统贸易线上化；对接全球三十多家物流提供商，提供多条海外专线；成为亚洲第一个拥有全球"身份证"GS1 的跨境电商 B2B 交易平台；对接全球多种支付渠道，实现本地化实时在线收单；联合银行推出针对中小企业的互联网金融服务。

2018 年 11 月，敦煌网与中国标准化研究院宣布将组建跨境电商标准化研究小组，在跨境电商标准化领域开展深度合作。基于敦煌网在品牌、技术、运营、用户四大维度上建立的竞争优势，双方将围绕商户管理、商品管理、买家管理、交易管理、争议处理管理、客户服务管理等方向进行标准化研制与研究，共建跨境电商国家标准体系。

(二)目标用户

敦煌网的目标用户是全球中小采购商(大多是零售商和小批发商，主打外贸生意)和中国众多中小制造商和供应商。这些客户的特点如下。

(1) 不愿意支付"搜索竞价排名"的费用。

(2) 不愿意被中间商"剥削"，直接和供应商交易。

(3) 采购额小，从几十美元到几千美元不等。

(4) 货品周转很快，每月甚至每周都要进货。

(5) 不愿或难以承担如阿里巴巴外贸平台的高额年费。

中小采购商群体既有采购需求，又不像大采购商那样有固定的渠道和议价能力。因此，直接将全球中小买家与国内卖家连接起来，是敦煌网创办的初衷。目前，在敦煌网上交易的客户订单金额普遍不高。

(三)产品与服务

敦煌网的业务布局以平台交易为核心，整合并升级产业链上的支付、物流、金融等供应链服务，并在国内、国外市场实现有效下沉和业务拓展。

敦煌网开创了 DHgate 小额 B2B 交易平台，打造了外贸交易服务一体化平台 DHport，为优质企业提供了直接对接海外市场需求的通路。平台以消费电子、鞋服、家居等大品类布局，向制品、玩具、婚纱礼服等品类发力，共 27 大品类，1300 万在线产品。

敦煌网率先为传统贸易线上化提供从金融、物流、支付、信保到关、检、税、汇等领域的一站式综合服务。推出服务如下。

1. DHLink 综合物流平台

敦煌网提供的物流称为 DHLink 综合物流平台，是敦煌网为所有电商卖家推出的，使用流程为：卖家通过在线填写发货——申请快递取件——派送到仓库——国际快递运输——国际快递派送——送至买家手中。DHLink 的特点在于与相关国家具有优势，不同的线路也对应不同的 DHLink 仓库。根据卖家货物属性，敦煌网智能算法为其从国内到目的地的数十条航线中匹配最优路线，不仅节约物流时间，还降低了物流费用。敦煌网还推出了针对美国市场的"海外直发"服务，使用此项服务的卖家，将货物提前存储在海外仓库，买家在线购买后从美国本土直接发货，把过去 7～14 天的物流时间，压缩到 2～4 天，极大地提升了买家的购买体验。

2. 跨境电商支付服务

敦煌网针对不同的用户需求，提供不同的在线支付服务，敦煌网在线支付方式主要可划分为两种，即国际支付与本地化支付。其中本地化支付方式包括：新加坡 eNETS、英国 Mastro、法国 Carte Bleue、德国 Giropay、俄罗斯 WebMoney、荷兰 iDeal、澳大利亚 Bpay 等。而国际支付主要包括 Master 信用卡、Money bookers、西联支付等。

敦煌网还组织专业团队自主研发出了 DHpay 支付系统，DHpay 支付系统是敦煌网用于与其他国家或地区的支付机构实现对接的一种支付系统，类似第三方支付平台，与多个国家或地区境内的支付机构建立合作伙伴关系。

在卖家端：敦煌网升级供应商结构，让拥有更优质的产品与服务的企业脱颖而出，并为产业集群优质商户提供更丰富的服务，实现交易和服务的融合。

在买家端：敦煌网在"一带一路"沿线和重点商贸区域，通过跨境贸易精准营销，整合互联网上的海量用户，带来业务量的持续增长。

敦煌网的大数据中心将全程为敦煌网的全球布局提供信息的有效获取、追踪、分析、处理与应用，为敦煌网更加高效的市场拓展、买家获取、用户服务、客户关系管理、供应商升级提供决策支持。如为卖家提供帮助推、数据智囊、视觉精灵、流量快车等增值产品，可以帮助卖家轻松占领市场份额，业务交易流程如图 5-3 所示。

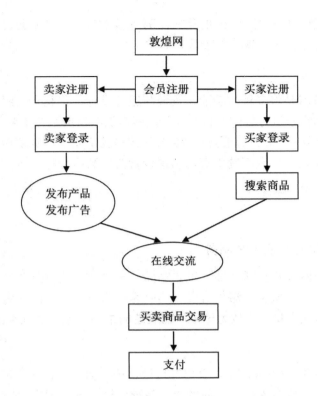

图 5-3　敦煌网业务交易流程(根据业务流程整理)

(四)盈利模式

为了激励广大商户大额批发交易，充分体现平台的批发优势，并兼顾零售，降低商户运营成本，更好地服务全球客户，敦煌网将采用统一佣金率，实行"阶梯佣金"政策，以维持平台的正常运行。

1. 向买家收取"交易佣金"

在产品上传页面，商户发布产品时可直接填写"预计收入"(注：预计收入中需扣减支付手续费)，卖家无须再计算佣金率，填写预计收入后，平台会自动计算并展示给买家含佣金的购买价，更简单方便地了解自己每件产品的利润。

当单笔订单金额少于300美元，平台佣金率调整至12.5%～19.5%。(中国品牌手机平台佣金率调整至5.5%)

当单笔订单金额大于等于300美元且少于1000美元，平台佣金率调整至4.0%～6.0%。

当单笔订单金额大于等于1000美元，平台佣金率调整至0.5%～1.5%。

2. 向卖家收取广告费

敦煌网的广告费用收入来自营销系统。敦煌网的产品营销系统是整合敦煌网买家平台上的所有曝光资源，为卖家提供的提高产品曝光的营销工具，拥有丰富多彩的产品曝光展示形式、灵活多变的计费方式，满足广大卖家各种产品的营销需求。广告的费用都是通过购买敦煌币(虚拟货币，与人民币1:1的兑换比例)来支付的，主要通过竞价排名广告、定价广告、展示计划三种方式来实现广告投放。

3. 增值服务费

所谓的增值服务就是将多种的功能、资源和服务进行优化整合，组合成不同的产品，用户可以根据自己的需求进行选购。目前，敦煌网提供的增值服务主要是"新型骆驼套餐"服务，该服务分为金骆驼5.8万、银骆驼4.8万和铜骆驼1.98万。该服务提供敦煌网核心卖家主流功能引流产品包，实现店铺引流，店铺运营监控数据指标，专业店铺指导以及全方位基础/升级培训。

(五)核心能力

1. 针对中小商家的小额B2B服务

卖家可以在敦煌网轻松注册认证、发布产品、出单、快速发货并完成收款。此外，敦煌网还提供多样化的配套服务，海外直发、实时客服系统、外贸助手服务等，满足更多海外买家的需求，提高成交量，为致力于做中国制造的中小商家提供强大的支持。

2. 多语言系统

2015年，敦煌网着力新兴市场，首先开启德、法、葡、西、意语市场。借助英文网站的优势，在产品翻译、资金支付、专线物流、精准营销、技术同步、服务器建设上领先其他同类平台。敦煌网采取人工精准翻译、本地化独立营销的手段帮助广大的商户开辟英语国家之外的新市场。

3. 良好的人才培训体系

为了更好地培养和发掘人才，在敦煌网公司内部，每年都设有创业创新大赛，在很大程度上提升员工的专业度与创造力。敦煌网在培养企业内部人才的同时，也着力于社会人才的培养。自2013年起，为帮助更多中小企业通过跨境电商融入国际市场，敦煌网发起面向中小企业的跨境电商能力建设项目APEC CBET，不仅采用线上到线下整合培训模式，还将开设线上互动讨论专区，加强参训学员以及学员与导师之间的互动，进而全面系统地输出跨境电商行业知识和技能，培养优秀的跨境电商从业者。

四、成功之处

基于15年的深厚经验，敦煌网建立起了难以复制的竞争优势。从技术到运营，从用户到品牌，打造敦煌网独特的竞争优势。

在技术上，年均近万个迭代优化，打造数字贸易智能生态体系(DTIS)；共累积覆盖222个国家和地区超过1900万买家，190万商家；超过1000个运营模块以及高度跨界的人才，铸就典型电子商务基因；海外线下实时品牌渗透，已开设7个海外DTC(数字贸易中心)。

此外，敦煌网还通过一系列商务模式创新，奠定了行业领先优势。

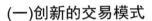

(一)创新的交易模式

敦煌网"为成功付费"的收费模式，打破了以往传统电子商务"会员收费"的经营模式，既降低了中小企业经营风险，又节省了企业不必要的开支。同时避开了与 B2B 巨头阿里巴巴、中国制造网、环球资源、环球市场等的直接竞争，迅速占领了中小企业市场。

(二)创新的供应链金融服务

对于中小企业而言，贷款融资难一直是困扰他们的大问题。一方面传统民间贷款利息高，风险也较大，而向银行申请贷款，需要高额抵押担保物，而且要通过层层严格审查，等待时间较长。敦煌网开展面向小微企业的无抵押贷款，基于商户在平台的经营情况和资信记录授信，降低融资门槛。敦煌网是国内第一家联合银行推出针对中小企业的互联网金融贷款产品的跨境电商平台，先后推出与建行合作推出的"e 保通"、与招行合作推出的敦煌网生意一卡通、与民生银行合作推出的敦煌新 e 贷白金信用卡。同时，敦煌网推出了不需要提供担保的信用贷款以及与 P2P 平台合作针对敦煌网卖家的 P2P 平台敦煌专属贷款，帮助敦煌网卖家实现资金快速周转。

(三)跨境电商服务保障系统

为完善跨境交易规则，提高交易服务质量和水平，敦煌网建立了 23 个政策、8 个条例的规则体系，通过完善的安全交易保障体系，最大限度地保障用户合法权益。敦煌网通过建立成熟的跨境交易规则体系，实现安全至上的服务体系。敦煌网制定了一系列旨在建立良好交易秩序的平台交易规则，设立卖家诚信指数，通过对市场的约束和规范，鼓励和引导买卖双方诚信交易。同时，敦煌网建立了完善的风险控制体系，保护买卖双方的利益。通过建立规范的纠纷处理流程，一旦交易双方出现无法协商的争议，敦煌网将积极进行协调解决。

五、结论与建议

敦煌网开创了 DHgate 小额 B2B 交易平台，打造了外贸交易服务一体化平台 DHport，为优质企业提供了直接对接海外市场需求的通路。

敦煌网率先为传统贸易线上化提供从金融、物流、支付、信保到关、检、税、汇等领域的一站式综合服务。敦煌网的业务布局以平台交易为核心，整合并升级产业链上的支付、物流、金融等供应链服务，并在国内、国外市场实现有效下沉和业务拓展。

敦煌网的大数据中心将全程为敦煌网的全球布局提供信息的有效获取、追踪、分析、处理与应用，为更加高效的市场拓展、买家获取、用户服务、客户关系管理、供应商升级提供决策支持。

目前我国跨境电商的交易呈持续高速增长状态，敦煌网的发展目标很明确，就是建立一条"网上丝绸之路"。大数据、云计算、AI、VR 等技术为"新贸易"时代的到来奠定了重要的基础，敦煌网应顺势而为，不断创新和改进自身的发展模式，努力向"一带一路"沿线国家输出中国的数字贸易"标准"，占领跨境电商数字化和智能化的时代的先机。

第三节 亚马逊案例

一、亚马逊简介

亚马逊公司(Amazon，简称亚马逊；NASDAQ：AMZN)，是美国最大的一家电子商务公司，位于华盛顿州的西雅图。该公司于 1995 年成立，最初只是在网络上经营图书销售业务，经过 20 多年的发展，已成为全球经营商品品种最多的网上零售商和知名的跨境电商平台。

亚马逊及其他销售商为客户提供数百万种独特的全新、翻新及二手商品，如图书、影视、音乐和游戏、数码下载、电子和电脑、家居园艺用品、玩具、婴幼儿用品、食品、服饰、鞋类和珠宝、健康和个人护理用品、体育及户外用品、玩具、汽车及工业产品等。

亚马逊拥有业界公认世界一流的运营网络。亚马逊运营部门在全球范围内设有超过 140 个电商运营中心，主要负责厂商收货、仓储、库存管理、订单发货、调拨发货、客户退货、返厂、商品质量安全等。同时，亚马逊中国还拥有自己的配送队伍和客服中心，为消费者提供便捷的配送及售后服务。

2004 年 8 月，亚马逊全资收购卓越网，使亚马逊全球领先的网上零售专长与卓越网深厚的中国市场经验相结合，进一步提升客户体验，并促进中国电子商务的成长。

亚马逊中国(z.cn)是全球领先的电子商务公司亚马逊在中国的网站。秉承"以客户为中心"的理念，亚马逊中国承诺"天天低价，正品行货"，致力于从低价、选品、便利三个方面为消费者打造一个百分百可信赖的网上购物环境。

作为一家在中国处于领先地位的电商企业，亚马逊中国为消费者提供图书、音乐、影视、手机数码、家电、家居、玩具、健康、美容化妆、钟表首饰、服饰箱包、鞋靴、运动、食品、母婴、户外和休闲等 32 大类、上千万种的产品，通过"货到付款"等多种支付方式，为中国消费者提供便利、快捷的网购体验。

二、亚马逊发展历程

亚马逊公司是在 1995 年 7 月 16 日由杰夫·贝佐斯(Jeff Bezos)成立的，一开始叫 Cadabra，是一家网络书店。

1997 年 5 月，亚马逊在美国纳斯达克市场挂牌上市，首次公开募集资金达 5000 万美元。

2000 年 1 月，亚马逊与网络快运公司达成了一项价值 6000 万美元的合作协议，使用户订购的商品在一小时之内能送上门。这一系列举措产生的直接结果就是，亚马逊的客户突破了 1500 万。在这个过程中，亚马逊已经完成了从纯网上书店向一个网上零售商的转变。

2004 年 8 月，亚马逊全资收购卓越网，开始进入中国市场。

2005 年，亚马逊推出 Prime 服务，成为会员可享受全年无限次亚马逊海外购商品及国内订单免费配送服务。2018 年，在全球已有超过 1 亿的 Prime 会员。

2006 年，亚马逊向用户提供 AWS 服务(Amazon Web Services)，AWS 面向用户提供包括弹性计算、存储、数据库、应用程序在内的一整套云计算服务，能够帮助企业降低 IT 投

入成本和维护成本。AWS 在 2017 年的美国公有云市场占有率已达 37.1%。

2007 年，将其中国子公司改名为卓越亚马逊。2011 年 10 月 27 日将"卓越亚马逊"改名为"亚马逊中国"，并宣布启动短域名(z.cn)。

2007 年，亚马逊推出 Kindle 电子图书阅读器，从而吹响了数字图书革命的号角。

2012 年，亚马逊斥资 7.75 亿美元收购机器人研发公司 Kiva Systems，旨在提高亚马逊仓库中的自动化水平。2012 年 5 月，已经有 1400 部机器人活跃在亚马逊仓储物流线。

2016 年 12 月 5 日，亚马逊宣布推出革命性线下实体商店 Amazon Go。亚马逊开启无人零售时代。

2017 年 6 月，《2017 年 BrandZ 最具价值全球品牌 100 强》公布，亚马逊名列第 4 位。

2018 年 5 月 2 日，亚马逊全球开店中国重磅推出"服务+"计划，为中国卖家在跨境电商入门、起步、成长的各阶段提供定制化服务方案，帮助其增强跨境电商知识储备，全面提升店面运营与业务拓展能力，持续增长并优化销售业绩。目前，"服务+"主要包括培训、卖家转型咨询与专属客户经理服务三大方面，并全部由亚马逊官方提供。可信赖的高质量、多样化服务将为中国卖家进军海外市场提供可靠保障。

2018 年 5 月 25 日，亚马逊"厦门跨境电商园"正式落成。"厦门跨境电商园"是亚马逊在华南地区的首个跨境电商园，也是继杭州之后亚马逊在中国落户的第二个跨境电商园。

2018 年 7 月 12 日，为了给中国消费者提供更优的跨境购物体验，亚马逊中国继续加码跨境电商布局，在已有的香港及广州保税仓的基础上又新增宁波保税仓。

三、亚马逊的商务模式

(一)战略目标

1995 年，在 Amazon.com 正式成立的时候，它的使命就是："成为全球最以客户为中心的公司，让客户能够寻找并发现他们可能需要在线购买的任何商品，致力于为客户提供尽可能最低的价格。"亚马逊的顾客现已遍布世界的各个角落，其中包括数百万计的消费者、卖家、内容创作者、开发人员以及企业。这些人群的需求千差万别，而亚马逊始终都要满足客户的需求并不断创新解决方案，让一切变得更加简单、快捷、出色且更具成本效益。

(二)目标客户

在亚马逊的客户群体中，19～30 岁的用户占绝大多数，其中学生和上班族占一半以上，这部分年轻的消费群体乐于接受新鲜事物且已经具有一定的购买力。他们大多为大专以上学历，对互联网的使用较为熟练。而亚马逊的方便快捷和较低廉的价格成为他们选择的关键要素。

2005 年亚马逊推出了 Prime 付费会员服务。Prime 旨在推出高效、优惠的多重会员增值服务以促进消费。加入 Prime 的人能享受到许多福利，如 0 元包邮、电子书免费阅读、提前参加闪购、免费试听音乐，更能拿到会员专属折扣等多重会员增值服务。Prime 服务针对中国用户可享受海外商品满 200 元免邮，国内订单免邮，还有更多的会员折扣。这无疑是一种消费者锁定策略，购买了 Prime 服务的会员，会更偏向于在亚马逊平台购物。

(三)产品和服务

作为美国最大的电子商务企业，亚马逊为消费者提供图书、生活用品以及家具家电、IT软件等商品，为消费者提供便利的网购体验。同时，亚马逊为平台商家提供包括物流、营销、云计算等第三方服务，由商家灵活选择。

亚马逊的主要经营业务可划分为以下七大块，详见表 5-1。

表 5-1　亚马逊的主要经营模块

主要分类	作用与功能	经营情况
在线商店	这是亚马逊最传统的业务，包括图书、服装等各类商品的销售	2018 年亚马逊第二季度净销售额 271.65 亿美元，比上年同期的 237.54 亿美元增长 14%
全球开店	亚马逊"全球开店"项目主要是为卖家开展跨境贸易提供全方位支持，包括开店前为卖家提供指导，定期提供卖家培训，为卖家提供"亚马逊物流"整体解决方案等。亚马逊在全球共有 13 个电子商务网站，物流配送覆盖 185 个国家和地区，拥有 3 亿活跃付费账户	2018 年全球 B2C 跨境电商交易额达 6760 亿美元，同比去年增长 27.5%
第三方卖家服务	亚马逊为除了提供物流、发货、仓储和售后等服务，还为第三方卖家提供了税务咨询、报关、翻译、商品描述等服务。但亚马逊中国自 2018 年 8 月 30 日起将不再为第三方国内卖家提供亚马逊物流卖家服务(FBA)	2018 年第二季度亚马逊在这方面的净销售额为 97.02 亿美元，同比增长 39%
AWS(云计算)业务	AWS 是亚马逊(Amazon)公司的云计算 IaaS 和 PaaS 平台服务。AWS 面向用户提供包括弹性计算、存储、数据库、应用程序在内的一整套云计算服务，能够帮助企业降低 IT 投入成本和维护成本。这一业务正在成为亚马逊的王牌业务，目前，Netflix、Quora、Intergram 等大公司都是其重要用户	2018 年第四季度 AWS 的营业收入 74.3 亿美元，同比增长 45%，三季度同比增长 46%
会员服务	即 Prime 服务，符合条件的商品即可享受海外商品满 200 元免邮，国内订单免邮，提前抢购"Z 秒杀"商品以及免费无限次阅读 Kindle 电子书	亚马逊会员服务每年就可以实现近 100 亿美元的销售额，占整个公司收入的 5.5%
实体店业务	亚马逊在实体零售方面拥有全食超市，无人便利店 Amazon Go，生鲜线下自提营业点 AmazonFresh Pickup，实体书店，快闪店等	2018 年第二季度实体店的净销售额为 43.12 亿美元
广告业务	亚马逊提供的广告模式——包括展示广告、视频广告、常规广告单元等，合作平台包括亚马逊下属的亚马逊官网、互联网电影数据库(IMDb)、数字摄影评论和 Kindle	2018 年第四季度广告业务增长了 95%，收入达到 34 亿美元

(四)盈利模式

任何一种盈利模式都包含着 5 个共性的因素：利润点、利润对象、利润源、利润杠杆、利润屏障，其核心是价值创造与对利润的持久保持。以下分 5 个方面对亚马逊盈利模式的要素展开分析。

一是利润对象，即客户范围。作为全球最大的 B2C 电商平台，亚马逊的目标市场范围遍布全球 13 个国家，并根据不同卖家群体有针对性地为其提供相应服务和培训。而买家也选择加入亚马逊联盟，为亚马逊做推广，便可以通过生成带有跟踪代码的推广链接、广告位等，促成交易，最高可以获得高达 7% 的佣金奖励。这一奖励机制无疑极大地促进了客户购买和转介绍的热情。

二是利润点，即客户价值。亚马逊向客户提供的价值有丰富的品类选择、低廉的价格、快速便利的次日达配送，方便高效的物流服务也是亚马逊取得客户信赖不可或缺的因素。

三是利润杠杆相关活动。利润杠杆是指企业生产产品或服务以及吸引客户购买和使用企业产品或服务的一系列业务活动。亚马逊所提供的服务就是使用领先的订单处理系统降低出错率，通过强大的物流整合能力来降低库存成本和送货成本，再以此利差提供给消费者物流运费方面的优惠，从而赢得市场声誉，形成良性循环。亚马逊有很长一段时间处于亏损状态，而近几年扭亏为盈的主要因素便是降低物流成本，通过建立超大物流中心，不仅满足自营商品的仓储和配送服务，也为其他第三方提供物流服务，为亚马逊带来利润。

四是利润来源。亚马逊主要从以下几个方面获得利润：日用商品、电子产品、媒体以及其他类别(主要是 AWS 云服务)。如 Kindle 电子书平台的广泛利用，亚马逊有几百万电子书用户，同时亚马逊书的种类及数量远远超过常规书店，而互联网的普及和成本的降低，使得亚马逊垄断了市场上 80% 低频率消费者，从而获得了较高的利润。

五是利润屏障——"亚马逊飞轮"。当顾客获得更好的体验的时候，流量自然会增加，更多的流量吸引更多的卖家来网上卖东西，这样一来顾客就有了更多、更丰富的选品，获得更方便的服务，将进一步提升客户的购物体验，随着飞轮的不断成长，运营的成本被不断地分摊，最终形成一个相对合理的成本结构。节省下来的钱还能够返还给用户，带来更低的价格，这也是提升客户的体验的一个非常重要的因素。"类别丰富的商品，低廉的价格以及便利的服务"这是影响客户体验最主要的三个因素，强大的技术能力与数字化运营实力则构建了亚马逊的零售、供应链与仓储物流系统，是驱动飞轮加速的引擎，从而为亚马逊打造了同行企业难以攻克的壁垒。

(五)核心能力

在亚马逊的发展过程中，其各个业务都处于增长状态；不过其中最引人注目的是亚马逊的 AWS 云服务。AWS 在 2017 年的营业收入则为 43.3 亿美元，销售额为 174.6 亿美元。

2017 全年亚马逊总营收为 1779 亿美元，AWS 为亚马逊总收入贡献了近 10%，为净利润贡献了 89%。可以说，AWS 已经成为亚马逊总体业务增长的一个重要驱动力。

亚马逊业务增长的另外一个引擎，则是亚马逊的 Prime 会员订阅服务。虽然亚马逊从来没有公布过 Prime 会员的具体数字，但 2018 年，在全球估计已有超过 1 亿的 Prime 会员。

亚马逊为 Prime 会员提供的，不仅仅是免邮服务，还包括电子书、视频、音乐、折扣优惠、优先体验权等各个方面的权益；这项服务在亚马逊 10 年左右的持续经营中，已经发展成为亚马逊的核心业务支柱之一。亚马逊依托 Prime 服务完善物流，结合一流的 IT 基础设施，有效降低了成本，大大提高了用户满意度和下单率。

四、成功之处

(一)以消费者为中心的价值观

亚马逊关注消费者，面向消费者理念。贝佐斯曾说过：“每天醒来所感到的不是竞争，而是顾客。”该理念具体表现在以下两个方面。一是 One-click 的购物方式。当消费者在亚马逊消费过一次后，系统会迅速将客户的所有信息记入系统。客户下次购买时，只需用鼠标点击一下，系统就会自动帮助客户完成接下来所有的程序，程序操作简便，让客户真正体会到互联网购物的便利。二是拥有一套完整的电子化客户关系管理系统(E-CRM)。E-CRM 相当于亚马逊的大脑，掌握着亚马逊所有的客户信息，帮助亚马逊做出更好的决策，同时也为供应商提供更多的信息以了解市场的需求、调整企业的战略。

(二)降低成本的经营理念

亚马逊是一家网络零售企业，相比实体店面，没有了租金成本与门店的维护费用，没有时间与空间的限制，交易时间更长，打破了交易范围的屏障，降低了交易费用，提高了交易效率。亚马逊没有了中间商，可以对核心的图书业务进行大幅度的折扣让利。消费者通常对价格敏感，为保持市场的领先地位，价格上必须保持竞争力。

(三)全区域的扩张范围

为了应对激烈的竞争压力和优化资源配置，亚马逊采取了多元化策略，以多品类、多区域、多市场进行扩张，从而获得更大更优质的用户市场。

2001 年亚马逊官方选择一种横向联盟的合作形式，与一些音乐公司、出版网站以及一些实体店铺等进行合作。独特的合作形式使得亚马逊拓展了经营类别和市场范围，吸引了更多的潜在消费者，带来了更多的营业收入。

当然，亚马逊的海外扩张计划也从未间断。1999 年亚马逊走出美国，进入欧洲市场，在英国、德国等建立分公司。2000 年来到日本，迈出了亚洲市场的第一步。国外的亚马逊继承了美国本土的网站优势与特点，不同国家的网站都是本国的文字，方便当地消费者的使用。2004 年 8 月，亚马逊宣布收购当时中国最大的网上图书音像零售商卓越网，从此打开了中国市场，2007 年改名为“卓越亚马逊”。

2016 年亚马逊与 Twitter 开展了合作，允许用户以 Twitter 消息的形式将喜欢的商品发送到购物篮中。这一功能旨在将 Twitter 转变为亚马逊新的购物窗口。2018 年亚马逊正式进军线下新零售行业，位于美国西雅图的无人超市 Amazon Go 正式营业，旨在提供无须排队、无须结账的购物感觉。

五、结论与建议

在亚马逊发展过程中，依靠先进的物流体系，为 Prime 会员提供优质的购物体验，从而拥有了良好的客户黏性，提高了客户的忠诚度。同时依托大数据、云计算，将产品的展示、推广、支付、物流等做得更有效率。亚马逊的销售模式保证了商品的质量，而自建的物流系统降低了运输成本，保证了低价。由此，亚马逊向客户提供了一个便利的、低价的购买商品的入口。同时，亚马逊通过全球开店，扩张了商业版图，是最早开展跨境电商的平台之一。

"亚马逊模式"的成功之处在于将古老的商业法则和崭新的技术手段完美结合。"以顾客服务为中心，优惠的价格，良好的服务"，这是一个企业能够长远发展的基本前提。技术创新是一个企业前进的灵魂，亚马逊将自己定位为一个技术的企业，走在所有零售商的前面，这是其他零售企业难以复制的，这才是亚马逊成功的精髓。

而目前亚马逊公司面临四大威胁，一是强大的同行业竞争者的威胁；二是 C2C 模式的替代威胁；三是新进入者的威胁；四是购买方即顾客拥有的强大议价能力的威胁。经过激烈的价格战博弈之后，亚马逊公司盈利骤减。为了在激烈的市场竞争中逐渐扩大其优势地位，亚马逊只有不断地进行科技、营销等方面的创新，才能更精准地做好市场定位，更好地满足全球用户的需求。

第四节　网易考拉案例

一、网易考拉简介

网易考拉是网易旗下以跨境业务为主的综合型电商，于 2015 年 1 月 9 日公测，销售品类涵盖母婴用品、美容彩妆、家居生活、营养保健、环球美食、服饰箱包、数码家电等。

网易考拉主打自营直采的理念，在美国、德国、意大利、日本、韩国、澳大利亚、中国香港、中国台湾设有分公司或办事处，深入产品原产地直采高品质、适合中国市场的商品，从源头杜绝假货，保障商品品质的同时省去诸多中间环节，直接从原产地运抵国内，在海关和国检的监控下，储存在保税区仓库。除此之外，网易考拉还与海关联合开发二维码溯源系统，严格把控产品质量。

作为"杭州跨境电商综试区首批试点企业"，网易考拉在经营模式、营销方式、诚信自律等方面取得了不少建树，获得由中国质量认证中心认证的"B2C 商品类电子商务交易服务认证证书"，认证级别四颗星，是国内首家获此认证的跨境电商，也是目前国内首家获得最高级别认证的跨境电商平台之一。

在经历进口电商野蛮生长的井喷期，到"48 新政"颁布的行业停滞及过渡期中的稳步前进，网易考拉历经 4 年就在进口电商市场中拔得头筹。从一次性 200 亿元人民币的签约，到未来 200 亿美元的直采规模，网易考拉逐渐成为海外品牌进入中国的首选渠道。

《2018 上半年中国跨境电商行业监测报告》显示，2018 年上半年，网易考拉以 26.2%的市场份额六度蝉联跨境电商市场份额的第一。另外，据《2018 上半年中国跨境电商正品调研专题报告》显示，网易考拉以 8.71 分的高分位列跨境电商正品信任度第一。除此之外，网易考拉也持续对供应链进行升级，一方面可以不断增强商品的品质保障，另一方面，也可以向国内消费者持续提供优质商品，并不断提升商品品类的丰富度、多样化。网易考拉以跨境电商为核心，加之具备提供高品质商品能力，已积累了良好的口碑和庞大的用户群体。

二、网易考拉发展历程

2015 年 1 月 9 日，网易自营跨境电子商务平台"网易考拉海购"上线公测。

2015 年 6 月 18 日，网易考拉海购推出年中大促活动，杭州保税区出单量跃居第一。

2015 年 9 月 6 日，网易考拉海购 2.0 版 APP 登陆苹果商店，以场景化的创新体验开辟行业先河。

2015 年 10 月 23 日，网易考拉海购宣布上线九大国家馆。

2015 年 11 月 11 日，网易考拉海购首次参与"双十一"大促。

2015 年 12 月 30 日，网易考拉海购宁波新仓奠基，建筑面积超过 25 万平方米，建成后日出单量可达 20 万单。

2016 年 2 月 21 日，网易考拉海购已于今日起支持用户使用 Apple Pay，成为首批支持 Apple Pay 服务的自营跨境电商平台。

2018 年 6 月，网易考拉海购宣布更名为"网易考拉"，宣告进军综合电商市场。

三、网易考拉的商务模式

(一)战略目标

网易考拉以"我的美好世界"为目标，以自营方式，从海外直接采购商品，利用"品牌保证+货源保障"迅速切入海淘市场，满足用户购买可靠正品的需求。网易考拉力争在业界掀起一阵零经验、零风险的全民海淘风，让广大用户彻底摆脱私人代购和传统海淘的困扰。网易考拉秉承正直、责任、有态度的优良传统，为广大客户提供优质的商品和服务，立志成为中国跨境电子商务的领头羊，让每一个消费者都能买到放心、优质的海外商品。

2017 年网易考拉新推出的战略业务——网易考拉全球工厂店，致力于为全球优质工厂提供品牌孵化，业务保持快速发展。通过解决优质制造工厂在品牌孵化时的决策风险和市场推广痛点，为消费者提供了高性价比的精选商品。

(二)目标用户

相对于天猫的第三方平台模式，京东的"自营+第三方"混合模式，网易考拉采用纯自营 B2C 模式，将目标锁定在沿海地区经济发达，有一定的经济能力，追求品质生活，对海外商品比较信任的女性消费者。数据显示，跨境网购用户以 80 后、90 后白领为主，其中 80 后占比最多，90 后占比其次，这两类人群的关注点向安全性、高品质和产品丰富性转移，而以往对价格的关注正在减弱。网易考拉顺应用户这一消费心理变化，运用合理有效的运营模式，在跨境电商中占得一席之地。

网易考拉作为跨境进口零售电商的领先者，在引领消费趋势、同步全球好的生活的同时，也将精选、极致质价比和用户忠诚度视为自己的核心优势，去解决消费者关于正品、购物效率和购物体验的问题，如图 5-4、图 5-5 所示。

男 14.96%　　女 85.04%

图 5-4　网易考拉用户性别比例

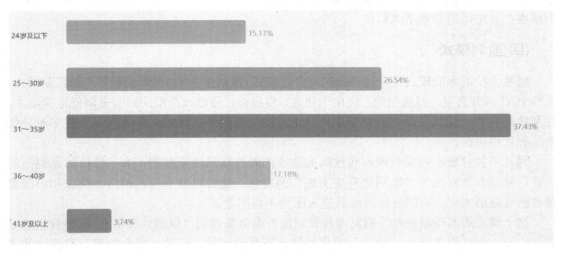

24岁及以下　15.11%

25～30岁　26.54%

31～35岁　37.43%

36～40岁　17.18%

41岁及以上　3.74%

图 5-5　网易考拉用户年龄比例

(三)产品与服务

1. 优质正品

网易考拉主打母婴用品、美妆个护、食品保健、家居数码和服饰鞋包等类目。通过成立专业采购团队深入货源产地直采，保证商品品质；通过重金批量采购，保证价格具有竞争力；对所有供应商的资质进行严格审核，并设置了严密的复核机制，从源头上杜绝假货，进一步保证了商品的安全性。目前，网易考拉海购已与全球数百个优质供应商和一线品牌达成战略合作。自营备货政府监管，30 天无忧售后；和海关、保税区深入合作，电子化极速清关，下单后 3～15 个工作日送达；支持网易宝、支付宝、网银、信用卡等支付方式，告别多币支付烦恼。

2. 物流服务

在物流的选择上，网易考拉海购把物流配送交给了中外运、顺丰等合作伙伴，还采用了更好的定制包装箱，让用户享受相对标准化的物流服务。网易考拉还通过与中国外运合作整合海外货源、国际运输、海关国检、保税园区、国内派送等多个环节，打通了整条产业链。

网易考拉除了提供全程可跟踪的物流服务外，还提供了次日达服务。它在杭州、郑州、宁波、重庆 4 个保税区拥有超过 15 万平方米的保税仓储面积，以满足 14 点前下单并支付完成，商品将最快于次日送达的服务。

在物流费用方面，国际段物流费用由网易考拉承担，而国内段物流自营商品满 88 元包邮，不足 88 元需承担 10 元运费。

3. 保姆服务

对于海外厂商，网易考拉能够提供从跨国物流仓储、跨境支付、供应链金融、线上运营到品牌推广等一整套完整的保姆式服务，解决海外商家进入中国的障碍，省去了他们独自开拓中国市场面临的语言、文化差异、运输等问题。网易考拉的目标就是让海外商家节约成本，让中国消费者享受低价。

(四)盈利模式

网易考拉的电商模式是一种创新的"自营模式+微利生态圈+保姆式服务"的商业模式。采取 B2C 自营直采，源头把控，优化产业链、供应链，通过减少中间环节来降低运营成本，让利给消费者，使其在激烈的竞争中拥有绝对的价格优势。保姆式服务吸引了更多海外优质品牌和供应商。

网易考拉打破小规模代购和传统海淘造成的海外商品质量参差不齐、价格体系混乱的局面。网易首次提出了"微利电商生态圈"的理念：通过自身平台，把海外商家和中国消费者的利益最大化，让国外优质商品进入国内不再困难。

这个理念的实现路径在于网易考拉针对海外商家提供的"保姆式服务"。海外商家想要进入中国，面临很多障碍，语言、文化差异、不熟悉市场、运输、资金链等。即便这些商家选择入驻国内的第三方电商平台，也会面临入驻门槛、佣金、广告推广费用等问题，这些成本自然会以价格的形式转移到消费者身上。

作为自营型跨境电商平台，网易考拉就像一座桥梁，直接对接海外品牌方和优质经销商，省去中间环节，考拉海购不仅有效地保证了商品质量，而且将"微利电商"的理念落地。商家节约了成本，消费者享受了低价，而网易通过规模取得了利润。

(五)核心能力

1. 自营直采，严格把控

网易考拉主打自营直采，成立专业采购团队深入产品原产地，并对所有供应商的资质进行严格审核，并设置了严密的复核机制，从源头上杜绝假货，进一步保证了商品的安全性。网易考拉已与全球数百个优质供应商和一线品牌达成战略合作。凭借坚持正品直采，以及严格的质量管理和良好的用户口碑，获颁颇具含金量的"2016 年度魅力品牌"大奖。

2. 全球布点，仓储优势

网易考拉坚持自营直采和精品化运作的理念，在旧金山、东京、首尔、悉尼、中国香港等近 10 个国家和地区成立了分公司和办事处，深入商品原产地精选全球优质尖货，规避了代理商、经销商等多层环节，直接对接品牌商和工厂，省去中间环节及费用，还采用了大批量规模化集采的模式，实现更低的进价，甚至做到"海外批发价"。通过保税的模式，既可以实现合法合规，又能降低成本，实现快速发货，所以保税仓是跨境电商发展的重要战略性资源。

网易考拉在杭州、郑州、宁波、重庆四个保税区拥有超过 15 万平方米的保税仓储面积，为行业第一。同时，位于宁波的 25 万平方米现代化、智能化保税仓已经破土动工，不久后也将投入使用。目前，网易考拉已经成为跨境电商中拥有保税仓规模最大的企业。未来，网易考拉还将陆续开通华南、华北、西南保税物流中心。

在海外，网易考拉初步在美国、中国香港建成两大国际物流仓储中心，并将开通韩国、日本、澳大利亚、欧洲等国家和地区的国际物流仓储中心。虽说没有自建物流，但在物流的选择上，网易考拉把物流配送交给了中外运、顺丰等合作伙伴，还采用了更好的定制包装箱，让用户享受相对标准化的物流服务。

3. 定价优势，关注消费者

网易考拉主打的自营模式拥有自主定价权，可以通过整体协调供应链及仓储、物流、运营的各个环节，根据市场环境和竞争节点调整定价策略。网易考拉不仅要降低采购成本，控制定价，还要通过控制利润率来调整定价的策略，做到不仅尊重品牌方的价格策略，更重视中国消费者对价格的敏感性。

4. 良好的口碑

作为第三方平台和自营模式的代表，用户对于天猫国际的认知度集中在"品类丰富"，而对于网易考拉的认知度集中在"品牌保障"，且网易考拉在用户满意度调查中，不仅高于同行业平均水平，也高于企业内其他维度的满意度评分，在行业发展中具有一定的优势。

5. 精品战略+会员制

2016 年，财政部、海关总署、国家税务总局联合发布《关于跨境电子商务零售进口税收政策的通知》后，众多跨境电商平台为了保障自己的利益，纷纷开始向供应商退货。网易考拉表示，作为一个有责任感的企业，要有契约精神，未到的商品一件也不能退，全部正常收货。借此机会，网易考拉与众多海外品牌和一级供应商建立了良好的合作关系，供应链的完善和升级促进了网易考拉的蓬勃发展。海外影响力逐步提升的同时，为了加强品质服务，提升用户黏度和信任感，2017 年 7 月，网易考拉上线了黑卡会员，成为唯一一个全部自营商品可以享受会员折扣的电商平台。而就在 2017 年，艾瑞的数据表示，网易考拉作为行业第一的跨境电商平台，已经可以和老牌综合电商一决高下，跻身七大电商的行列。

四、成功之处

网易考拉作为目前国内最大的一家跨境电商平台，它的成功之处有很多值得借鉴的地方。对于进口商品而言，是否为正品是客户选择的重要原因，网易考拉紧紧围绕"质量保真"和"最优品质"最大限度地满足消费者的需求，为用户提供方便。网易考拉通过整体协调供应链及仓储、物流、运营的各个环节，根据市场环境和竞争节点调整定价策略。网易考拉不仅通过降低采购成本，还通过控制利润率来控制定价的策略，不仅尊重品牌方的价格策略，更重视中国消费者对价格的敏感性。随着规模的不断扩大，网易考拉也在不断地完善自己，通过全球性的战略布局，与全球一线品牌商和供应商达成战略合作，逐渐发展成为全品类、高性价比的综合跨境电商。

五、结论与建议

网易考拉依托网易集团丰富的用户、媒体、产品资源以及雄厚的资金实力，已经成为增长速度最快的电商企业之一，被公认为电商行业最大的"黑马"。网易考拉的自营直采用良好的用户口碑以及完善的产业链不断提高客户体验，吸引更多客户。随着跨境电商的发展，保税仓储市场也会随之发展起来。未来网易考拉还需要继续保持对保税仓储市场的关注，不断降低成本，实现快速发货。同时还需要进一步提升用户黏性，用良好的客服体验和售后服务进一步提升自己的市场竞争力，更好地满足顾客多样化的需求。

自 测 题

1. 以敦煌网为例，谈谈跨境出口电商需要具备哪些核心能力？
2. 以网易考拉为例，简要分析跨境进口电商的盈利模式。
3. 结合本章三个案例，谈谈物流在跨境电商中的地位和作用。

第六章　互联网金融

【学习要点及目标】

通过对本章的学习，熟悉互联网金融业务模式及其发展动态，重点以余额宝及 P2P 网贷的代表性企业拍拍贷为例，分析行业环境对互联网金融企业发展的影响、探寻互联网金融企业的发展路径。

【引导案例】

近日，网贷之家发布 P2P 网贷行业 2018 年年报，从多维数据的角度对 2018 年 P2P 网贷行业整体情况进行了回顾：2018 年 P2P 网贷行业正常运营平台数量大幅减少，预计 2019 年将进一步减少。随着监管体系日益完善，P2P 网贷行业的市场格局将逐渐清晰。2019 年，备案的进展对于行业回暖至关重要。

数量持续减少，P2P 网贷走向"少而精"

年报数据显示，截至 2018 年 12 月底，P2P 网贷行业正常运营平台数量下降至 1021 家，相比 2017 年年底减少了 1219 家；预计，受备案进度及经济形势和市场流动性等影响，P2P 网贷平台的关停及良性退出在 2019 年将持续进行，2019 年年底运营平台数或将跌至 300～500 家。

2018 年是 P2P 网贷行业走向涅槃的一年，回首反思，问题平台的爆雷，主要是因为自融、庞氏骗局、资金池、期限错配等不合规的操作，根源在于对投资人资金的非法挪用或占有。而问题平台的不断出现，导致了投资人信心受挫，恐慌情绪蔓延，令整个行业产生震荡。

随着问题平台在震荡中被不断地清除，P2P 网贷行业得到进一步净化。在零壹财经发布的《P2P 整改备案进度琅琊榜 TOP100(12 月)》中，共有 96 家平台综合评分达到 80 分以上，相比 11 月的 74 家增加了约 30%。而大家较为熟悉的平台中，爱钱进的综合评分为 89.63 分，陆金服为 89.30 分，宜人贷为 89.24 分。在该榜单的四大指标中，信息披露一项各平台平均得分为 81.9 分，禁止性一项均分高达 97.1 分，风险管理与出借人保护一项平均分为 86.91 分，榜单所评选出的 100 家平台都已完成自查报告提交。

发展至今，P2P 网贷已成为不可或缺的金融业态之一，不仅是当前获取资金的有效渠道，也是大众最常见的理财方式之一。事关大众的"钱袋子"，P2P 网贷行业从"多而泛"走向"少而精"，既符合市场发展的规律，也更利于监管，更便于大众享受到安全可靠的互联网金融服务。

瞄准普惠金融，P2P 网贷未来机遇可期

国家大力推动普惠金融发展，早在 2015 年便制定了《推进普惠金融发展规划 (2016—2020 年)》。作为新兴的金融业态，P2P 网贷基于大数据、人工智能等技术优势，在实现普惠和服务小微方面有明显的优势，逐渐成为传统金融服务的有力补充之一。

近年来，P2P 网贷的发展规模不断增长，据相关数据统计，2013 年～2017 年年末，网贷机构累计业务成交量超 2 万亿元。网贷机构的借款成交量从 2013 年的年成交量 124.32 亿元，现已达到 8722.8 亿元。此外，更有数以亿计的普通用户也受益于 P2P 网贷。据悉，截至 2019 年 1 月 3 日，知名网络借贷信息中介服务平台爱钱进已累计撮合交易额超过 1600 亿元，累计服务用户数 1534 万，在为借款人提供服务的同时，累计为用户赚取出借回报逾 55 亿元，让更多人享受了互联网金融的红利。

P2P 网贷将普惠金融带给了更广泛的人群，而更多的政策红利，也推动着 P2P 网贷行业的进一步发展。2019 年中央经济工作会议提出，要解决好民营企业和小微企业融资难融资贵问题。日前央行宣布自 2019 年起，将普惠金融定向降准小型和微型企业贷款考核标准由"单户授信小于 500 万元"调整为"单户授信小于 1000 万元"，进一步扩大对融资的支持。随着国家政策对普惠金融的支持力度的加大，P2P 网贷将迎来更多发展机遇。

备案，2019 年不变的主旋律

金融始终与风险相伴。随着网贷行业乱象渐生，2016 年监管强势介入，2017 年彻底掀起了整治风暴，2018 年整改提速，P2P 网贷合规进入关键时期。

2018 年 8 月，全国网贷整治办下发《关于开展 P2P 网络借贷机构合规检查工作的通知》要求于 2018 年 12 月底前完成机构自查、自律检查和行政核查三轮合规检查。以北京为例，从机构自查情况来看，截至 10 月 15 日，北京市共有近 200 家网贷平台提交自查报告，包括大众较为熟悉的爱钱进、玖富普惠等平台均在要求的期限内完成提交。北京市自律检查则从 9 月 10 日启动，至 11 月 30 日结束。而行政核查主要以现场检查为主，以"边查边改、即查即改"的方式进行。据媒体报道，目前北京地区的网贷合规检查已经基本完毕，北京市互联网金融行业协会助理秘书长张羽表示，北京互联网金融协会已经完成了多数网贷平台的检查，大部分的违法行为基本不存在。在整个检查过程中，合规检查一直都是平稳有序进行的。随着合规检查的逐渐完成，2019 年"备案"将是 P2P 网贷行业发展的重中之重。

P2P 网贷对于进一步推动普惠金融事业的发展具有不可忽视的价值，逐渐强化的监管正是为了规范行业体系，以帮助网贷行业实现可持续的健康发展。监管已经为行业打下了新的发展基石，对于能够备案成功的网贷平台而言，新的发展机遇就在眼前。

（资料来源：财讯中国.百家号.

https://baijiahao.baidu.com/s?id=1621978584335193875&wfr=spider&for=pc.）

第一节　互联网金融概述

一、互联网金融定义及发展历程

(一)互联网金融定义

互联网金融是传统金融机构与互联网企业利用互联网技术和信息通信技术实现资金融通、支付、投资和信息中介服务的新型金融业务模式。广义的互联网金融既包括作为非金融机构的互联网企业从事的金融业务，也包括金融机构通过互联网开展的业务；狭义的互联网金融仅指互联网企业开展的、基于互联网技术的金融业务。

互联网金融是互联网与金融的结合，其本质上仍是金融。互联网金融主要依托大数据和云计算，进而在开放的互联网平台上形成的功能化金融业态及其服务体系，包括基于网络平台的金融市场体系、金融服务体系、金融组织体系、金融产品体系以及互联网金融监管体系等，并具有普惠金融、平台金融、信息金融和碎片金融等相异于传统金融的典型特征。

(二)互联网金融发展历程

纵观互联网金融在我国的发展进程，大致分为以下 5 个阶段。

1. 2005 年之前，初始阶段

在 2005 年之前，互联网金融主要体现在为金融机构提供网络技术服务。银行业开始建立网上银行，如早在 1997 年招商银行便开通了自己的网站。2003 年和 2004 年淘宝网和支付宝相继出现，淘宝为了解决电子商务中支付形式单一、买卖双方不信任的问题，推出支付宝的"担保交易"。自此，网上转账、网上开设证券账户、互联网保险等互联网金融业务也相继诞生，预示着互联网金融时代全面到来。

2. 2005—2012 年，萌芽阶段

随着支付宝等第三方支付平台的诞生，互联网金融逐渐从技术领域深入到业务领域，第三方支付、网贷平台、众筹等互联网金融新兴形态相继出现。

2007 年，中国第一家 P2P 网络借贷平台"拍拍贷"成立。2011 年 5 月 18 日，人民银行正式向 27 家第三方支付公司发放支付牌照，标志着互联网与金融结合的开始。同时，众筹也于此时从国外引入到国内，并经过不断地与我国经济情况与法律相结合，被人们所接受。2012 年，平安陆金所推出 P2P 网贷业务，网贷平台迅速发展，互联网金融进入一个新的发展阶段。

3. 2013 年—2015 年 6 月，高速发展阶段

1) 2013 年——互联网金融元年

2013 年被称为"互联网金融元年"，第三方支付发展逐渐成熟、P2P 网贷平台爆发式增长、众筹平台逐渐被运用到不同领域中去，首家互联网保险、首家互联网银行相继获批成立；同时，信托、券商、基金等金融机构也开始布局互联网金融，为客户提供更便捷的一站式金融服务，我国互联网金融开启了高速发展模式。

2013 年 6 月，支付宝联手天弘基金，推出余额宝服务，推动互联网基金模式铺开。以宝宝类理财为起点，P2P、第三方支付、众筹、消费金融等各类互联网金融业态均实现跨越式的发展。2013 年 9 月，由蚂蚁金服、腾讯、中国平安等企业发起设立了国内首家互联网保险公司"众安保险"；在这一年中，互联网巨头们纷纷借势推出互联网理财业务：8 月微信推出微信支付，10 月百度金融理财平台上线，12 月京东推出"京保贝"快速融资业务，网易的"网易理财"正式上线。

2) 2014 年——互联网金融业务呈井喷之势

2014 年互联网金融首次登上了政府工作报告，报告中提到"促进互联网金融健康发展，完善金融监管协调机制"，政府鼓励互联网金融发展的意图十分明显。2014 年 1 月，微信理财通公开测试，随后推出微信红包业务；同年 4 月百度钱包上线，并同步推出国内首个互联网数据指数"百发 100 指数"；12 月中国首家互联网银行"微众银行"经监管机构批准开业，总部位于深圳。2014 年也是众筹的发展元年，在 11 月主持召开的国务院常务会议上，

首次提出"要建立资本市场小额再融资快速机制，开展股权众筹融资试点"，为众筹行业的发展提供了政策支持。

3) 2015年上半年——互联网金融创新新局面

2015年1月，央行印发《关于做好个人征信业务准备工作的通知》，互联网巨头纷纷抢滩个人征信市场，芝麻信用、腾讯征信、前海征信、鹏元征信、拉卡拉信用等八家民营征信机构正式成为央行"开闸"后首批获准开展个人征信业务的机构。4月蚂蚁小贷旗下个人信贷产品"花呗"宣布正式上线，6月浙江网商银行宣布正式开业。

但是，在互联网金融快速发展的同时，风险也不断积聚，以网贷平台为例，2015年6月，网贷问题平台的数量首超新增平台，风险开始暴露。相对于业务的发展而言，政府对互联网金融的监管滞后。

4. 2015年7月—2016年，发展、风险与监管并存阶段

1) 2015年下半年——风险事件频发，政策密集出台

2015年是互联网进入爆发式增长的一年，同时也是行业最不平静的一年。P2P平台风险频发，其中总交易额超过740亿元的"e租宝"平台疑似涉嫌非法吸收公众存款等问题被警方调查，引发行业内震。随后的P2P跑路、裸贷等恶性事件频发，校园贷也引起了社会的关注。

2015年也是互联网金融名副其实的"政策年"，7月18日，央行及10个部委联合印发了《关于促进互联网金融健康发展的指导意见》，官方首次定义了互联网金融的概念，确立了互联网支付、网络借贷、股权众筹融资、互联网基金销售、互联网保险、互联网信托和互联网消费金融等互联网金融主要业态的监管职责分工，落实了监管责任，明确了业务边界。并正式将互联网金融纳入监管框架，明确了互联网金融要遵守"依法监管、适度监管、分类监管、协同监管、创新监管"的原则，互联网金融逐渐进入规范期。

2) 2016年——专项整治正式开始

2016年4月，教育部办公厅和中国银监会办公厅联手发布《关于加强校园不良网络借贷风险防范和教育引导工作的通知》，要求加强不良网络借贷监管，加强学生消费观教育，加强金融、网络安全知识普及，加强学生资助信贷服务。

7月国家工商总局审议通过《互联网广告管理暂行办法》，是首部全面规范互联网广告行为的部门规章。8月《网络借贷信息中介机构业务活动暂行办法》的下发，以及存管指引等配套政策的实施，象征着互联网金融行业的监管框架基本已定，互联网金融被定位为小额分散的普惠金融，并将借贷金额限定在20万元(个人)或100万元(法人或其他机构)。

2016年10月是互联网金融监管文件出台最密集的月份，人民银行、银监会、证监会、保监会联合其他部门各自印发互联网金融的监管整治方案。10月13日，国务院办公厅印发《互联网金融风险专项整治工作实施方案》，对网贷、股权众筹、互联网保险、第三方支付、互联网资产管理及跨界从事金融业务等领域进行大范围排查，旨在促使互联网金融行业快速出清，淘汰不规范的平台，保障互联网金融行业长期稳定、健康和可持续发展。

5. 2017年至今，监管重拳下行业出清

2017年年初，网贷行业迎来了《网络借贷资金存管业务指引》，打响了对互联网金融行业"从严监管、重拳治市"的第一枪，这是继备案登记之后网贷落地的又一合规细则。2017

年 3 月，银监会连续发布 7 份文件，剑指资金嵌套、空转及衍生出的高杠杆问题，监管趋严逐渐明朗。4 月，监管层先后发文要求持续推进网络借贷平台(P2P)风险专项整治，专项清理整顿"校园贷""现金贷"等互联网金融业务及相关金融机构。9 月，七部门联合发布公告，叫停各类代币发行融资活动，彻底封杀了比特币在国内的交易市场。

2018 年第一季度，《互联网金融风险专项整治工作实施方案》中要求重点整治的 P2P 网贷、股权众筹、互联网资产管理、第三方支付等领域，原定于 2017 年 3 月完成的互联网金融风险专项整治工作，将延期一年左右，新整改大限为 2018 年 6 月，届时若平台还没整改完就将被取缔。

从最近出台的资管新规、互联网资管业务的监管政策来看，明确对于互联网金融采取"穿透性"监管，贯彻"行为监管""功能监管"原则，并对资质、牌照、经营和风控进行了严格要求。

从 2014 年到 2018 年，互联网金融连续 5 年被写入政府工作报告，从 2014 年首次提到"促进互联网金融发展"到 2016 年的"规范发展"，再到 2017 年的"高度警惕互联网金融风险"，直到 2018 年的"健全互联网金融监管"，从措辞上可以看出政府对行业发展的态度，也反映了互联网金融行业 5 年来经历的从高速发展到规范整治的历程。

二、互联网金融业务模式

目前，互联网金融的业务模式主要包括第三方支付、网络借贷、众筹融资，以及基于互联网的基金销售、互联网保险、互联网消费金融、互联网银行、互联网信托等。

1. 第三方支付

根据央行 2010 年在《非金融机构支付服务管理办法》中给出的非金融机构支付服务的定义，从广义上讲第三方支付是指非金融机构作为收、付款人的支付中介所提供的网络支付、预付卡、银行卡收单以及中国人民银行确定的其他支付服务。第三支付已不仅仅局限于最初的互联网支付，而是成为线上线下全面覆盖，应用场景更为丰富的综合支付工具。

第三方支付产生的主要原因是为了解决交易过程中的信任问题。在线上交易中，买卖双方无法实现面对面交易，同时所购买的货物从卖方转移至买方也需要一定的时间和运输成本，所以需要第三方支付平台作为信用中介保障交易的顺利进行。微信支付、支付宝支付等移动支付行为的出现，使得第三方支付不仅解决了交易过程中的信任问题，还解决了支付便捷性问题。

2. 网络借贷

网络借贷包括 P2P 网络借贷和网络小额贷款。

P2P 网络借贷指的是个体和个体之间通过互联网平台实现的直接借贷，借贷平台为借贷双方提供信息流交互、撮合、资信评估、投资咨询、法律手续办理等中介服务，有些平台还提供资金移转和结算、债务催收等服务。

网络小额贷款是指互联网企业通过其控制的小额贷款公司，利用互联网向客户提供的小额贷款。比如，电商平台、网络支付平台等凭借积累的交易数据和现金流数据，通过其控制的小额贷款公司评估借款人资信状况，在线审核，提供方便快捷的短期小额贷款。

3. 众筹融资

众筹，即大众筹资或群众筹资，是指一种向群众募资，以支持发起的个人或组织的行为。现代众筹一般是指通过互联网众筹平台联结起赞助者与提案者的模式。众筹融资平台扮演了投资人和项目发起人之间的中介角色，使创业者从认可其创业或活动计划的资金供给者中直接筹集资金。众筹的主体主要包括项目发起者、众筹社区平台和项目支持者三部分。其中项目发起者为资金的需求方，项目支持者为资金的供给方，众筹社区平台为第三方。按照回报方式不同，众筹融资可分为债权众筹、股权众筹、回报众筹和捐赠众筹4种。债权众筹是投资者对项目或公司进行投资，获得其一定比例的债权，未来获取利息收益并收回本金。股权众筹是投资者对项目或公司进行投资获得其一定比例的股权，代表性平台为天使汇、大家投、人人投。回报众筹是投资者对项目或公司进行投资，获得产品或服务，代表性平台为众筹网、追梦网等。捐赠众筹是投资者对项目或公司进行无偿捐赠，代表性平台为微公益。

4. 基于互联网的基金销售

按照网络销售平台的不同，基于互联网的基金销售可以分为两类：一类是基于自有网络平台的基金销售，实质是传统基金销售渠道的互联网化，即基金公司等基金销售机构通过互联网平台为投资人提供基金销售服务；另一类是基于非自有网络平台的基金销售，实质是基金销售机构借助其他互联网机构平台开展的基金销售行为，包括在第三方电子商务平台开设"网店"销售基金、基于第三方支付平台的基金销售等多种模式。

5. 互联网保险

互联网保险是新兴的一种以计算机互联网为媒介的保险营销模式，有别于传统的保险代理人营销模式，它是由保险公司或第三方投保平台以互联网和电子商务技术为工具来支持保险销售的经营管理活动，实现保险信息咨询、保险计划书设计、投保、交费、核保、承保、保单信息查询、保全变更、续期交费、理赔和给付等保险全过程的网络化。按照平台类型不同，互联网保险可以分为保险公司直营、第三方电子商务平台和第三方保险中介网站。

6. 互联网消费金融

互联网消费金融是指通过互联网来向个人或家庭提供与消费相关的支付、储蓄、理财、信贷以及风险管理等金融活动。互联网消费金融是实现普惠金融的主要形式之一，旨在使更多的中低收入人群享受到金融服务，通过搭建线上消费平台，为更多中低收入的客户群体提供金融服务。

7. 互联网银行

互联网银行就是把传统银行完全搬到互联网上，实现银行的所有业务操作。按照依赖互联网的程度不同，互联网银行可分为"纯网络银行"和"网络银行+传统银行"。"纯网络银行"是直接建立的独立的网络银行，完全依赖于互联网，又被称作"虚拟银行"。其典型代表是微众银行和浙江网商银行。而我国大多数银行都采取的是"网络银行+传统银行"模式，在原有银行的基础上再发展网络业务，互联网起辅助发展银行业务的作用，既提高了业务效率，又大大降低了成本。

三、互联网金融的特征

1. 互联网金融服务大众化

传统金融机构在产品销售等业务中对高收入群体关注较多，对中低收入群体关注偏少。互联网金融通过互联网、移动互联网、大数据等技术，基于互联网技术的金融创新，抵消了传统金融机构的规模和网点优势，并使金融子行业间的混业经营加速，出现了类似 P2P、众筹模式等更加自由化、民主化、分散化的模式，更关注居民和小微企业的金融需求。通过降低交易成本和信息不对称程度，让那些无法享受传统金融体系服务的人群获取金融服务，从而提高了金融的普惠程度。同时，互联网金融新增顾客的边际成本极低，交易群体扩张迅速，通过开发普通大众这一潜在客户群体，达到聚沙成塔的效果，实现"长尾效应"。

2. 金融机构与互联网企业融合化

互联网金融是由不同的要素主体组成的，既包括银行、保险公司、证券公司等金融机构，又包括第三方支付平台、电子商务企业、搜索引擎企业等组成的互联网企业，金融机构与互联网的融合是互联网金融的重要特征。金融机构与互联网融合模式主要有三种：一是金融机构应用互联网技术，将传统金融产品放到网上销售，如电子银行、电子保险、电子证券等；二是电商模式，银行、券商等金融机构直接自己搭建电子商务平台，如建设银行"善融商务"等；三是和网络公司合作，在对方的平台上销售产品，如方正证券在天猫商城开设旗舰店。

3. 互联网金融的业态多样化

互联网金融的业态主要分为四种类型：一是第三方互联网支付企业，包括支付宝、财付通、银联在线、快钱、汇付天下等；二是小额贷款模式，包括以阿里、苏宁为代表的独立放贷模式以及京东商城、敦煌网等在内的银行合作模式，这类模式的特点是拥有成熟的电商平台和庞大的客户基础；三是第三方信息平台，包括 P2P 网贷平台、众筹平台等纯粹作为信息平台提供服务，除了必要的手续费用外，不接触任何交易双方的资金；四是其他模式，包括信用支付业务、融资性担保业务、互联网保险业务、证券投资基金销售业务、纯网络银行业务等。

4. 行业风险扩大化

互联网金融的出现降低了金融行业的准入门槛，一定程度上实现了普惠，但同时也加剧了金融行业的风险。例如，缺乏金融风险控制经验的非金融企业的大量涌入，加之互联网金融行业发展迅速，涉及客户数量多，一旦出现风险事故，可能给互联网金融行业及关联经济体造成损失；网络技术风险包括网络病毒、黑客的恶意攻击等也是互联网金融的潜在风险。

第二节　余额宝案例

一、余额宝简介

　　余额宝是蚂蚁金服旗下的余额增值服务和活期资金管理服务产品，于 2013 年 6 月推出。余额宝对接的是天弘基金旗下的余额宝货币基金，特点是操作简便、低门槛、零手续费、可随取随用。除理财功能外，余额宝还可直接用于购物、转账、缴费、还款等消费支付，是移动互联网时代的现金管理工具。目前，余额宝依然是中国规模最大的货币基金。

　　余额宝是集理财、购物、支付于一体的新型互联网金融产品，它的成功深刻改变了互联网公司的经营业态。余额宝通过第三方支付平台，把业务延伸到支付、理财等传统金融领域，金融产品通过客户终端嵌入人们的日常生活，也深刻地改变着金融的服务模式和产业格局，而市场上同类互联网金融产品层出不穷，对整个金融体系的影响也越来越大。余额宝低门槛、高收益、操作简单、使用方便的体验也得到广大用户的认可。

二、余额宝发展历程

　　2013 年 5 月，天弘基金推出天弘增利宝货币基金，对接支付宝的余额理财工具"余额宝"，产品发布仅一个月，其资金规模已超过百亿元，客户数超过 400 万户。余额宝发布时仅支持天弘基金的增利宝货币基金，天弘基金拥有 6 个月排他期，所收管理费 95% 归支付宝所有。

　　2013 年 6 月 13 日，"余额宝"服务正式上线。

　　截至 2014 年 1 月 15 日，余额宝规模已超过 2500 亿元，15 天规模增长 35%。根据彭博资讯统计的全球基金规模数据显示，当日天弘增利宝基金的规模在全球货币基金中可排名第 14 位。

　　2014 年 6 月 30 日，余额宝规模达 5741.60 亿元，用户数量超过 1 亿，运行一年里共为"宝粉"创收 118 亿元。

　　2016 年 6 月 12 日，余额宝用户数已超过 2.95 亿，相比 2015 年年底增长了 13.5%；三年期间，为用户赚取收益总计 572.93 亿元。

　　2018 年第一季度末，余额宝规模已超过 16891 亿元，利润为 166.36 亿元。

　　余额宝 2015 年 4 月至 2017 年 3 月的规模和增长速度如图 6-1 所示。

　　自 2018 年 2 月 1 日起，余额宝每日 9 点限量申购，即单日实际申购达到设定额度时，当日不再受理申购申请，每日申购额度根据基金申购、赎回情况动态设定，实施期限根据基金运行情况进行阶段性调整。

　　2018 年 5 月 3 日，余额宝新接入博时、中欧基金公司旗下的"博时现金收益货币 A""中欧滚钱宝货币 A"两只货币基金产品。

　　自成立以来至 2018 年 12 月 31 日，天弘基金旗下公募基金累计为客户赚取收益 1842.89 亿元。据银河证券统计，公募基金成立 20 年以来，天弘基金为持有人创造利润位列全行业第一。

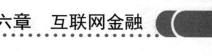

图 6-1　余额宝规模和增长速度(来源：未央网)

　　然而，天弘基金公布的 2018 年业绩报告，旗下的余额宝货币基金规模于第四季度再减少 1907 亿元，总规模下降至 1.13 万亿元。这不仅是余额宝货币连续三个季度规模缩减，同时也是其 2013 年成立以来首次年度减少。

　　自 2018 年 9 月 18 日起，余额宝对接的 11 只货币基金收益率连续创 2016 年 12 月以来新低，货币基金的平均 7 日年化收益率时隔 20 个月后再次迈入 2%收益时代。具体来看，余额宝对接货币基金平均 7 日年化收益率为 2.9%，其中有 7 只的收益率已跌破 3%，另外 4 只货币基金——中欧滚钱宝 A、国泰利是宝、景顺长城景益货币 A、华安日日鑫 A 的 7 日年化收益率还保持在 3%以上。

　　由于资金面宽松和股市表现不佳，套利和避险成为投资者购买货币基金的重要原因。货币基金收益不断下跌则与资金面有着密切关联。央行货币政策基调微调为保持"流动性合理充裕"，经历三次定向降准、MLF 大规模净投放等举措，7 月份整体市场流动性开始宽松，由于货币基金底层资产都是短期的同业存单、逆回购等，因此其收益率也随之不断下降。

三、余额宝的商务模式

(一)战略目标

　　余额宝的目标是打造低门槛、高收益、强流动性的普惠金融产品。普惠金融理念是余额宝"安身立命"之本。余额宝产品首先降低了投资要求，低门槛的理财起点使得更多的资金长尾用户被吸纳为产品客户。余额宝在进行产品设计时，第一次将投资的初始资金降低到以"元"为单位，真正实现了平民化投资理财。用户购买余额宝产品没有最低金额的限制，一元即可实现资金保值增值的目的，极大地拓宽了客户覆盖面。这种改变其实是对理财产品设计理念的颠覆性改变，现有的金融机构在设计金融产品时，几乎不会从顾客的角度出发考虑产品需求，而是从自身资源、业务线需要等出发点设计产品，然后再进行自上而下的宣传教导，达到销售理财产品的目的。

(二)目标客户

截至 2018 年年底，余额宝累计用户突破 6 亿人，其中绝大多数是个人投资者。传统金融机构的目标客户基本上是百万级以上资金规模的人群，而资金规模较小的客户由于获取单位资金成本较高而不受关注。余额宝将目标客户定位于这部分长尾人群，借助互联网的优势，低成本、快速地发掘了资金规模较小的客户，从他们手中吸纳了大量资金。因其方便快捷的购买和支付能力，余额宝吸引了广大 80 后、90 后用户，他们成为余额宝理财的中坚力量。余额宝成立至今共为用户带来了 1700 多亿元人民币的收益。

(三)产品和服务

余额宝资金来源于用户以活期存款的方式留存在银行里的大量闲置资金。用户将活期存款转入余额宝，余额宝以协议存款的方式存回银行，从而实现资金增值。支付宝公司只是天弘基金的第三方支付平台，因而只能获得各种服务费，而不是直接获取货币基金收益的分成。在保证收益的同时，余额宝还保证了很强的流动性，申购和赎回可以在任意时间点，实现实时到账。余额宝可通过手机、计算机接入，实现提现、转账、生活消费等支付方式，为客户提供了更多自主性，提升了客户的满意度。为了保障用户的财产安全，余额宝通过与众安保险公司合作，推出账户安全险。当用户账户被恶意盗取资金时，为用户提供全额赔付的保障。余额宝还提供收益随时查看服务，用户只需登录到支付宝即可查看资产总额、每天收益、累计收益、万份收益以及 7 日年化收益率等信息。

(四)盈利模式

余额宝通过互联网将大量的小笔资金汇聚成超大额资金，然后通过投资理财获得收益。余额宝实际是天弘基金旗下货币基金，其预期收益和风险均低于债券型基金、混合型基金和股票基金。凭借庞大的资金规模，可以与银行议价，获得远高于一般存款利率的同业存款，使得普通投资者能以少量资金获得比活期存款利率高得多的收益，如 2016 年余额宝的收入曾有高达 70.27%来自于存款利息收入，有效地规避了金融市场风险。此外，余额宝类业务还部分投资较为稳健的债券，据天弘基金年报，2018 年年底，余额宝货币基金资产配置中，债券占 14.46%，银行存款和结算备付金合计 48.61%，买入返售金融资产 36.72%。

(五)核心能力

1. 交易平台的优势

支付宝作为余额宝与基金公司之间的桥梁，为余额宝提供了成熟的交易平台。出于对支付宝的信任，大量用户毫无顾虑地将闲散资金投入余额宝。支付宝 8.7 亿活跃用户都是余额宝的潜在用户，这也是天弘余额宝基金规模能够不断创造新高的前提。

光靠用户基数和品牌号召力还不够，余额宝货币基金依靠阿里云的大数据，围绕客户交易行为进行数据挖掘、分析和运用，包括客户资金流动性管理大数据分析，基于在线销售的基金产品的客户交易行为分析，以数据指导和协助运营。这使得余额宝在技术层面更优于传统的金融机构。

2. 良好的用户体验

良好的用户体验也是余额宝赢得客户的优势。余额宝支持最低一元即可购入基金，不存在购买基金的价格壁垒。余额宝为非固定期限投资，用户可以在购买余额宝产品后随时采取赎回操作，资金流动性强。余额宝还支持实时消费功能，用户可以在网上购物时选择使用余额宝进行支付，免去了基金赎回、银行卡取现再消费的烦琐步骤。并且余额宝能做到日日结算，每日将收益转化为基金份额，归入持有人名下，这样投资者每次打开支付宝都可以看到收益，给人一种余额宝比其他基金产品更能赚钱的"错觉"。

四、成功之处

余额宝采用了低成本战略迅速占领市场。余额宝将客户准确定位于长尾人群，通过降低产品要求，将投资的初始资金降低到以元为单位，与历史上以几万元、几十万元为起点的理财投资形成鲜明对比，实现了平民化投资理财，极大地拓宽了客户覆盖面，吸纳了大量闲散资金。另外，在余额宝中，不管是转入还是转出，都不需要收取任何手续费，并且能够实时到账，这也极大地降低了用户的购买成本。

在技术上，余额宝借助阿里巴巴对于用户消费习惯以及大的节庆活动的监测数据，进行深度分析与预测，提前预估资金的赎回情况，并对投资产品的风险、收益及到期时间进行合理配比，得到较高收益率的同时又能满足客户对余额宝不定期赎回的需求。余额宝的本质是把基金直销系统嵌入支付宝平台，用户将资金转入或转出余额宝时，后台将自动购买或赎回基金。余额宝为支付宝客户提供了操作便捷的基金购买渠道，盘活了资金，也为基金公司提供了大量客户资源。余额宝利用互联网平台的优势大大提高了产品的运作效率，为用户提供了良好的客户体验和优质的创新金融产品。

在安全性方面，依托支付宝的品牌效应，用户普遍对余额宝持信任态度，并且转入余额宝的资金是受到支付宝安全保障的。如果支付宝账户经核实后确实存在被盗的情况且无法追回，支付宝将会做出补偿。过硬的安全保障也是余额宝规模短期内迅速扩大的重要原因之一。

五、结论与建议

余额宝是基金行业和电商行业跨界合作的典范，以操作简便、资金安全、收益率高等优点得到了广大用户的追捧。余额宝规模不断创新高的同时，也对资金流动性和安全性提出了进一步的要求。收益率已经不再是吸引客户的唯一手段了，市场同类产品竞争也日趋激烈。余额宝应不断提高服务质量和服务水平，增强客户忠诚度，应对来自其他电商、基金公司和银行的挑战。

余额宝既要依靠创新实现业务发展，也要正确认识创新背后潜在的风险。受市场和政策的影响，余额宝收益率正在下滑。央行已下发文件对第三方支付机构的转账额度进行严格限制，这会间接影响到余额宝资金的流动性，从而给余额宝的发展带来不利影响；随着存款利率市场化的推进，余额宝的绝大部分资金投资于协议存款的单一投资结构，将会面临较大风险，因此余额宝也正在逐步扩大对债券的投资比例。

凭借前期积累的客户资源和自身的平台优势，余额宝多年来保持较为平稳的增长。在未来应谨慎选择合作的基金公司，弥补对货币基金运作和风险把握的不足，同时积极寻求与监管部门的对话，积极推动相关法律法规的制定，保障广大用户的权益，更好地服务金融创新。

第三节　拍拍贷案例

一、拍拍贷简介

拍拍贷成立于 2007 年 6 月，总部设在上海，是中国第一家正式运营的 P2P 网络借贷平台，注册资本 5000 万元，同时在无锡、合肥、长沙等地设有运营中心，共有 4000 名左右员工。拍拍贷同时也是第一家政府认可获得"金融信息服务"资质的公司。作为纯粹信息中介的角色，拍拍贷对外承诺不吸储，不放贷，不建资金池，坚持平台第三方撮合交易的角色定位，努力使得基于互联网背景下的网贷变得更加简便、规范和透明。截至 2018 年 12 月 31 日，拍拍贷的累计注册用户超过 8394 万人，累计借款笔数达到 5114.5 万笔。拍拍贷引用了第三方账户支付平台完成交易，交易通过第三方支付机构在借贷双方进行资金流通，不仅保障了投资者的资金安全，而且避免平台擅自挪用用户的资金。

二、拍拍贷发展历程

2007 年 6 月 18 日，网站上线，拍拍贷正式成立。

2009 年 3 月，拍拍贷信用评级系统、认证系统和反欺诈系统全部正式上线。

2010 年 10 月，央行总行研究局及央行上海总部货币政策司对拍拍贷进行调研，充分肯定了拍拍贷的金融创新模式，认为是民间借贷"阳光化"和"规范化"的一条有效路径。

2011 年 8 月，拍拍贷获得清华大学旗下基金金信投资的天使轮投资。

2011 年 10 月，拍拍贷荣获上海市信息服务业行业协会颁发的年度"最具创新模式奖"和"最佳贡献奖"。

2012 年 9 月，拍拍贷获得红杉资本的千万美元级首轮风险投资。

2012 年 12 月，拍拍贷注册用户突破 100 万。

2013 年 12 月，上海网络信贷服务业企业联盟联合拍拍贷、陆金所等机构，在"2013 上海金融信息服务业年度峰会暨上海互联网金融高峰论坛"上发布全国《网络借贷行业准入标准》。

2015 年 3 月，拍拍贷正式发布"魔镜系统"，这是基于征信大数据的风控系统。

2017 年 6 月，资金存管系统正式上线。

2017 年 9 月，上线第三方电子合同存证。

2017 年 11 月，拍拍贷(NYSE：PPDF)在美国纽约证券交易所顺利上市。

2018 年 9 月，拍拍贷存管银行招行入围中国互联网金融首批 25 家银行存管白名单。

2018 年 12 月，获东方财经 2018 创新金融价值榜"最具风控力奖"。

三、拍拍贷的商务模式

拍拍贷是一个纯信用无担保的网络借贷平台，坚持独立信息中介的地位，通过"竞标"的方式撮合借贷双方需求。拍拍贷充分利用网络资源，通过联合其他电商平台，来扩大潜在的客户群体。拍拍贷将其他电商平台客户的贷款需求纳入拍拍贷平台业务内容。平台借贷流程如下，如图 6-2 所示。

第一步，借款人在拍拍贷平台上注册账号，当注册成功后在平台中浏览基本的贷款种类，选择适合自己的贷款进行申请。借款人在进行贷款申请时需要填写借款人的基本信息，包括性别、学历、工作、收入等。

第二步，平台中有出借意愿的用户在拍拍贷平台上浏览出借人发布的借款信息，根据借款信息判断贷款的风险，根据本身能够接受的风险程度来投标。

第三步，借款结束。当一笔借款在规定时间内成功达到满标时，拍拍贷会对本笔借款审核，审核通过后，本笔借款完成。借款人的账户上会得到借款。

第四步，偿还贷款。偿还贷款是借款流程的最后一步，也是最关键的一步。借款人要保证在规定的时间内偿还出借人借出的款项。

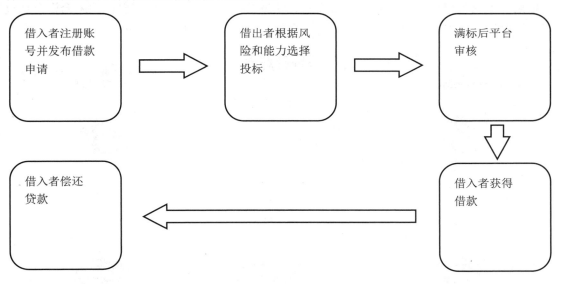

图 6-2　拍拍贷借贷流程示意图

平台的审核分为初审和复审两个阶段。初审指的是验证借款人基本信息的真实性，如姓名、身份证号、单位信息等。初审通过后借款人有权在平台上发布借款信息，若信息不真实或者达不到平台要求则不能发布。复审环节是发生在借款列表满标的情况下，拍拍贷平台对达到满标的借款进行审核。2010 年拍拍贷用自动审核技术代替了原来的人工审核，通过自动审核即可进入贷款审批状态。

(一)战略目标

拍拍贷秉承用技术推动金融体系的完善和社会进步的经营理念，肩负"金融触手可及，信用改变中国"的历史使命，积极应对行业的动荡、政策的密集出台以及公众态度的左右摇摆，把战略目标调整转向消费金融，贷款对象"下沉"，覆盖到银行难以顾及的金融需求群体，吸引信用记录空白的用户群体，不断积累用户的征信数据，争取获得第二批征信牌照。

(二)目标客户

拍拍贷平台上的标的多为小额无抵押借款，目标客户群体是超过 10 亿的中低收入人群以及个体经营者，包括私营业主、高校学生和普通公司职员等，分布在三、四线城市，主要是信用卡覆盖不到的人群；投资人主要在东部沿海一、二线城市。这类人群并不是信用差，而是没有什么信用记录，难以获得银行贷款，只能从拍拍贷等网络借贷平台获得金融服务。

(三)产品和服务

拍拍贷用 IT 技术将民间借贷转变为通过互联网来实现，为有资金需求和出借需求的个人搭建了一个安全、高效、诚信的网络借贷平台，并运用先进的风险控制理念使用户可以在拍拍贷上获得信用评级、发布借款需求、快速筹得资金；也可以把自己的闲余资金通过拍拍贷出借给信用良好的、有资金需求的个人，其工作原理如图6-3 所示。

图 6-3　拍拍贷工作原理示意图

拍拍贷在借贷中扮演的是信息中介的角色，为借贷双方提供一个展示、交流信息的平台，同时也为用户提供一些支持性的服务，包括以下几方面。

1. 用户认证和评级

借款人发布借款申请之前，需要先在平台上注册并提交自己的个人信息，包括身份证、房屋产权证等材料的扫描件，拍拍贷负责核查这些材料信息的真实性。用户进行各项认证后，拍拍贷会对其进行信用评级，信用等级将在很大程度上决定用户的借款成功率和最高借款额度。

2. 提供信息平台和中介服务

拍拍贷网站有完善的网页设置，借贷双方均可以注册成为用户，并且可以发布信息和竞标。借款人通过认证之后可以在拍拍贷网站上发布借款信息，包括借款金额和借款期限。资金出借者注册之后可以在平台上选择适合自身的借款项目进行投标，通过网站就可以完成贷款交易。另外平台还提供电子借条、法务支持等中介服务。

3. 建立社交平台

拍拍贷网站允许借贷双方建立自己的朋友圈子，也提供公共讨论的板块，以增进借贷双方之间的交流以及对于网络借贷的理解。

4. 对借款进行必要的催收和代偿

如果借款人逾期达到 15 天，拍拍贷网站将一次性收取 50 元以及逾期金额的每天 6‰作为网站催收的费用。

(四)盈利模式

拍拍贷既不吸储，也不放贷。平台本身一般不参与借款，不直接处理用户的资金，而用户资金的管理和处理相关的操作，主要是由第三方支付平台来完成。拍拍贷只是起到中介作用，提供信息匹配、工具支持等服务。

拍拍贷中介服务包括了借款信息的发布、竞标管理、成功借款管理、电子借条、法务支持等，目前大多数服务免费，只保留了一类常规收费和借款逾期费用及补偿收费，其中常规收费构成了其主要的盈利收入来源。拍拍贷自 2016 年 9 月 14 日起充值或提现免除了手续费，平台只收取成交服务费。根据每个标的不同条件，向贷款者收取不等的服务费。服务费的金额根据用户的魔镜等级，收取本金的 1.5%～2.5%。

(五)核心能力

风险控制是金融服务的核心要素之一，由于我国的个人征信体系不完善，有些借款人会通过利用虚假身份信息、虚假借款用途、拆东墙补西墙的借钱等方式，隐瞒自身还款能力，损害投资人的利益。而央行的征信数据库只覆盖了极少部分的人群，且一般企业难以获取央行的个人征信数据。因此，拍拍贷建立起一套风险评估和控制机制，包括大数据风控、社会征信、魔镜风控系统、分散投资策略等。

1. 大数据风控

拍拍贷的财务风险控制体系包括贷前风险评估、贷中管理、贷后催收，覆盖了借贷业务全过程。拍拍贷目前拥有近 300 人的专业风险控制职能部门，团队成员从业经历丰富，熟悉金融行业风控操作。贷款者在拍拍贷上进行注册和身份认证，进一步完善贷款者的相关个人信息和第三方认证。接着拍拍贷会利用大数据进行欺诈和反欺诈的调查，以及大数据算法分析数据。线上审核成本低，也提升了效率。利用大数据技术，不仅使平台能够实时更新，更能实时监控，提炼生成上百个变量，有利于风险模型的建立。利用大数据技术可以积累大量的用户数据，为分析建模提供了足够的样本。例如，拍拍贷通过贷款者提供的信息，从性别、年龄、贷款用途、星座等多个角度对交易行为进行了更加准确深入的分析，利用大数据对比得出了拍拍贷贷款者年龄集中在20～40岁，有利于平台针对不同年龄层的特点优化贷款产品。

2. 社会征信

拍拍贷应用大数据进行社会征信，进行多达2000个维度的数据采集，同时建立了专业的反欺诈团队，运用研发的科学分析工具进行反欺诈测试。

贷款者在平台上提交身份证、营业执照、驾驶证、学历证等信息，交由第三方数据包括安全部信息中心、教育部学历信息中心、驾驶人车辆信息中心等进行权威认证，认证项目列入信用评分等级中。

平台通过贷款者社会信息的搜集，如申请人在淘宝、支付宝等的交易记录，微博、腾讯等社交网络好友人群、发微博数等，对这些海量数据进行挖掘，提高社会征信的精准度。相比静态数据，社交类数据更能反映贷款者的行为、道德状态。这样的社会征信虽然没有央行的征信报告准确，但利用大数据社会征信还是能为贷款者审核带来一定的参考。

3. 魔镜风控系统

拍拍贷利用B轮融资中的资金，大量投入风控系统研发中，2015年3月24日，拍拍贷正式推出基于大数据的个人信用评估体系——"魔镜风控系统"。魔镜风控系统是拍拍贷具有自主知识产权的、专业技术团队自创的风险评估系统，不仅对贷款者进行信用认证，还对每一笔贷款做出风险定价，其核心是一系列基于平台运营11年的大数据风控模型。

该系统搜集借款人的行为数据，通过数据建立一系列模型。根据每个贷款者的相关资料，例如还款记录、实名登记、其他平台的信用证明等，通过模型为用户打分，根据分数的高低将用户分成不同的信用等级，评级以字母形式公布在平台上以便投资者进行参考，也利于贷款者能够主动为提高信用等级而按时还款。评级从AA到HR，风险依次上升，信用等级高的用户借款额度比信用等级低的额度高，成本更低。基于该系统的预测来做是否放贷的决策，交易结束后通过还款数据的反馈，再不断优化和调整模型。随着用户和数据的不断积累，模型预测准确度越来越高。

4. 分散投资策略

拍拍贷不仅着重于信用审核，也一直鼓励投资者尽可能把资金分散投资到不同的标的中，以利于分散风险。拍拍贷在贷前产品设计中分低风险收益区、中风险收益区和高风险收益区进行展示，便于不同风险偏好者进行选择。对于高风险收益区的标的有限制的规定，需要经过再次同意认证，才可进行交易。在每笔交易前，拍拍贷还会对投资者进行风险教育。拍拍贷推出了"快投"这个能够帮助用户快速分散投标的工具，使用户分散投资的效率得到很大的提高。

四、成功之处

(一)有效解决借贷双方信息不对称问题

在融资过程中，信息不对称不仅会提升借款人与投资人搜寻信息的成本，还会给投资人带来隐蔽性风险，降低市场效率。拍拍贷在小额 P2P 贷款中扮演了信息中介的角色。当融资方提出借款需求后，按要求提供真实的认证信息，拍拍贷平台利用技术手段将借款人的信用状况、财产信息等反馈给投资方，而投资方则能够以这些信息为依据进行风险评估与决策。

(二)有效进行风险管控

大数据技术和对大数据进行运用的能力，是互联网金融所具有的明显优势。基于大数据平台，拍拍贷利用魔镜风控系统、社会征信、分散投资等手段对借贷过程中存在的各类风险进行有效的管控。拍拍贷通过对借贷交易信息的收集与分析，不断完善风控系统的模型，提高评判精准度。另外，风险分散化也是拍拍贷平台一直倡导的投资方式。

(三)解决小微企业融资难的问题

小微企业融资问题长期以来一直是社会各界热议的话题。银行对于融资方信用评估的指标是基于大型企业设立的，不适合评判小微企业，而目前也尚未有一套适合小微企业贷款融资的信用评价指标，导致小微企业普遍存在融资难的现象。拍拍贷为小微企业的融资提供了便利，虽然利率高于银行，但由于贷款条件较低、形式灵活，为小微企业解决了的燃眉之急。

五、结论与建议

尽管拍拍贷发展的时间较长，是行业中公认的老牌平台，但是由于国内行业环境的不稳定以及法律法规的变化，拍拍贷仍存在着信息披露、资金监管预算等方面的诸多问题。

(一)信息披露仍然不能满足现实需要

2016 年 10 月，中国互联网金融协会正式发布条约，规范了平台的各项披露指标，定义并规范了 96 项披露指标，其中强制性披露指标逾 65 个、鼓励性披露指标逾 31 项，分别从平台运营信息、从业机构信息与项目信息等三方面进行了明确。但拍拍贷在项目信息中为投资者展现的贷款者的个人信息资料并不完整，财务状况等信息也未能披露，对贷款用途描述较少，披露的信息存在着内容分散、缺乏完整性、及时性和充分性的问题。有些信息如文化程度、毕业院校、学习形式等完全流于形式，以"无"和空白来代替。在财务信息披露方面，仅披露了财务审计报告，对于盈利能力、逾期坏账率等敏感财务数据仍没有公布。

拍拍贷的平台基本情况主要分别披露于信息披露专栏旗下的"信息披露"与"关于我们"。"信息披露"中主要介绍平台基本信息，但个别项目，如合作单位、联系方式等则公布于"关于我们"。此外,"关于我们"中还有平台股东介绍,但该介绍与基本信息中公布的股东并不一致,拍拍贷并未对此做出说明。

具体投资过程中,虽然拍拍贷建议"投资者分散投资,降低风险,新手用户建议投资AA 或以上等级标的,安全性高,收益稳定",但该项建议并没有被公布在投资者实际进行投资时的散标页面与具体的融资项目页面,在新手投资者的首次投资中由于缺乏经验,对于单个标的投入大量金额时拍拍贷也缺乏提示其分散投资的警示提醒。

对于重点环节审计结果等需要其他机构开具证明或资质的项目,拍拍贷仅说明正在办理而并未说明办理进度,未说明预计办理成功的时间。这些较为重要的合规资质均是银监会规定 P2P 平台必须进行信息披露且投资者较为关注的项目,与平台形象及安全性十分相关。

网络借贷行业信息透明度低,投资者往往并不知道自己投资资金的去向与风险,平台一般只能粗略判断借款人的信用情况;对于借款人筹资成功后的资金运用缺乏有效的监督。拍拍贷尽管在网站上对贷款用途进行了限制,声明指出贷出的钱只能用于个人日常活动,对于投资以及法律规定禁止的活动是不允许使用的,但是平台缺少贷中对借贷资金监管与管控方法,用途真实性难以确定。平台借款人项目的资金用途一般体现在借款人信息栏,但内容模糊简单,如"旅游""日常消费"等,且缺乏在融资成功后进一步对资金用途进行确认的说明。

(二)资金杠杆较大

在网贷行业中资金杠杆可以反映平台所能承受的业务量,杠杆倍数指的是平台的注册资本所能承受的投资者待还余额的倍数,杠杆倍数越大,平台面临的运营风险就越高。目前我国 P2P 行业普遍按照金融担保公司的标准,杠杆以 10 倍为宜。拍拍贷的注册资本为 1亿元,平台公布的截至 2018 年 12 月 31 日累计待还金额为 205 亿元,所以拍拍贷的资金杠杆为 205 倍,明显高于标准,存在着运营风险。

(三)改进建议

1. 优化平台信息披露内容

拍拍贷在平台基本信息方面存在股东介绍与持股比例说明不一致的问题,平台应在相应位置对此进行说明以免引起误解。此外,拍拍贷应完整地公布其分支机构信息。通过对分支机构具体情况的说明,加深投资者对平台的信任,提升企业形象,也便于投资者就近与平台线下机构进行联系。

拍拍贷目前公布的业绩报告均为年度或季度报告,虽然格式正规,内含每月运营数据的说明,但季度报告往往发布时间较迟,时效性较差。拍拍贷应实时公布业绩信息,且要注意加入目前未进行披露的待还明细、累计代偿情况等内容,使投资者深入了解平台的日常运营状态。对于正在办理过程中还未公布的重点环节审计结果、合规报告、电信业务经营许可信息及备案信息等内容,拍拍贷可以通过论坛、公告等方式对办理过程进行具体说明,及时跟进办理进度,对于投资者的询问也应及时给予回复。

另外,拍拍贷应增加借款人收入状况、资产状况的指标,与还款来源相结合,更好地反映借款人的还款能力。

2. 明确客户定位

从拍拍贷的现状可以看出，拍拍贷资金杠杆较大，存在较大财务风险。所以建议拍拍贷在未来发展中不要一味地扩张，大幅度提高借贷交易量，而是注重品牌升级，将目标定位于高端客户。拍拍贷可以通过增大注册资本，提高质保专款给投资者带来保障。同时，平台可将资金用于加大风险控制体系的研发与完善等方面，从根本上解决问题。

自　测　题

1. 简述余额宝成功的主要因素，并分析 2018 年以后控制规模并引入多家基金的原因。
2. 当前监管政策下 P2P 网贷平台业务模式趋同，你认为拍拍贷应如何形成自身的竞争优势、突围而出？
3. 你认为拍拍贷可以通过什么途径吸引投资者？
4. 你认为拍拍贷在业务风险控制方面还有哪些提升空间？

第七章　社交电商模式

【学习要点及目标】

通过对本章的学习，熟悉社交电商模式的代表拼多多和小红书。拼多多是拼团砍价式第三方社交电商平台，消费者通过微信、微博等社交平台发送链接拼团采购，获得超低的价格。小红书是一个年轻生活方式分享平台，用户通过短视频、图文等形式记录生活的点滴。重点关注商务模式中的盈利模式和核心能力，分析网络经济学中网络外部性在这些企业的体现。

【引导情境】

社交电商大幕在 2015 年徐徐拉开。有评论称，社交只是一种引流方式，不是一种电商模式，不符合大众日常消费习惯；且大量微商产品单一、消费频次不高，只能靠拉下级代理层层囤货盈利，真正到达消费端的商品并不多，本质上无异于传销，这样的模式不可持续。由于几乎不需要任何门槛，社交电商催生了一批创业者，他们在缺少监管的情况下野蛮生长，在短短半年内让社交电商乱象丛生：朋友圈中打擦边球、混水摸鱼者层出不穷，三无货、假货、A 货亦是泛滥不止；私下窜货、乱要价、售后问题频出；央视曝光微商中含激素和荧光剂的毒面膜后，不仅大批面膜品牌遭遇滑铁卢，其他领域的草根品牌也没活过 5 个月。一时间，整个微商生态面临严重的信任危机，从业者遭受前所未有的鄙视。

然而，两年后，零售画风再次突变。传统电商增长乏力，离天花板越来越近。2015 年，中国电商交易量增幅为 36.5%，此后连续两年大幅下滑至 19%。在互联网新增用户接近饱和的状态下，引流成本越来越高，难度越来越大。而此前不被看好的社交电商，却悄然蹿出两匹黑马——拼多多和贝店。

拼多多是拼团砍价式第三方社交电商平台，消费者通过微信、微博等社交平台发送链接拼团采购，获得超低的价格。据称，上线后不满一年，拼多多的单日成交额即突破 1000 万元。如今，其活跃用户已超过 3 亿，直逼京东；月流水高达 400 亿元——拼多多用不到 3 年的时间完成了这些成绩，阿里和京东做到这个数字用了 10 年。

贝店是贝贝网的移动端变体，上线于 2017 年 8 月，属于综合性社交电商平台，号称打造"社交版天猫"。其模式类似直销——用户达到一定消费门槛后即可成为店主，一边可以享受作为忠实消费者的折扣福利，一边可以通过推销产品获得利润回报。上线 3 个月，贝店日订单量突破百万，2018 年 3 月活跃用户环比增长 133.37%，位列当月移动 APP 月活增幅榜第一。两匹黑马的狂奔，似乎让业界看到曙光——社交电商是可行的，某些高效的模式甚至可以规模化复制。

另一份统计数字，更为社交电商的前景添了一把火：2017 年，微信生态的电商交易总额已突破万亿元，相当于阿里全年交易额的三分之一。拼多多、云集等巨额融资背后，站着 IDG 资本、高榕资本、今日资本、新天域资本、鼎晖投资以及北极光等声名显赫的金主。他们眼里，看到的是下一个独角兽，甚至下一个淘宝。

（资料来源：王中美：社交电商背后不可忽视的三大痛点.
http://www.ebrun.com/20180604/280459.shtml)

第一节　社交电商概述

一、社交电商的定义

社交电商(Social Commerce)是基于人际关系网络，利用互联网社交工具(如社交网站、SNS、微博、微信等)，从事商品或服务销售的经营行为，是新型电子商务的重要表现形式之一，主要通过社交互动、用户生成内容等手段来辅助商品的购买和销售行为。

目前社交电商的主要表现形态是：实物产品交易、服务产品交易、虚拟物品交易、社交网络广告四类。

二、我国社交电商的发展状况

2017年我国社交电商行业总体市场规模为6835.8亿元，2018年国内社交电商市场交易规模如图7-1所示，达到9672亿元，虽然市场规模基数变大，但依然保持50%以上的高速增长，绝对增长速度依然领先于传统电子商务等其他商业领域。

图 7-1　2018 中国社交电商市场规模

社交电商从业人员中女性占80.74%，这与几方面因素不无关系：一是社交电商经营的产品是以美妆等女性产品发展起来的；二是在社交网络中女性更愿意拿出时间和精力参与以社交为主要营销方式的交易行为；三是家庭中的女性更容易利用碎片化的闲置时间来经营社交电商活动。因此调研显示，女性在社交电商从业者中占主导，形成"她经济"和"她创业"的基础。

24岁以上的成熟年龄层开始成为社交电商从业者的主力人群，30～49岁这一年龄段社交电商从业者超过半数，其次是24～29岁和18～23岁这两个年龄段。此外，河南、四川等人口大省是社交电商参与者集中的区域，这与社交电商以人为中心的特点相吻合。

社交电商的经营渠道和经营形式日益广泛，而且很多从业者不局限于某一单一渠道从事社交电商经营活动，同时以赚取收入、创业、社交等为目的的多种诉求成为人们从事社交电商的初衷。

三、社交电商存在的问题

(一)管理难到位

做分销、代理商的门槛不高，导致从业者良莠不齐、能力不一。某些微商为谋取眼前利益不择手段，最终对品牌造成伤害。比如，运营已经趋于规范的拼多多和云集，至今仍不断接到各种投诉：有的消费者买到假货难退货，有的收不到退款，还有些从业者为显示平台实力而进行虚假宣传。此前云集 1.2 亿美元的 B 轮融资，某些店主敢吹出 20 倍，说成 20 亿美元，让云集无辜背锅。

(二)个体从业者的收入水平，决定了模式的持续性

朋友圈里经常看到微商们晒的收入，要么动辄几万元、几十万元的交易额截图，要么买车买房的照片，图文并茂的方式让无数人经不住诱惑，加入了代理大军。殊不知，大部分这类截图都是用专门的软件制作的。实际上，由于微商所售的商品种类有限，交易频次受限。在收入层次上，依旧是金字塔模式，越靠近顶端，收入越高，而下面的群体，则是"上位者"赚钱的渠道。

(三)对用户的过度骚扰

朋友圈应该是好友晒着各自的经历和心情的地方，但各种格格不入的微商广告，却打破了既有的环境。不难想象，当朋友圈里的微商越来越多时，用户大多不堪其扰，会选择离开或者屏蔽相关信息。

第二节　拼多多案例

一、拼多多简介

拼多多隶属于上海寻梦信息技术有限公司，创立于 2015 年 9 月，是一家致力于为广大用户提供物美价廉的商品和有趣互动购物体验的新电子商务平台。拼多多通过创新的商业模式和技术应用，对现有商品流通环节进行重构，持续降低社会资源的损耗，为用户创造价值的同时，有效推动了农业和制造业的发展。

创立 3 年，拼多多平台已汇聚 3.855 亿用户和 200 多万商户，平台年交易额超过 3448 亿元，迅速发展成为中国第三大电商平台。

2018 年 7 月，拼多多在美国纳斯达克证券交易所正式挂牌上市。

新电商模式所释放的潜力，也为拉动中国内需、推动消费升级做出了巨大贡献。目前，拼多多平台的商品已覆盖快消、3C、家电、生鲜、家居家装等多个品类，满足消费者日益多元化的需求。

拼多多积极响应党中央、国务院关于打赢扶贫攻坚战和实施乡村振兴战略的号召，投入大量资源，深入全国近千农业产地，为脱贫攻坚贡献积极力量。拼多多将创新的电商模式与精准扶贫紧密结合，为推动农产品大规模上行提供了有效途径。平台的"拼购"模式

能够迅速裂变并聚集消费需求，实现大规模、多对多匹配，将农产品直接从田间送到消费者手中，改变中国农业生产与需求不匹配的现状。

截至 2018 年 10 月，拼多多已累计投入 102 亿元资金，帮助全国农户销售 549 万吨农货，催生逾 21 亿笔扶贫助农订单；在全国 679 个国家级贫困县扶持 10 万商家，累计帮扶 139 600 户建档立卡贫困家庭，直接和间接拉动包括各类平台商家、快递物流人员等超 700 万人就业。

此外，拼多多还全力培育具备网络营销能力的"新农人"，努力实现应急扶贫与长效造血的融合发展。截至 2018 年 6 月，拼多多已带动 5 万多名贫困地区青年回乡创业，将地方特色农产品推向全国市场。

拼多多通过提供免费流量，大幅降低生产商的营销成本，平台还持续向有志于打造自主品牌的生产商倾斜资源，助力其转型升级。

创立至今，拼多多平台已催生近千家工厂品牌，并通过 C2M 模式持续推动多个产业集群的供给侧改革。2017 年，拼多多在长三角的 19 个产业带中，共计扶持 18 万商家，帮助大量工厂摆脱代工地位，以最低的成本实现品牌化。

登陆纳斯达克之后，拼多多正致力于引领更多品牌入驻平台走向国际，为推动中国品牌得到国际认可做出更大贡献。

二、拼多多发展历程

2015 年 9 月，拼多多正式上线。

2016 年 6 月，腾讯应用宝发布"星 APP 榜"5 月综合榜单，拼多多获颁"十大流行应用"。

2016 年 8 月，拼多多获颁"2016 中国(成都)移动电子商务年会移动电子商务创新企业"奖。

2016 年 9 月，拼多多用户数超过 1 亿，月交易总额(GMV)超 10 亿元，日均订单超过 100 万单。

2017 年 6 月，拼多多荣获金瑞奖"最具成长力产品奖"。

2017 年，拼多多移动平台完成 43 亿笔订单。

2018 年 7 月 26 日，拼团电商拼多多正式登陆美国纳斯达克证券交易所，股票代码：PDD，每股发行定价为 19 美元，拼多多总市值达 240 亿美元。

2018 年 8 月，拼多多开展"双打行动"，强制关店 1128 家，下架商品近 430 万件，批量拦截疑似假冒商家链接超过 45 万条。

三、拼多多的商务模式

(一)战略目标

拼多多致力于为广大用户创造价值，让"多实惠，多乐趣"成为消费主流。创立至今，拼多多始终将消费者需求放在首位，通过 C2M 模式对传统供应链进行极致压缩，为消费者提供公平且最具性价比的选择。

因此，供应链升级将是拼多多今后很长一段时间内的战略重点。拼多多的最终模式是使得上游能做批量定制化生产，但现在对上游的投入和整个产业链的赋能都还太弱。稳健的供应链是产品质量的基础，产品质量稳定，才能提升消费者满意度，实现重复购买与口碑传播。拼单形式容易复制，但强大的供应链难以被模仿。价格优势只是拼多多能异军突起的表象，最短链条的供应链才是硬核。

(二)目标用户

拼多多的用户中，三、四线及以下城市、年轻人、女性的占比均高于淘宝和京东。拼多多用户学历较传统电商用户(淘宝/京东)偏低，低学历用户(高中及以下)比淘宝/京东用户多了 12.2%，高学历用户(本科及以上)比淘宝/京东用户少了 13.5%。他们当中，有 59%追求"折扣"商品，更多的拼多多用户非传统意义上的"低价导向"，而是倾向性价比和折扣类购物。用户使用拼多多前，主要的购物渠道以网购占比最大(61.9%)，也吸引了部分以线下购物为主的用户(13.7%)。

在传统电商网站中，大部分用户具有明确购物目的和信赖店铺，但在拼多多上，用户主要依赖浏览式和引导性购物，目前有一半以上拼多多用户购物习惯从首页的含有"便宜/折扣"性质引导词的区域进入购买。从用户调研的结果来看，拼多多目标用户群体的选定(三、四线及以下城市、年轻、偏女性、学历偏低)、他们的购买动机(消费观倾向折扣类、性价比高的商品)、用户的来源(以网购为主，也有以线下渠道购买为主)，通过平台主营品类(高频易耗品)、产品主要板块及楼层设计(被动选择为主的活动专题)、多变的优惠方法(好友砍价、分享红包、熟人拼团等)、满足了所选定的用户需求。

拼多多的用户可以分为三类：商家、主动用户、被动用户。各类用户的特点如下。

1. 商家

对于中小卖家而言，通过拼多多平台可以带来更多的流量及更精准、更活跃的目标群体，产生更高的客户黏性，从而获得更高的复购率、转化率和留存率。

2. 主动用户

希望以最低价格买到自己所需的商品。由于追求便宜，因而愿意拼团分享，看到一个心仪的商品，分享给自己的朋友们，如能拼团成功，各方均能以低价买到。

3. 被动用户

不知道买什么，主动寻找需要付出大量时间。正好看到朋友群里的参团链接，感到物美价廉，既方便又省时。

(三)产品和服务

2018 年拼多多销售额前三的品类是食品、母婴、女装，主要为高频易耗品，特点是尝试成本低，消费者对低质量容忍度较高，对品牌需求低。从平台运营玩法来看，最吸引消费者的是和熟人拼团更便宜，还可以互相推荐东西，其次是可以邀请好友帮忙砍价，助力免单等。从用户需求来看，驱动消费者在拼多多上消费的第一原因是更便宜，其次是囤货，另外还有 24.8%用户在拼多多购买从未使用过的产品，可见拼多多能创造新的购物需求，本质上能够整合长尾的易耗品品牌。

拼多多之所以能够在短期内获得庞大数量的用户，关键在于运用了社交的玩法，拼团、拼低价，在短时间内吸引大量用户。同时基于微信庞大的用户数量，借助社交平台裂变的传播方式，直接触达三、四线城市的用户。平台服务主要包括以下几种。

1. 用户直接去拼团

关注点主要是平台上性价比高的目标商品，属于相对理性消费用户，看到合适的商品直接拼团下单，不参与社交分享玩法。

2. 邀请参与拼团

拼团的发起者，一般是有明确的购物需求，并通过邀请好友拼团获得相应的优惠。这种用户更关注玩法，因此会有冲动消费，并愿意用社交资源换取优惠。

3. 邀请助力

这主要包括砍价免费拿、团长免费拿、助力享免单。砍价免费拿是典型的分享助力模式，选购商品分享出去后，朋友通过在 H5 页面或者 APP 中点击砍价按钮，能帮助砍价到 0 元，最终免费获得商品。这种方式起到广告曝光、病毒扩散作用，最终形成一定的拉新转化；团长免费拿是一种抽奖团的模式，发起 0 元拼单后，邀请好友参团人数到开团成功，团长和随机的一位团员能获得商品。这种模式的社交门槛相对较低，好友也有一定概率获得商品。助力享免单即下单后分享二维码给好友，好友通过二维码下载 APP 并登录微信即为助力成功，达到人数即享受免单。这种模式因为好友操作门槛高，主要是定向分享个人，社交门槛较高，但是能带来确定性的 APP 拉新转化，如图 7-2 所示。

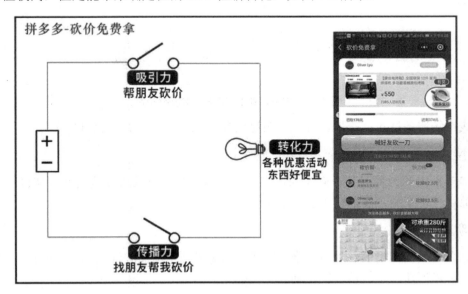

图 7-2　拼多多邀请砍价模式图

4. 分享互惠

现金签到、分享领红包，本质上是分享有奖模式，步骤有签到、领现金分享、签到团分享、满额提现等。这个玩法里的现金或者红包都是很好的刺激点，并且融入了两种分享方式，一种不需要好友参与，每日签到分享即可获得红包；一种需要好友参团，属于好友助力模式。

分享是拼团模式的核心、社交电商的灵魂，分享成功与否直接影响病毒传播的效果。总的来说，这种玩法主要针对的是最底层用户，他们拥有大量闲暇时间去换取确定性低的小优惠。低价的同时，拼多多还提供全场包邮、七天退换、假一赔十、海关监督等服务，打消用户购买顾虑，保障消费者利益。尽管如此，为了保证平台以及商家的利润，虚假宣传、以次充好的现象屡屡出现。

(四)盈利模式

拼多多的主要收入来自在线广告和交易佣金。2018 年全年，拼多多移动平台总订单数达 111 亿笔，较 2017 年同期的 43 亿笔同比增长 158.14%。平台日均订单量从 2017 年的 1180 万笔/日上涨至 2018 年的 3040 万笔/日。从业绩来看，拼多多 2018 年总营收为 131.2 亿元，其中在线市场服务和商品销售收入主要来自平台上的商家支出的广告营销费用和佣金(销售商品价值的 0.6%)，其财报如图 7-3 所示。

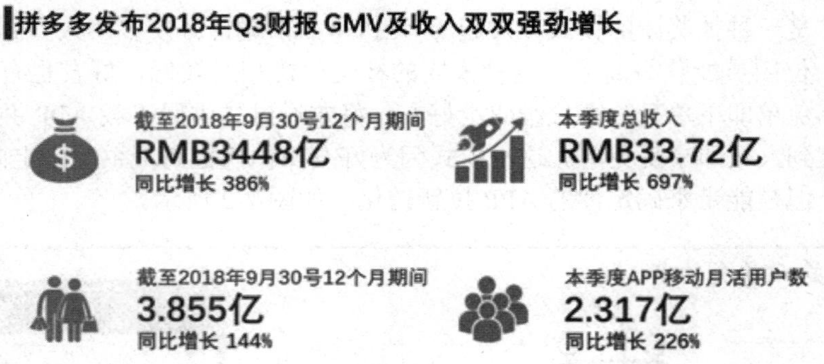

▌拼多多发布2018年Q3财报 GMV及收入双双强劲增长

 截至2018年9月30号12个月期间
RMB3448亿
同比增长 386%

 本季度总收入
RMB33.72亿
同比增长 697%

 截至2018年9月30号12个月期间
3.855亿
同比增长 144%

 本季度APP移动月活用户数
2.317亿
同比增长 226%

图 7-3　拼多多 2018 年第三季度财报图

在线市场服务费包括：搜索推广、明星店铺、Banner 广告、场景推广。

1. 搜索推广

拼多多推出的一种服务于商家的推广营销工具，商家可以通过搜索推广使自己的商品排名靠前，获得在用户面前优先展示的机会，为商品店铺引流。

2. 明星店铺

这是企业店铺推出的一种新的推广方式。商家成功申请品牌词、 提交创意，在审核通过之后，可以创建明星店铺推广计划。

3. Banner 广告

凭借优势资源位，以图片展示为基础，以精准定向为核心，帮助商家实现店铺和单品的推广。主要推广位置是 APP 首页 Banner 轮播图的第二帧、第三帧。

4. 场景推广

场景推广打造的是一种定向条件与资源位的不同组合方案。

各类目店铺缴纳的商家保证金也是拼拼多的收入来源之一。拼多多支持零元入驻，入驻及发布产品时均不需要支付保证金，但在缴存足额店铺保证金之前，店铺将受到一定的限制，包括提现、报名活动、发布商品货值及库存限额等。

(五)核心能力

价格是拼多多的核心竞争力之一。拼多多的优势在于提供了动态调整的过程，即通过拼团购买的模式，基于前端用户需求，反向大规模生产，优化了供应链，满足了用户对商品低价的需求。拼多多具有另一项核心能力——低价获客。微信拥有高达 8 亿日活跃用户，拼多多通过社交场景，实现了对这些用户的全方位渗透。这一核心能力，也难以被其他同行所轻易取代。

四、成功之处

(一)新电商模式以人为先，价廉物美

消费者将需求发出后，会同时接收到很多有相同需求的人的响应，这些人可以一起组团，以低价购买到自己想要的产品。传统的电商考虑的是商品，并没有考虑到消费者的需求，而新电商是以群体消费者的需求为先，把有相同爱好的人划分为一类组团购买，并且价廉物美。便宜有好货，让消费变得更加有感情、有温度。

(二)以微信为依托，拥有庞大的用户群

微信作为最流行的社交工具，已经成为人们生活中不可或缺的一部分。微信生态圈内不止有信息，还有人脉资源。拼多多将购物与微信相结合，利用微信来获取流量，在经历了三年多的快速发展后，积累了 3 亿多的庞大用户群，和 200 多万商户，2018 年平台年交易额超过 4716 亿元，迅速发展成为中国第三大电商平台。

(三)C2M 模式助推工厂实现品牌化

拼多多立足中国，与中小企业共同成长。平台"拼购"少 SKU、高订单、短爆发的模式，不仅能迅速消化工厂产能，还帮助生产厂商通过"现象级"爆款迅速赢得消费者的信任，树立品牌形象。

(四)基于大数据实现低价高质

拼多多通过去中心化的流量分发机制，大幅降低传统电商的流量成本，并让利于供需两端。基于平台大数据，拼多多根据消费者的喜好与需求，帮助工厂实现定制化生产，持续降低采购、生产、物流成本，让"低价高质"商品成为平台主流。

五、结论与建议

拼多多要想再创佳绩，必须摆脱便宜、高仿甚至假货的标签。无论是顶层设计、产品优化还是建立良好的信用体系，都需要积极寻求突破。拼多多可以像淘宝做天猫那样，保持一部分高品质的拼团，满足部分高端客户的需求。企业发展要回归用心做产品的本质，以优质的产品赢得消费者和市场的认可。对此，拼多多未来应继续关注以下问题。

(一)质量保障及信用监管

拼多多作为一个电商平台，需要做好质量保障。目前我们也可以看到，在拼多多上面的消费者保障计划已较为完善，如假一赔十、如实描述、诚信发货、七天无条件退换等。只有真正做到物美价廉，才能真正赢得消费者的信赖。另外，自2019年起，拼多多进一步强化了对商家的信用监管，保障消费者权益。对于信用评价良好的商家，拼多多会在投诉处理过程中为其开通绿色通道，或为商家在参与相关活动时提供保障服务；对于信用评价不良的商家，拼多多会在日常商品抽查过程中，将商家列为重点抽查对象，同时取消已提供的绿色通道等服务，并对商品进行降权、下架、禁售等处理；对于失信情况特别严重的商家，拼多多平台会建立名录，并有权对纳入名录的企业终止合作，商家不能再次申请入驻平台，情节严重者还将把相关信息报送市场监管等部门。

(二)用户留存问题

用户之间的分享，迅速带动了拼多多用户规模增长。目前，比较常见的是老用户带新用户，这需要消耗老用户的社交资源。当老用户把自己的社交圈子都带进了拼多多，身边的新用户变少了，用户的增量是否会遇到一个瓶颈？用户对于拼多多优惠的玩法设计和优惠激励，是否会持续产生兴趣？这关系到用户是否会长时间留在拼多多。

(三)消费升级问题

拼多多首先选定三、四线及以下城市的用户，他们当中更多的是年轻的女性用户，未来将面临消费者本身的升级，对此，需要持续观察拼多多的产品定位、调性是否能中长期满足用户需求？另外，拼多多仍有40%以上的用户，来自一、二线城市，他们的消费观和需求是什么？对于以上两方面问题，未来是否可以通过消费升级来解决？目前拼多多首页已经可以看到品牌馆上线，不过这还不是目前主推的方向，至于消费升级的推动时机，仍需基于用户研究以及市场态势等来评估。

第三节　小红书案例

一、小红书简介

小红书是创立于2013年6月的一个社区电商平台，主要包括两个板块，UGC(User Generated Content，用户创造内容)模式的海外购物分享社区，和旗下社区电商平台——"小红书商城"。和其他电商平台不同，小红书是从社区起家，海外购物分享社区已经成为小红书的优势所在，也是其他平台难以复制的。小红书商城采用 B2C 自营模式，直接与海外品牌商或大型贸易商合作，通过保税仓和海外直邮的方式发货给用户，满足不同用户的需求。凭借活跃的社区以及保障正品的自营模式，小红书商城上线半年时间，销售额就突破 7 亿元，在完成了从社区到电商的升级蜕变的同时，也成为跨境电商领域的生力军。

截至 2019 年 1 月，小红书用户数超过 2 亿，其中 90 后和 95 后是最活跃的用户群体。他们在小红书 APP 上通过短视频、图文等形式记录生活的点滴。社区每天产生数十亿次的笔记曝光，内容覆盖时尚、护肤、彩妆、美食、旅行、影视、读书、健身等各个生活方式领域，记录了这个时代年轻人的正能量和美好生活，小红书通过机器学习对海量信息和人进行精准、高效匹配。

从通过 UGC 分享打造消费类口碑社区，到构建网上商城，再到成为年轻人的生活方式分享平台，小红书成功地完成了一个商业闭环。在这座虚拟城市中，小红书还有着更多作为的空间，它也值得我们更多的期待。

二、小红书发展历程

2013 年 6 月，小红书在上海成立。

2013 年 12 月，小红书推出海外购物分享社区。

2014 年 3 月，小红书完成数百万美元的 A 轮融资。

2014 年 12 月，小红书正式上线电商平台"福利社"，从社区升级电商，完成商业闭环。

2015 年 5 月，小红书福利社在半年内零广告销售额破 2 亿。

2015 年 6 月，小红书深圳自营保税仓投入运营，保税仓面积在全国跨境电商中排名第二。

2016 年下半年，小红书拓展了第三方平台和品牌商家，全品类 SKU 快速成长。

2017 年 6 月，小红书第三个"66 周年庆大促"，开卖 2 小时即突破 1 亿元销售额，在苹果 App Store 购物类下载排名第一，用户突破 5000 万。

2017 年 12 月 24 日，小红书商城被《人民日报》评为代表中国消费科技产业的"中国品牌奖"。

2018 年 5 月 31 日，小红书发布内部信，宣布完成超过 3 亿美元财务融资，公司估值超过 30 亿美元。本轮融资由阿里领投，包括金沙江创投、腾讯投资、纪源资本、元生资本、天图投资、真格基金、K11 郑志刚在内的新老投资人参与了此轮融资。

三、小红书的商务模式

(一)战略目标

小红书的愿景是成为最受用户信任的互联网公司，让全世界的好生活触手可及。它以 UGC 社区分享+引流模式搭建 B2C 跨境电商平台，期望用户利用移动端 APP 在社区中浏览时，可以分享优质商品的使用心得，从而激发社区其他用户购买这些商品的欲望，以达到较高的转化率。而另一方面，小红书致力于做最大的全球购物社区，利用自身的优势，将购物分享社区和跨境电商板块进行完美结合，为用户开启全新 C2B 的消费模式，消费者能够更安心地享受到高品质的生活，不再担心海淘买到假货。

(二)目标用户

不论是海外购物笔记社区，还是购物板块的保税仓/海外直邮电商，小红书的选品都是为有奢侈品或高品质商品购买需求的用户群体来设计的。

从传统商业到现在的互联网产业，女性都被公认为潮流的引导者，喜欢逛街购物的天性使其具有更高的消费频率。小红书的用户年龄集中在 20～35 岁，该年龄段人群愿意通过短视频、图文等形式记录生活的点滴，也愿意花费时间在社区中寻找优质的商品并与他人进行交流沟通。职业分布包括大城市白领、公务员以及留学生。大城市白领与公务员有良好的收入基础，追求生活品质；留学生是生产购物笔记的主力军，他们更了解海外商品，也更加乐意分享。

(三)产品与服务

2013 年上线之初，小红书只是一个单纯的 UGC 购物笔记分享社区。当时，中国海外旅游市场正处于快速上升阶段，旅游期间的购物选择是一大痛点。小红书正好切中了这个痛点，再加上极其高效的社交网络推广方法(高质量的目的地购物攻略分享)，吸引大量用户注册。在此基础之上，建立了自营海外购电商平台，为用户提供海外单品的购物服务。总的来说，小红书的产品定位，是海外购物笔记分享社区，以及自营保税仓直邮电商。小红书网站功能结构如图 7-4 所示。

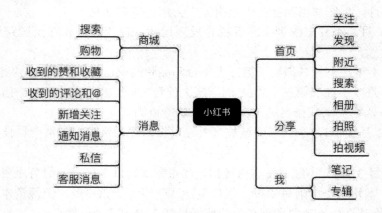

图 7-4　小红书网站功能结构

笔记社区 feeds 流、发现、购买是小红书最核心的三个功能模块，三者间的关系如图 7-5 所示。

图 7-5　核心模块间的关系

1. 笔记社区 feeds 流(网站首页)

这是小红书的主功能模块，且发现模块、购买模块都与其有信息上的交互。这个模块是用户分享讨论境外购物心得的高端品质社区，社区达人每天分享真实的境外购物心得，各类神贴层出不穷，内容涵盖最畅销的化妆品、最大牌的包包、最隐秘的小店等。小红书实现了用户分享的内容上有每个商品信息的品牌、照片、用户心得、价格和购买地点的说明和评价，能对其他用户的购买产生引导作用。

2. 发现模块

信息全部源自于笔记分享社区，可以理解为对笔记社区内容的分类整理，但同时也是feeds 流的重要补充，用户在该模块可以找到值得关注的账号、专辑。

3. 购物模块

与笔记社区有着非常巧妙的联系，笔记社区中部分高频商品被优先引进了商城，而在商品详情页中，编辑会将精选笔记作为商品评价链接进来。此外，在添加笔记时，小红书也鼓励用户关联商城订单，关联后，商品购买链接就会显示在笔记中。

(四)盈利模式

小红书由 UGC 吸引用户，产生数据后做 B2C 商城的方式，吸引用户之间互动，从而产生用户黏性，带来用户留存及更大的利润空间。

1. B2C 电商平台佣金及销售收入

目前小红书为了保证品类的多样性，除了自营，也引入了商家入驻。具体措施是设立小红书福利社海外购，直接与海外品牌商或大型贸易商合作，通过保税仓和海外直邮的方式发货给用户，以此保证在进货时拿到有优势的价格，中间的差价是平台重要的收入来源。自营供应商、第三方店铺的入驻需要付给小红书平台费，这部分收益也占了很大一部分。

2. 通过数据分析产生价值

小红书紧贴"社区+内容+电商"的模式。平台在商品的选择上，根据用户发布的笔记、点赞、评论等挑选，预判销售。同时福利社采取闪购模式，有95%的商品会在上架2小时内卖完，库存压力非常小，周转快，不会因为潮流改变等产生坏账，通过降低库存获得利润。

在小红书上购买东西，更像是不停地逛街，用户停留的时间非常长，而且通过社区内容引导，再加上海外进口，客户刚好也有这方面的需求，所以价格、品质、宣传都极具竞争力。用户黏性产生较高的复购率，也是提升平台收入的重要来源。

(五)核心能力

1. 让用户晒笔记成为习惯

小红书让用户晒笔记变成一种习惯，一种成就，一种利益。

(1) 小红书定期推出新的社区活动，同步推出新的贴纸，用社区活动引导用户跟随活动一起晒，让晒物变成习惯。

(2) 设定不同的主题，让用户跟随主题去晒，让晒物变得有成就感。

(3) 让用户跟随利益去晒，晒物的同时还可以为自己创造价值。

正是抓住了用户这样的需求，小红书的笔记工具功能，更贴近女性用户的日常主要消费场景，将高性价比、特色鲜明的商家及商品以图文笔记的形式收录，对用户进行购物消费指导，并通过内容形式进行引导购买，更充分地发挥了小红书笔记体系的商业价值和商业效率。以帮助用户记录购买需求为出发点，与商城模块无缝对接，实现了从社区到商城的盈利模式。

2. 口碑积累让小众品牌通过崭露头角

海量 95 后正在小红书分享来自吃、穿、住、行等方方面面心得，这些数据通过机器学习和技术创新能力，使得小红书成为了解年轻人需求与生活方式的社区电商平台。

小红书分析发现，增长最快的消费品牌大都是在中国传统渠道没有曝光和售卖的，这是 95 后的需求，也是商机所在：得益于小红书社区"口碑"的积累，初创品牌和新产品找到了崭露头角的路径。以本土彩妆品牌 Hold Live 为例，好口碑吸引了小红书商城的注意。经过筛选和内测，Hold Live 入驻了小红书商城，很快引爆市场。

在这一过程中，品牌也可以通过前期的电商平台售卖和社区口碑积累第一时间看到用户的反馈，结合社区的"购物笔记"，积极调整产品设计，满足用户需求。

3. 用户提供海量的商品、景点等测评内容

小红书的用户是来找信息的，他们可以上小红书搜索自己想购买的商品，即可看到用户对商品使用效果较为真实的评价，可以最大限度地消除用户和商户之间的信息不对称，这也是小红书的重要核心能力之一。

4. 优质分享内容，让用户产生购买欲望

用户往往会被小红书笔记分享中某些商品的优异品质吸引，希望购买该商品(这就是所谓的种草)。如果小红书商城有卖，笔记里会有链接直达页面，更多买家的评价也会一一展现，供用户浏览、选择。也可关注作者或转发笔记，与朋友分享相关内容。

四、成功之处

小红书在用户运营和营销推广的策略与众不同，这除了使其在发展新用户和增加用户黏性上有较好的表现外，也在不断塑造一个"高层次、有品位"的产品形象，极大地满足了小红书用户的虚荣心和自尊心。

(一)立足社区，抓住海淘机遇

小红书从社区起家，由用户在社区里分享海外购物经验。后来除了美妆、个人护理外，小红书还出现了关于运动、旅游、家居、旅行、酒店、餐馆的信息分享，别人的消费经验和生活方式都能看到，社区成为小红书最大的卖点。

此外，小红书利用用户累积的海外购物数据，分析出最受欢迎的商品及全球购物趋势，并在此基础上把全世界的好东西，以最短的路径、最简洁的方式提供给用户。这样的营销

策略，一举奠定了小红书在"海淘类"APP 的地位。小红书间接地成为中国和海外商品流通最快的渠道。

(二)善用粉丝群体

小红书通过创办红色星期五、全球大赏等年度活动，切中女性消费者爱美、爱购物的天性，以及能够买到国内没有的商品，对好物低价无法抗拒的心理，同时利用社交网络，进一步宣传通过小红书"找到想要的生活"的乐趣，增强用户的黏性。

近几年，众多明星纷纷入驻小红书，录制自己的美妆、好物分享视频在平台上，普通用户也能一起欣赏、种草明星的美妆、好物，不仅拉近了明星与粉丝的距离，也为小红书带来了巨大的流量。

(三)经营口碑力量

在小红书上，来自用户的数千万条真实消费体验，汇成全球最大的消费类口碑库。欧莱雅首席用户官 Stephan Wilmet 说："在小红书，我们能够直接聆听消费者真实的声音。真实的口碑，是连接品牌和消费者最坚实的纽带。"这也是小红书难以被复制的成功之处。

五、结论与建议

小红书利用 UGC 社区分享+引流模式，用户通过上传文字、图片分享自己的购物经验，使得用户间口碑相传建立起的信任感高，用户黏性高。社区积累下来的高质量用户数据能为平台选货采购提供直接指导，更容易找到好卖的商品，进一步改善用户体验，发掘商业价值，进入良性循环。

但是，2019 年以来，有多家媒体报道了小红书上存在虚假"种草笔记"的情况，小红书上存在的大量烟草软文也引发争议。此外，小红书还被指存在涉黄信息、售卖违禁药等乱象。2019 年 7 月 2 日，工信部发布今年第一季度电信服务质量通告，小红书因存在"未经用户同意收集个人信息"等问题而被点名。小红书的 UGC 模式自带商业属性，其内容更容易被牟利者盯上，产生内容乱象。

2019 年 7 月 29 日晚间，小红书 APP 突然在多家安卓应用商店被下架；31 日，苹果商店也下架了小红书；直至 8 月 1 日凌晨，小红书发布声明称其已对站内内容启动全面排查、整改，深入自查自纠，积极配合有关部门促进互联网环境的优化与提升。在移动互联网生态治理不断深入的时代，强化内容治理、构建健康的生态系统，是互联网平台特别是内容电商平台可持续发展的命脉。

未来小红书应该继续坚持面向年轻人、生活方式和分享的主旨，继续完善数据驱动需求的商业模式，加强用户及销售数据的收集和分析，在商业数据的处理上，目前小红书以青年女性为主，还可以深入挖掘青年女性的生活方式、消费需求，在供货和商品种类上适当扩充。最后，重要的还是把好质量关，维护好小红书的形象，将社区分享做到极致。

自 测 题

1. 试分析，拼多多和小红书的社交电商模式的成功，是分别抓住了用户哪些需求痛点？
2. 社交电商平台可通过哪些方式保持用户黏性，从而实现可持续发展？
3. 试分析，随着业务的发展，拼多多的目标市场及产品与服务发生了哪些变化？

第八章　互联网共享经济

【学习要点及目标】

通过对本章的学习，熟悉共享经济的定义；通过对互联网共享经济案例 Airbnb 及滴滴出行的商务模式的学习，了解其产品、服务及核心能力。重点关注共享经济的信用体系及盈利模型对其可持续发展的作用。

【引导案例】

进入 2019 年以来，网约车进入了全面合规的日子，很多司机因为有过违章或者出过重大的交通事故，或者身份背景通不过网约车驾驶员的背景审查，离开了网约车平台。还有一部分司机不愿意把自己的私家车改成网约车，因为改成网约车之后就要变更营运性质，从私家车变成营运车辆，变成营运车辆之后首先面对的是 8 年 60 万公里的强制报废规定，使得车辆严重贬值，尤其是一些将近 20 万元市值的汽车车主选择了离开网约车市场。

变成合规网约车之后，价值 10 万元左右的车辆每年的保险从 3000 多元涨到 1 万多元，还要给公司交相应的 GPS 安装费和使用费，这让很多私家车主放弃了网约车这个职业。所以在很多大城市，乘客都在反映打网约车越来越难，尤其是早晚高峰期还需要排队，排队的时间最少都需要半个小时。滴滴平台鼓励网约车司机办理双证，对有双证的司机实行派单倾斜，所以有双证的司机可能忙不过来，没有双证的司机却始终在路边等待平台派单。

以杭州市为例，据公开报道说，杭州目前取得了网约车驾驶员证的有 5.6 万多人，而取得了网约车营运资格证的有 4.6 万多辆车，这些车辆最多能保证每天杭州市民 100 万次的出行。但是在早晚高峰期，人群密集的区域打网约车还是要面临排队的情况。杭州的滴滴公司为了能够满足市民的出行，前不久还开展了免押金租共享汽车的服务，但这只是个性化出行中的一小部分，毕竟很多人都是外地人，对路况不熟或者不会开车，甚至觉得自己开共享汽车太麻烦了，不小心造成小事故或者违章更加得不偿失，所以在个性化出行方面还是愿意选择价格相对实惠的网约车。

很多司机不愿意办理双证的原因是，一旦滴滴司机受到乘客的投诉或者司机出现一些滴滴公司认为的安全问题，很容易就被滴滴公司永久封号。一旦封号，对于办理了网约车营运手续的司机来说实在是承受不起。所以，很多人宁愿选择离开平台，也不办理网约车双证，也就造成了今天运力紧张的局面。

（资料来源：滴滴打车乘客难坐，坐车需要排队，需提前半小时.
http://auto.sina.com.cn/j_kandian.d.html?docid=hqfskcn8719688&subch=bauto&hpid=00042）

第一节 共享经济简介

一、共享经济概述

(一)共享经济的内涵

随着互联网技术的飞速发展,各类产品和服务的供求主体多样化,资源丰富匹配效率低下。因此,"共享经济"作为一种新的经济模式得到了广泛发展。所谓共享经济,就是以互联网技术为支撑,以网络平台为基础,以信任为纽带,以所有者生活不受影响为前提,形成的个人闲置物品或资源使用权共享的开放性交换系统。共享经济模式表现为"供给者—共享平台—消费者"的相互关系,其中还有第三方配送等诸多复杂参与主体,作为有形产品或服务的直接或间接提供者。共享经济模式是一种全新的商业模式,不仅可以满足消费者即时的个性化定制式需求,而且还能通过需求端的影响促进生产变革。

共享经济包含以下三个主体。

1. 共享平台

基于互联网、GPS 与 GIS 等现代技术,把可利用的闲置资源的位置,应用大数据算法精准、实时地对接供给端与需求端。平台本身对共享的物品与服务没有所有权,也不对其承担相应的固定成本支出,提供的仅仅是中介匹配服务与法定的监管,属于轻资产运营,收入来自交易的佣金抽成。

2. 供给方

拥有闲置的可用资源,并且愿意为获取一定收益而暂时转移产品的使用权或服务的个人或组织即为供给方,其本质是在获取额外收益的同时提高资源的使用效率。

3. 需求方

需求方是愿意付出一定的经济报酬来获取物品的使用权或接受服务的个人或组织,他们无须拥有产品所有权便可获取产品和服务需求。

共享经济的产生是需求推动的必然结果,当前互联网技术飞速发展,第三方支付被广泛采用,更为共享经济模式推广提供了有力支持。例如,网约车和短租公寓的迅速崛起正是消费者为节省时间和便利生活,对方便出行、在旅途中享受家的感受需求所致。然而近年来频现的网约车乘客人身安全危害、短租公寓名不副实等风险表明,共享经济模式的监管制度供给亟待健全与完善。

(二)共享经济的发展历程

共享经济并不是一个新的概念,其发展可分为三个阶段。

第一阶段,共享经济早期阶段,时间为 20 世纪 70 年代以前,主要特征是朋友、熟人之间物品工具的互借或信息共享。由于空间地域及科学技术的限制,共享的物品或服务有限,需要彼此之间的信任,多数是没有报酬或仅有少量报酬,非营利性,共享范围有限,影响不大。

第二阶段，共享经济萌芽阶段，时间为 20 世纪 70 年代到 20 世纪末，主要特征是以共享信息为主，共享对象为陌生人。得益于网络技术的飞速发展，网络上的信息爆炸式增长，信息共享突破人际交往、时间、地域等诸多限制，共享多以免费的信息为主，较少涉及实物，人们的共享意识尚处于模糊阶段。

第三阶段，共享经济发展阶段，时间为 21 世纪初至今。移动互联网技术飞速发展、智能手机迅速普及、第三方支付流行、共享经济平台出现，使共享经济由概念转变成现实，出现以盈利为目的的共享平台，人们的共享意识得到很大提升，共享消费行为与习惯得到培养。在这一过程中，共享的物品既有机动车、自行车、洗衣机、房屋、雨伞等各种耐用消费品，也有用于科学实验和生产的各类设备和工具等，而且，共享物品的范围还在不断扩展中。

二、我国共享经济的发展现状

(一)发展现状

移动互联技术的快速发展与运用、智能手机的普及、第三方支付的流行、国家政策的支持、风险资金的流入、消费观念的提升，使得我国的共享经济从无到有，深深地改变了消费者的行为。

1. 共享经济渗透领域较广，产生了巨大影响

共享交通作为我国共享经济模式的先行者，是目前发展最成熟、接受度最高的领域。共享交通企业通过近几年的发展，业务范围不断扩展，已从最早的单一共享私家车，发展到包括出租车、代驾、公交、租车等。以摩拜、哈罗单车为代表的共享单车则解决了出行"最后一公里"的问题。

受共享交通快速发展的启发，我国主要共享经济领域及企业如表 8-1 所示，共享经济在其他行业领域也如雨后春笋般发展起来。住宿行业的"小猪短租"发展势头不可忽视，模式与美国的 Airbnb(爱彼迎)一样，公司只是平台，把拥有闲置房屋的房东与有短期住宿需要的旅游者联系起来，房东可以把当地的风俗习惯告知游客，游客也会把自己的经历、趣事与房东共享。

表 8-1 我国主要共享经济领域及企业

共享领域	相关企业
交通出行	滴滴出行
金融领域	陆金所，人人贷
房屋住宿	小猪短租，蚂蚁短租
物流领域	达达—京东到家
专业技能	知乎，猪八戒网

(二)存在的问题

1. 共享经济冲击传统经济

共享经济基于共享平台，可便利地把供给方与需求方联系起来，形成新的商务模式，造成社会财富及利益的重新分配，不可避免地会遇到来自原有模式既得利益者千方百计的阻挠，最明显的就是传统出租车行业对"滴滴"的非理性攻击。

2. 缺乏完善的信用体系

共享经济要实现快速健康发展，必须建立完善的信用体系，信用体系的完善与否决定着这种共享经济模式是否能够成功。如在互联网金融方面，平台对外融资时，由于客户信用缺失导致 P2P 公司"跑路"现象经常发生，严重影响到行业的健康发展。中国企业联合会的数据表明，诚信缺失每年造成的经济损失为 5000 多亿元。

3. 法律滞后，缺乏监管

以互联网为平台的共享经济具有网络化、跨区域、跨行业等不同于传统行业的特点，当前的社会管理制度、相关法律已很难满足于共享经济的发展。首先在概念上很多共享经济模式的"共享"成分并不明显，而且很多共享经济模式难以被现有管理规定纳入。由于法律条文的滞后性，目前众多共享经济模式游走在法律监管的灰色地带。例如，共享经济从业人员社保、养老问题、税收问题，现有法律均没有界定和要求，无法发挥有效的监管引导作用，这很容易导致不公平竞争、偷税漏税、劳资矛盾等问题，不利于社会稳定。

第二节　Airbnb 案例

一、Airbnb 简介

Airbnb 是 Air Bed and Breakfast(Air-b-n-b)的缩写，总部设在美国加州旧金山市，是一个旅行房屋租赁社区，主要提供度假屋和民宿，用户可通过网络或手机应用程序发布、搜索度假房屋租赁信息并完成在线预定程序。

Airbnb 是全世界最大的出行住宿平台，管理着全世界 191 个国家的 500 多万间客房，拥有全球超过 1.5 亿用户，年入住超过 1 亿人次。Airbnb 的使命是打造一个人们可以享受健康旅行的世界，这种旅行具有地方性、可信性、多样性、包容性和可持续性。目前，Airbnb 代理着纽约 17.2%的酒店房间、巴黎 11.9%的酒店房间和伦敦 10.4%的酒店房间。而从报告来看，这些比例还在增长。Airbnb 的 2019 年估值是 350 亿美元，与 Uber、滴滴、小米等并列为全球最大的独角兽公司。与 Uber、滴滴还在亏损线苦苦挣扎不同，Airbnb 在 2016 年年初就已宣布盈利，被时代周刊称为"住房中的 eBay"。

二、Airbnb 发展历程

2007 年美国旧金山的两位设计师 BrianChesky 与 JoeGebbia 为解决付不起房租的困扰，做出了将闲置的阁楼出租的计划。于是他们搭建了一个简易的网站，用以招徕"家庭旅店"

生意。一开始，他们仅提供三张空气床垫和供应家庭自制早餐。初次成功后，他们把这个做法推广到大型集会。于是，具有在线支付功能、支持任意时间、任意地点住宿的 Airbnb 于 2008 年 8 月成立了。7 年之后，Airbnb 已经享誉全球，2015 年 8 月 18 日，Airbnb 正式进入中国市场。截至 2018 年 8 月，全球已有超过 3 亿房客入住 Airbnb 房源，全球范围内 Airbnb 房源数已超过 500 万。2017 年 3 月的最新一轮融资上，Airbnb 达到了 310 亿美元。2018 年 2 月 22 日，Airbnb 对外宣称，除了共享住宿，公司还会向其他领域扩张，变成一家完整的旅行公司。2018 年 7 月 17 日，Airbnb 被控违反欧盟法律，在网上宣传的价格基础上额外收费，遭遇信任危机。

三、Airbnb 的商务模式

Airbnb 商务模式非常清晰，房东将闲置的房源信息发布在平台上，房客通过平台查找房屋信息，一旦租赁双方达成一致，房客就可以付费并入住。Airbnb 在线短租模式是共享经济的典型代表。房东可以把闲置房源出租，赚取额外的收入，而房客可以以合理的价格入住各种特色房源，不仅有居家体验，还可以和当地的房主深入交流，在短期内体验当地文化，更好地融入当地环境。Airbnb 模式的成功在于重品牌、轻资产，运营上注重多样化、个性化、社区化体验，强化信任和安全，从而短时间内风靡全球，引发共享经济热潮。

(一)战略目标

通过 Airbnb，可以让不同类型的旅行者获得原汁原味又独具个性的当地旅行体验，计划到 2028 年，每年将接待超过 10 亿的用户。

为此，Airbnb 针对核心房源进行如下改进。

(1) 除了现有的整套房子、独立房间和合住房间三种类型之外，加入度假屋、特色房源、住宿加早餐以及精品酒店四种全新的房源。

(2) 增加了 Airbnb Plus 人工严选房源以及 Airbnb Beyond 高端奢华房源。

(3) 加大对 Airbnb 社区建设的投入，"超赞房东"项目全新升级，对优秀房东进行奖励。

在中国，Airbnb 又推行一系列新战略，包括以下几方面。

(1) 设立本土客服中心，并且加大对社交媒体上客服渠道的投资。未来一年将招聘约 150 名客服专员，并设立中国区客服主管。

(2) 扩大在本土的布局，在中国提供更多高质量房源，力争在 2020 年将中国变为全球最大客源市场。

(3) 让中国旅行者享受更多的定制化增值服务。

(二)目标客户

Airbnb 在国际市场上的目标客户主要是针对年轻一族和追求差异化消费的人群，其服务特点是便宜、便捷、提供个性化的入住体验；而在中国市场上的目标客户主要是面对出境游的客户、留学人士以及部分愿意尝试个性化服务的消费者。随着房源以及用户数量的不断增加，Airbnb 又拓展出新的目标市场——商务差旅市场。

(三)产品和服务

1. 住所

对于旅客来说，Airbnb 提供的是各种各样个性化的住所，以及这些住所带来的体验和生活。Airbnb 平台利用 LBS 定位、大数据挖掘、云计算等技术将消费者需求与海量房源进行匹配，带给消费者一个满意的定制化住宿。

2. 平台

在 Airbnb 平台上，每个人都能成为房东。它为拥有闲置住所的人提供了一个共享的平台，既让房屋所有者获得额外的收入，又可以提高闲置资源利用率，从而获得最大的收益，如图 8-1 所示。

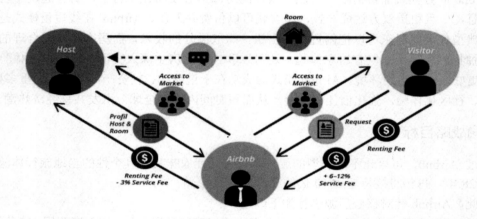

图 8-1　Airbnb 平台关系

3. 安全保障机制

为了保证平台双方的人身财产安全，Airbnb 采取了多项措施，除了提供多种认证服务外，还开放了社交关系链，允许用户接入他们的社交账号如 Facebook。Airbnb 利用社交筛选系统，优先给房客提供有某种社交联系的房东，使得原本是陌生人的房东和房客变得互相熟悉了。

此外，Airbnb 成立 7×24 小时全天候客户服务热线，设立授信安全部门，并且为户主提供 5 万美元的财产损失保证金。Airbnb 的客服中心和授信安全部门规模达到了 600 人，每次预订的损失保证金也提高到了 100 万美元。

4. 评价体系

Airbnb 提供了双向评价服务。房客可以通过平台评价自己的房东，房东可以根据房客的反馈来了解他们对房间的设置及服务的意见。房东也可以根据顾客的入住表现进行打分，在一定程度上能够避免房客恶意破坏房间的行为。

(四)盈利模式

Airbnb 主要通过向房东和房客分别收取服务费及广告等盈利，其中房东服务费为租金的 3%，房客服务费为租金的 6%～12%。目前 Airbnb 的利润率约为 12%。高利润率得益于两点：一是重品牌、轻资产。轻资产化使 Airbnb 削减了传统酒店模式中的冗余成本，只需追加少量成本投入，就能够实现扩张与利润的持续增加。二是差异化的产品及服务获取高溢价。首先借助给民宿注入人文价值和良好的视觉体验实现高溢价。2010 年，Airbnb 为屋主推出拍摄服务，高质量的房屋照片带来 2～3 倍的订单量。其次借助高品质、个性化服务实现高溢价。如 2014 年 Airbnb 推出 Local Companion 服务，该服务可以让当地人为你提供全方位服务。在新版本应用中，Airbnb 提供了"挑选友邻"(Neighborhood Matching)等功能，可以带给房东和租客高质量的体验。

(五)核心能力

1. 庞大的房源数量

全球范围内，Airbnb 的房源数已超过 500 万套。Airbnb 在超过 191 个国家、81 000 个城市为旅行者们提供数以百万计的独特入住选择，包括公寓、别墅、城堡和树屋等。庞大的房源数量让 Airbnb 有足够的能力接待更多的用户，同时降低成本，为用户提供更加多样化的选择，性价比更高。

2. 完善的安全及信用机制

Airbnb 建立了 100 万美元保障计划，为房东财产投保，这样就进一步提升了有房者加入 Airbnb 的信心。另外，通过提供多种认证服务，开放社交关系链，成立 7×24 小时全天候客户服务热线，设立授信安全部门，为用户提供财产损失保证金等服务。同时，平台提供房东与租户双向评价机制，完善的信用评价机制使用户能够放心地在平台上租房，进而吸引更多客源。

3. 领先的技术和良好的用户体验

Airbnb 通过大数据分析和机器学习，为房客提供房间偏好类型推荐和匹配，便于房客快速找到心仪的住所。同时，不仅为旅客提供住所，相比于传统的酒店服务，很多房东还提供适度收费的本地导游服务，通过当地的民俗风情、个性化的定制服务带给旅客一种归属感，进一步提升了旅行体验。

四、成功之处

(一)在世界范围内影响力广

目前，Airbnb 已覆盖全球 192 个国家和地区、8.1 万座城市，拥有 500 多万套房源。作为经营最早、范围最广的短租平台，在世界范围的影响力是目前其他短租平台无法达到的。根据国家旅游数据中心发布的数据显示，2017 年全年外国游客入境旅游人数 2917 万人次，增长 3.6%。外国游客人数的增长，会对国内住宿有更多的需求。相比国内其他本土短租平台，Airbnb 吸引了更多的外国游客入住。

(二)服务项目多元化

提供民宿是 Airbnb 的主要业务，另外，它不仅分享景点与美食攻略，还提供各种体验活动,如海上冲浪、野外露营等特色活动,让顾客深入地体验到与平时不一样的生活。Airbnb正在打造一个覆盖餐饮、机票预订、行程计划、家庭度假、团队支付等领域的综合社会化服务平台,进一步提升服务价值,提高客户黏性。

(三)共享经济模式提升社会资源利用率

对于旅行者而言,Airbnb 提供了传统酒店、青年旅馆之外的新选择,也为游客连接了当地的旅游资源,提供深度体验当地文化的机会;对房东而言,能以出租闲置房源换取额外的资金收入,同时也在介绍当地风土民情中,更加了解自己的社区并产生更强的认同感;对于当地社区,在 Airbnb 平台的宣传分享下,吸引更多游客的到来,不仅有助于发展当地旅游,也提升了资源配置效率。在促进当地居民、游客、社区三方共赢方面,Airbnb 能在旅游旺季帮助旅游目的地解决游客住宿问题,提高游客承载量;在旅游淡季,Airbnb 相对低价的房源还能吸引旅游者前来旅游,进而带动淡季的旅游经济。

五、结论与建议

(一)结论

Airbnb 作为房屋共享经济的开创者,进入中国市场之后,除了采用国外通行的策略外,还采取了以下措施。

1. 了解当地用户需求,为用户创造良好体验

创始人、公司高层亲自参加各地用户聚会,倾听当地用户的心声。根据国内不同的需求定制安卓版手机应用,支持新浪微博登录、银联支付、微信分享,给用户更好的体验。

2. 整合本地资源,快速打开市场

引进中国投资者,与国内新兴旅游网站穷游网和马蜂窝合作;在国内招募工作团队;借助国内领先的社会化营销策略、软件和数据解决方案提供商展开本土社会化营销。

3. 利用公司强势业务保住先发优势,迅速占领市场

面对中国出境游高速增长的态势,Airbnb 利用规模庞大、数量领先的海外房源优势,吸引用户,迅速占领市场。

(二)面临的挑战

1. 传统住宿习惯尚未改变

已经习惯了"乡土熟人社会"的中国人,对于"住进陌生人家里"这样的新式消费方式难免有些不习惯,甚至会有排斥心理。短期内要让国内消费者接受这样的住宿方式较困难。

2. 绑定的社交软件在中国无法使用

用户在 Airbnb 上通过 Facebook、LinkedIn 等社交软件注册账号绑定信息。然而在中国,大众化的社交软件却是微信、微博,支付软件是支付宝。Airbnb 想吸引国内用户,显然要

在这方面做很大改进。

2017年6月，Airbnb与支付宝联合推出了"Airbnb旅行储蓄"，旨在通过支付宝用户加快进入中国短租市场的脚步。同月，Airbnb还联合马蜂窝推出了新产品"爱是一场未知的旅行"。从这一系列动作可以看出，Airbnb已经意识到自身在中国市场中存在的劣势，正在通过与中国本土其他平台的合作拓宽市场，吸纳更多的用户。

3. 平台信用管理机制不符合本地环境

在美国，由于Airbnb需要绑定Facebook等社交软件和信用卡，房东和房客双方均可以清楚地看到对方的信用状况和个人信息。而在其他国家，有的甚至还未实行网络实名制，房客的信息往往处于不透明的状态。Airbnb平台信用管理机制与中国"水土不服"，主要表现在房东对房客不信任，担心房客将自己精心布置的屋子毁坏；房客对房东不信任，担心自己的人身财产安全受到威胁。Airbnb的房屋安全性与卫生管理没有统一规定，并且仅通过房东提供的照片与描述了解房屋的实际情况，房客获取真实情况的渠道有限，一旦发现问题，往往需要电话或邮件直接与美国客服联系，这对大多数非英语国家的用户而言，显然是个挑战。

(三)发展建议

1. 优化调整平台，符合国内消费者习惯

平台应优化交易流程，提升交易效率。在大数据时代，平台需进行消费者数据统计，了解消费偏好，整合数据并建立数据库，尽快实现交易自动匹配和动态定价。加强平台用户信息安全管理，防止个人信息泄漏。

2. 打通社交关系链，建立房东与房客的信任机制

安全和信任是在线短租的最大隐忧。社交关系链作为连接一切商业的新纽带，能够帮助解决陌生人之间的信任问题。Airbnb可通过与新浪微博、微信等社交平台展开深入合作，获取用户信息及用户关系，实现个性化推荐及提升品牌信任度。另外，社区及文化也是提高信任和认可度的重要措施，围绕产品建立"共情"社区，鼓励用户分享交流，建立用户的社区归属感，提高用户对品牌的好感度和忠诚度。

3. 与征信机构合作

Airbnb还可以与目前个人征信做得比较成功的芝麻信用等个人征信机构合作，建立起平台与客户以及房主之间的信任机制，从而提高平台的可信度；对房源进行严格的实地考察，根据房源的质量实行差异化定价，必要的时候可以根据客户的要求对高端房源进行个性化定价以满足更多消费者的需求；实现房主与客户的信息透明化，并采取评价的方式对房主和客户的行为进行约束，同时可以通过评价、分享返优惠券的激励机制对忠诚用户进行锁定并带来更多新的消费者。

<h2>第三节　滴滴出行案例</h2>

<h3>一、滴滴出行简介</h3>

滴滴出行是全球领先的一站式多元化出行平台。滴滴在中国 400 余座城市为用户提供出租车召车、专车、快车、顺风车、代驾、试驾、巴士和企业级等全面出行服务。第三方数据显示，滴滴在用户中知名度最高，已经拥有 90% 以上的中国专车市场份额。2018 年滴滴平台日订单已达 3000 万个。

滴滴致力于以共享经济实践响应中国互联网创新战略，与不同社群及行业伙伴协作互补，运用大数据驱动的深度学习技术，解决中国出行和环保问题的挑战；提升用户体验，创造社会价值，建设高效、可持续的移动出行新生态。

<h3>二、滴滴出行发展历程</h3>

2012 年 6 月，小桔科技在北京成立并推出滴滴打车 APP，快智科技在杭州成立并推出快的打车 APP，双方均为用户提供出租车在线叫车服务。

2013 年，滴滴打车和快的打车相继获得腾讯和阿里巴巴战略投资，同年快的打车并购大黄蜂打车。

2014 年 8 月，滴滴专车和快的旗下一号专车分别上线，开启中国互联网专车时代。

2015 年 9 月，滴滴进行全面品牌升级，更名为"滴滴出行"，明确依托移动互联网技术、构建大出行生态。滴滴 CEO 程维随习近平主席访美参加第八届中美互联网论坛，并在夏季达沃斯论坛受到李克强总理接见。共享经济模式得到积极肯定。

2016 年 1 月，滴滴宣布 2015 年完成 14.3 亿订单，成为仅次于淘宝的全球第二大在线交易平台。2015 年，滴滴实现中国网约出租车市场份额 99%，网约专车市场 87%，并在其他各条业务线都取得了超过 70% 的主导性地位。

2018 年 2 月，滴滴与北汽新能源、比亚迪、长安汽车、东风乘用车、东风悦达起亚、华泰汽车、江淮、吉利、雷诺日产三菱联盟、奇瑞、中国一汽、众泰新能源等 12 家汽车厂商达成战略合作，共同建设新能源共享汽车服务体系。

2018 年 7 月，滴滴出行宣布与软银公司（"软银"）成立合资公司，即将在日本这一全世界第三大经济体为本地居民和游客提供出租车打车服务和智能交通解决方案。

2018 年 5 月和 8 月的两次顺风车事件把滴滴推到了风口浪尖，多方压力之下，8 月 27 日，滴滴顺风车全国范围内无限期下架整改。

2018 年 9 月，滴滴出行宣布启动安全大整治。乘客端全面上线"安全中心"快速入口，上线一键报警、紧急联系人、隐私号码等功能。

<h3>三、滴滴出行的商务模式</h3>

<h4>(一)战略目标</h4>

滴滴出行创始人兼 CEO 程维在年会上总结滴滴的 2018 年战略方针是：内外兼修、多

线布局、稳中求进。同时他还解释了滴滴的"太极战略"：一边是围绕着乘客、司机提供的服务，一边是围绕着车主和汽车生命周期的一站式服务平台。程维称要让这个太极球"转起来"。

滴滴出行的使命是"让出行更美好"。滴滴将进一步打造服务品牌，满足用户多样化需求，除了为用户提供标准优质的车内环境、训练有素的司机以及标准化的服务流程外，也将为用户提供个性化定制化服务。让司机真正感受到职业的尊严、拥有服务精神，进而为乘客提供更好的服务。

(二)目标客户

滴滴出行的目标用户分为两类：一类是乘客，一类是滴滴司机。首先，目标用户一定是拥有手机支付软件和网上银行的智能手机用户。其次，乘客主要是集中在 18～35 岁追求高品质生活、年轻、时尚的学生及白领人群，这部分人群大多面临上下班高峰或加班到深夜"打车难"的问题，与此同时，他们能更快地接受移动支付这种交易方式。而滴滴司机主要集中在 30～45 岁、高中以下学历的男性人群，他们可在空余时间接单以增加收入，这使得他们更愿意接受这种打车软件。

滴滴出行平台已成为国内最大的一站式出行服务平台，其用户规模超过 4.5 亿，每日出行规模达 2500 万次，与此相关的每日路径规划请求超过 400 亿次，每日处理数据超过 4500TB。为用户提供出租车、快车、专车、豪华车、顺风车、公交、小巴、代驾、企业级、共享单车、共享电单车、共享汽车、外卖等全面的出行和运输服务，日订单已达 3000 万个。在滴滴平台，超过 3000 万车主及司机获得灵活赚取收入的机会。

在全球范围内，滴滴与 Grab、Lyft、Ola、Uber、99、Taxify、Careem 七大移动出行企业构建了触达全球超过 80%的人口、覆盖 1000 多座城市的合作网络。

(三)产品和服务

滴滴出行是业务范畴涵盖出行服务、国际业务、金融业务以及汽车服务四项业务在内的一站式出行平台。

国际业务主要针对海外市场的用户，滴滴目前为中国、巴西、墨西哥及澳大利亚四个国家的民众提供服务。金融业务提供车险和车主健康保障计划这两个服务，为爱车和司机提供健康保障。汽车服务提供小桔加油、小桔养车和滴滴共享汽车(目前开通城市仅杭州)。其中个人出行服务包括滴滴快车、礼橙专车、滴滴顺风车、滴滴出租车、滴滴代驾等多个服务。

1. 滴滴快车

用户通过手机 APP 实现当前位置的准确定位，并在选定好目的地后实时呼叫车辆。在此过程中，系统会通过大数据分析，综合考虑距离、拥堵情况、运力供需、司机服务评价等因素，自动将乘客订单定向匹配给一位最合适的司机。一般情况下，从乘客发出订单请求到司机到达只需要短短的几分钟，大大节约了时间成本。完成服务后乘客对司机打分，结果司乘双方均可看到，分数高的司机还能获得平台优先派单，这促使司机提供更好的优质服务，顾客也能获得良好的乘车体验。

2. 礼橙专车

2018年6月29日，"滴滴专车"正式更名为"礼橙专车"。礼橙专车面向中高端商务专车群体，随着这次更名，礼橙专车的服务也将迎来大的升级，如成立独立的24小时中英文服务热线、增设餐厅美味服务专车、宝贝专车2.0升级版等。礼橙的使命是从"专车决胜"升级到"专车优胜"，即实现规模、产品、服务、品牌等领先。

3. 滴滴顺风车

滴滴顺风车通过智能化行程匹配，让顺路的车主和乘客实现共享车辆出行，从而有效提高车辆利用率，降低能源消耗和空气污染，缓解城市交通高峰期的出行压力。顺风车在满足个人出行需求的同时，也为社会节约资源。但由于滴滴对于顺风车车主的资质审查和相关安全应急方案不到位，使得2018年接连出现两次滴滴顺风车司机杀害乘客事件，顺风车业务存在重大安全隐患，自8月27日零时起，在全国范围内下线顺风车业务。

4. 滴滴出租车

当乘客发出呼叫出租车信息后，系统会以该顾客所在位置为原点，在90秒内将用车信息自动推送给3公里以内的出租车司机，司机可以在滴滴出行的司机端一键抢单，并在获得订单后和乘客保持联系，直到完成订单。

5. 滴滴代驾

滴滴代驾通过GPS确认用户和司机的位置，以地图的形式展现附近代驾司机信息。同时顾客可以选择驾龄较高、服务水平较好的司机。由于近几年国家打击酒驾力度不断加强，代驾服务发展迅速，据艾瑞咨询的研究数据显示，未来5年国内代驾市场产值将高达500亿元。

此外，滴滴还提供企业版出行服务，与企业采取公对公结算形式。用户在使用企业出行服务时，可通过滴滴企业出行移动端入口，实现一键式约车、代叫车、异地预约等功能。滴滴企业出行服务的系统可自动记录行程单，并设立一对一客服和后台对账系统，免除了企业员工在出行时打车难、报销烦琐等问题，在费用方面，实行价格透明化，用车前系统会预估费用，并自动记录行程单，在后台也可以实时查询财务明细。

(四)盈利模式

滴滴出行的核心盈利模式主要包括提成、商家合作、投资理财、大数据与信息、市政建设的规划以及商业地产的规划咨询。

1. 佣金收入

滴滴司机在完成一笔订单之后,平台会从司机的收入中抽取大约20%~30%的金额作为佣金，这是滴滴最重要的收入来源。目前平台注册司机的数量足够多，滴滴理论上可以从中获得可观的利润。但滴滴出行财务数据显示，2018年全年亏损109亿元，同时还投资了113亿元用于司机补贴。这意味着，如果减去对司机的补贴，滴滴账面上已实现盈利。但是，问题在于，如果没有补贴，营收也将随之下滑，扭亏为盈也变得更难。为了保住市场地位，短时间内滴滴似乎还难以摆脱对补贴的依赖。

2. 商家合作

滴滴长期与饿了么、同程旅游、马蜂窝等商家合作，乘客通过打车后的分享可获得滴滴及相关商家的优惠券，形成合作生态圈。

3. 投资理财

滴滴与多家银行合作，推出若干理财产品，并有与余额宝类似的金桔宝，通过吸引用户购买以上金融产品，获得收益。

4. 大数据与信息

滴滴出行通过滴滴快车、滴滴代驾等业务积累了大量的用户信息。滴滴正逐步通过对用户数据的挖掘处理，将其转化为有价值的内容，进行有针对性的营销活动。

5. 市政建设的规划

出行最怕的就是遇到堵车，在一、二线城市更是如此。滴滴能够通过准确地定位到乘客与司机的位置，同时也能够测算出道路的拥堵情况，从而预计行车时间。因此滴滴可以与市政部门合作，建立交通大数据平台，监控城市道路交通情况，并提出改进方案，来获取一定收益。

(五)核心能力

滴滴出行的核心能力主要是数据和算法。人工智能技术已经运用在滴滴智能派单等方面，这能够有效提升用户出行效率并且优化出行体验。滴滴在大数据和人工智能领域的布局和探索，已经走在了互联网行业的前列。

智能派单是滴滴的核心技术之一，乘客每次发单，背后都需要借助大规模分布式计算对司机和乘客进行最优匹配，不仅要将乘客与周围空闲的司机进行匹配，还要计算出最佳行驶路径，做到总时间最短，从而实现平台效率和用户体验最优化。

路径规划和 ETA(预估到达时间)两项地图技术是滴滴实现最优匹配的关键。通过对滴滴出行海量的用户行驶数据进行挖掘和学习，滴滴已经围绕最低的价格、最高的司机效率和最佳交通系统运行效率设计出了全新的智能路径规划算法，能够对未来路况做出准确预测，整体考虑司机未来所有可能的走法，在毫秒级时间内算出 A 到 B 点的最优路径。

当前滴滴正在驱动人工智能技术迅速迭代升级，也已经构建了一个智能系统滴滴大脑，能够通过大数据、机器学习和云计算最大化利用交通运力，做出最优的决策，为每一位用户设计最贴心的出行方案。未来，滴滴也将积极与城市管理者携手，共建智慧交通体系，创造未来出行新生态。

四、成功之处

在滴滴出行未上线之前，出租车司机只能靠巡游搜寻乘客，或者通过乘客电话召车。这种方式的优势在于车辆的专用性和司机的专职化及全天候服务的稳定性，但出租车数量受到管控，运力供给非常有限，况且出租车还存在关于"份子钱"的问题，这在一定程度上造成了出租车司机的经营压力。而滴滴出行正是解决了这个行业痛点问题，合理利用了空闲的车辆，为用户匹配距离最近的司机。这种方式既提升了乘客的打车效率和便捷度，又提高了司机的收入，节省了营运成本。

另外，滴滴公司拥有比肩百度公司、阿里巴巴集团和腾讯公司的技术实力以及研发能力。滴滴出行已将人工智能应用拓展至网约车业务之外的更多领域。2018年1月，滴滴出行宣布成立AI Labs(人工智能实验室)，以加大人工智能前瞻性基础研究，吸引顶尖科研人才，加快推进全球智能交通前沿技术发展。

同时滴滴积累了大量的数据资源，滴滴拥有乘客端的出行数据及出租车司机的营运数据，通过这些数据可以分析用户历史出行数据，总结出频率较高的起点和终点，挖掘和预测用户常去位置的潜在信息点，这不仅能为用户提供更便捷的服务，还能在市场上为众多的广告主提供精准人群覆盖服务。

五、结论与建议

(一)结论

截至2018年6月30日，滴滴在全国网民中的渗透率为14.47%，日活跃用户数1468.2万人，仍是网约车领域的绝对老大。但依靠补贴留下的用户、司机哪里"便宜"去哪里，滴滴面临的难题是，如何在保持增长的同时，面对来自神州专车、首汽约车及曹操专车等出行软件的竞争，建立起自己独特的竞争壁垒。竞争对手们也在争先恐后地以补贴拉拢司机和乘客，例如在早晚高峰期，曹操专车对司机开启补贴，符合条件的，每单奖励2~5元不等。滴滴除了依靠大量补贴占有市场外，更应该注重提升用户体验，提升用户忠诚度。

出于安全考虑，各地网约车政策趋严，合规司机和车辆的门槛提高，越来越多的司机选择"以租代购"，对滴滴的运力也是不小的冲击。通过规范网约车和提高行车安全也可以成为滴滴的一大竞争优势。

(二)发展建议

首先，滴滴需要进一步巩固市场地位。在滴滴发展的过程中也能够看出其一直在开拓新的市场和新的出行方式，如从专车到快车再到顺风车等用车服务。最初滴滴经营的范围大多是在中国的一、二线城市，这些城市本身拥有较多出租车资源，同时顾客的用车需求量也相对旺盛。滴滴出行在未来需要从发达地区过渡到三、四线城市中去，实现业务范围对全国的覆盖。

其次，寻求合作，进一步开拓国外市场。像腾讯、阿里巴巴等互联网公司在滴滴发展的过程中都或多或少地进行了投资，这也许可以成为滴滴的优势。未来可以寻求与这些大型互联网公司进行互利合作，如数据共享等。开拓海外市场能够帮助滴滴扩大市场份额和品牌影响力。目前，滴滴已经投资了全球部分地区领先的打车创业公司，比如投资美国的Lyft(仅次于Uber的打车软件)、Ola(印度领先的打车软件)、GrabTaxi(东南亚领先的打车软件)，其中滴滴已经与Lyft合作，推出了滴滴海外出行产品。

最后，滴滴还需全力保障乘客与司机的安全。滴滴需要加强对司机与乘客的审核及安全教育，加强对整个营运过程的监控，提高应急处置能力，从根本上消除乘客与司机的安全隐患，使网约车的运营更加规范化。

自　测　题

1. 共享经济的盈利模式有哪些？

2. 对于 Airbnb 而言，如何建立有效的信用评价体系，以加强对房东及房客的监督，提升双方对平台的满意度？

3. 滴滴出行体系中，哪些服务最能体现共享经济的特征？为什么？

4. 滴滴在过去的一年里发生了几起恶性事件，平台对此应有什么举措来保证司乘安全？

第九章　B2B 电子商务

【学习要点及目标】

通过对本章的学习，熟悉 B2B 电子商务中撮合交易模式的代表阿里巴巴 1688 平台以及寄售交易模式的代表钢银平台的商务模式。重点关注商务模式中的盈利模式和核心能力，分析网络外部性及商业生态在这些平台的应用。

【引导案例】

2009 年始，马云为阿里巴巴集团设计了一个著名的履带战略，让阿里战车可以一直滚滚向前进。具体到阿里的业务演进就是，"阿里巴巴 B2B 需要修复，淘宝就当第一阵营，然后是天猫，接下来支付宝起来了，再过两年是云计算，再是菜鸟，一轮一轮的，因为每一个的优势只能保持 3 年，然后回来修复，再开始轮换"。2017 年年底，阿里巴巴提出"五新"战略，重新把目光聚焦 B2B，新制造成为下一个发力点。为此，阿里巴巴集团给予 B2B 事业群更多人才、资源方面的支持。阿里巴巴集团副总裁、中国内贸事业部(CBU)联席总经理汪海表示："一批来自淘系以及其他部门的业务、技术精英正调往 B2B 事业群，有力地支持了 B2B 事业群的发展。"阿里巴巴集团资深副总裁、B2B 事业群总裁戴珊也在多个场合表示，B2B 行业正迎来新的春天，并快速进入价值回归期，阿里巴巴正在把战略重心转向 B2B，阿里巴巴 B2B 将坚持技术和数据驱动，在集团内部横向打通所有资源，联动天猫、淘宝、蚂蚁金融、菜鸟物流和阿里云等力量，不断提升对中小企业的服务能力，以更快更好地服务客户。

阿里巴巴集团 CEO 张勇曾把 B2B 的发展分为三个阶段：第一个阶段，是解决信息对称性的问题，让买卖双方更好地见面；第二个阶段，是让买卖双方相互深入了解、深入合作的阶段；第三个阶段，是大数据的产生，特别是客户的数据被沉淀以后，进行管理和利用阶段。阿里 B2B 的布局在解决信息对称性和在线交易的问题后，数据正成为未来发力的重要着力点。

事实上，对数据的重视，让阿里巴巴的 B2B 平台完成了从一个黄页平台到交易平台的转变，致力于提供给所有的商家他们所需要的，但是自己做可能很难做的服务。阿里巴巴提供给企业数据化的能力，通过各种数据产品和工具，帮助商家在这个平台上真正地运营自己的生意、运营自己的客户、运营自己的品牌，让数据来帮助商家更好地实现未来的转型。以采购商为例，现在登录阿里旗下的 1688 网，随意点开一个品类，都可以在线下单订货，依托蚂蚁金服和网商银行提供的支付服务、菜鸟物流提供的配送服务，实现在线化成交并转向终端销售。汪海表示，阿里巴巴 B2B 一直在帮助商家进行互联网化和数据化的升级，去帮助商家做一些他们不得不做，但自己做起来会比较困难的事情，比如开源，帮助他们去找到更精准的客户群；比如打造场景化，让商家和商家在场景内能更精准地匹配；比如协调服务，提供线下的培训服务、会展服务、提供财务服务等，实现线下线上生意同一模式经营。

在扎实的布局背后，阿里 B2B 开启增长模式，阿里 B2B 事业群提供的数据显示，阿里

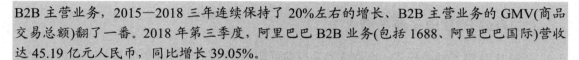
B2B 主营业务，2015—2018 三年连续保持了 20%左右的增长、B2B 主营业务的 GMV(商品交易总额)翻了一番。2018 年第三季度，阿里巴巴 B2B 业务(包括 1688、阿里巴巴国际)营收达 45.19 亿元人民币，同比增长 39.05%。

(资料来源：阿里战略重心转向 B2B 人才、资源向 B2B 业务汇聚.
http://www.sohu.com/a/193056733_505790)

第一节　B2B 电子商务

一、B2B 电子商务概述

　　B2B 电子商务是电子商务按交易对象分类的一种模式，指的是通过因特网、外联网、内联网或者私有网络，以电子化方式在企业间进行的交易。这种交易可能是在企业及其供应链成员间进行的，也可能是在企业和任何其他企业间进行的。这里的企业可以指代任何组织，包括私人的或者公共的，营利性的或者非营利性的。B2B 电子商务可以帮助企业降低彼此之间的交易成本，提高客户满意度，是目前电子商务市场的主流模式。

　　在当前经济发展总体放缓的大背景下，国家围绕着供给侧改革及"互联网+"战略推出了系列相关政策，成为 B2B 电商发展的契机。云计算、大数据技术持续发展让 B2B 电商可以打通供应链上下游环节，为采购双方提供包括仓储物流、数据分析、金融信贷等在内的一系列服务以实现产业赋能，从"交易闭环"向"交付闭环"转变。而增值服务将成为公司的主要收入来源，突破了以会员费、广告费、佣金为主要盈利模式的瓶颈。截至 2018 年年底，中国 B2B 电商市场交易规模达到 22.5 万亿元，同比增长 9.7%，电商平台营收规模达到 600 亿元，同比增长 71.4%。

　　最新数据显示，2018 上半年中国主要 B2B 平台市场份额占比中，六家核心平台占比为63.35%，占据过半市场份额，行业集中度趋向愈加明显。综合 B2B 平台继续借助流量、用户规模等优势提高平台的黏性，也开始向垂直领域加大布局力度，旨在能为垂直领域提供更多服务。而垂直平台用户黏性强，能够提供深度的专业服务，他们通过资本推动实现较快扩张，提供包括供应链金融及配套服务，提高企业效率。2018 年上半年 B2B 的投融资事件 78 起，融资金额 132.78 亿元，同比增长 59.5%，细分行业为农业、生鲜、综合服务，垂直平台是目前发展热点。

二、B2B 电子商务的类型

(一)私有 B2B 商务模式

　　私有 B2B 商务模式，是指企业根据自身采购销售的需要，建立满足自己生产需要的网上交易平台，交易双方的关系是一对多的形式，买方建立交易平台吸引多家卖方进行交易，或者卖家吸引多家买方到其交易平台上进行采购。这种模式可以帮助企业实现交易费用的节省，有利于企业控制成本。典型的平台如日本丰田汽车的供应链平台、海尔的 b2b.haier.com采购平台。

(二)有偏 B2B 电子商务模式

有偏 B2B 电子商务模式，也被认为是行业联盟 B2B 模式。行业中的若干企业依据需要建立交易平台，可以由采购方或供应方主导，依据主导方不同被称为买方平台或卖方平台。有偏 B2B 电子商务模式，常使用半开放或专用网络，缔造一个专业性的交易市场，但市场上的交易伙伴是主导方筛选后的交易伙伴，市场中大家共享交易信息、战略信息，多通过契约的形式设定双方的权利义务，解决企业间的信息不对称问题，降低成本，实现多方共赢。典型平台有美国汽车联合采购网 Covisint、大宗金属交易平台 Quadrem。

(三)中立 B2B 电子商务模式

中立 B2B 电子商务模式是指由第三方公司兴建的，旨在集合买卖双方，构建交易市场，让交易者实现网络自由交易，又依据服务对象的专业化分为综合 B2B 模式和行业 B2B 模式。综合 B2B 模式也称为水平 B2B 模式，将各个行业中相近的交易集中到一个场所，为采购方和供应方提供交易机会，这种模式下，电子商务企业只提供一个平台，汇聚采购商和供应商的各类信息，以撮合服务为主。典型企业如阿里巴巴国际站、慧聪网。行业 B2B 模式也称为垂直 B2B 模式，主要服务某一行业，提供专业信息资讯、专业搜索、专业解决方案等服务。典型企业如网盛科技、上海钢联。

三、中国 B2B 电子商务发展情况

(一)探索阶段(1999—2003 年)

1999—2003 年，中国开始迎合信息化的发展趋势对传统商务进行改革和创新。这一阶段，企业对于电子商务的需求有待挖掘，主要需求是获取低成本商机，利用网络开拓国际业务渠道。该阶段大量 B2B 平台相继出现，如阿里巴巴、中国制造网、中国化工网等，主要满足企业的商机信息需求，这些企业构建的 B2B 平台极大地推进了产业的发展，平台商也在该阶段迅速积累客户以及知名度，并通过会员制来实现收入和盈利。

(二)启动阶段(2004—2008 年)

2004—2008 年随着 IT 技术的高速发展、PC 的普及以及信息化进程的不断推进，企业对于电子商务的需求不断增加，越来越多的电子商务企业进入 B2B 市场，这其中包括慧聪集团、环球资源网、国联资源网等传统纸媒企业的进入，也包括敦煌网、马可波罗等创新的 B2B 综合电商平台的创建，一些垂直品类的 B2B 平台也相继出现。随着 B2B 市场的迅速发展、网站流量的增加、企业用户信息的积累，B2B 模式被各方认可，中国 B2B 市场达到第一次顶峰，B2B 电子商务企业推出多项产品与服务，以满足用户多样化需求，利用会员和增值服务实现了收入和盈利的快速增长。

(三)转型阶段(2009—2014 年)

2009—2011 年，由于国际金融危机的影响，外贸订单数量减少，中国 B2B 发展中的问

题被放大，同质化的服务使得 B2B 市场竞争激烈。信息服务在很大程度上解决了信息不对称的问题，用户需求发生改变，平台付费会员服务效果逐渐下降，各平台纷纷探索基于数据存储的其他运营模式。中国 B2B 市场在经过 2011 年的低迷之后，在 2012 年进行了初步的变革，2013 年市场运营模式多元化态势初显，2014 年，互联网广泛应用，信息互联，大数据、云计算等新科技不断被应用。从以信息服务、广告服务、企业推广为主的 B2B1.0 电子商务时代，转为以在线交易、数据服务、物流服务等为主的 B2B2.0 模式。互联网搜索引擎也进入了 B2B 市场，市场更加丰富，收入形式更加多样，一些大型 B2B 电子商务企业相继上市。

(四)高速发展阶段(2015 年至今)

2015 年始，中国 B2B 电子商务在垂直领域快速崛起。2014 年科通芯城在港交所挂牌，2016 年找钢网获得 11 亿元 E 轮融资，2016 年上海钢联按营业收入进入中国 500 强。以交易为核心的 B2B 电子商务正在"撬动"中国具备万亿元规模的垂直市场，如钢铁、化工、电子元器件、农业、建材等领域。资本市场对 B2C 和 O2O 的关注度逐渐转移至 B2B 垂直交易领域。垂直交易类 B2B 平台具备较强的服务"纵深"能力，其更加深入产业链上下游，满足企业多样化需求。垂直交易类 B2B 电子商务平台的快速崛起，为中国整个 B2B 电子商务市场带来了新的"增长动力"，也促进了中国 B2B 电子商务市场的快速发展。

第二节　阿里巴巴 1688 网站案例

一、阿里巴巴 1688 网站简介

1688 网站创立于 1999 年，前身是马云 1998 年创办的阿里巴巴网站，是阿里巴巴集团的第二个业务板块，现为阿里集团的旗舰业务，与阿里巴巴国际站一起为全球超过 200 个国家和地区提供 49 个行业超过 6000 个产品类别的交易服务，也是中国领先的中小企业国内贸易电子商务平台。作为阿里集团旗下子公司，1688 在阿里巴巴集团的 CBBS 电子商务体系中代表企业的利益，为采购商和供应商提供商机信息和便捷安全的在线交易，也是商人们以商会友、真实互动的社区。1688 网站是全球首个 B 类注册用户超过 1.2 亿的平台；网站日均 PV 值达到 2000 万，UV 值达到 1200 万，付费会员超过 30 万。

1688 网站以批发和采购业务为核心，通过专业化运营，完善客户体验，全面优化企业电子商务的业务模式。目前提供原料采购、生产加工、现货批发等一系列的供应服务，同时提供金融支付、担保、贷款，物流仓储、运输、信息服务，外贸辅助，电子商务培训、线下会展服务等多种增值服务。2007 年 11 月，以 B2B 业务为主体的阿里巴巴在香港证券交易所上市，代码为 1688.hk，2012 年 6 月 20 日由于私有化原因退市。2014 年 9 月 19 日，阿里巴巴集团在纽约证券交易所正式挂牌上市，1688 网站是其主要业务构成。至今，经过 20 年的发展，1688 网站已和全球百强产业带签约达成合作，带动产业带政府实现电商化。

二、阿里巴巴 1688.com 发展历程

1999 年 06 月，阿里巴巴网站(1688 前身)上线。

2002 年 03 月，为从事中国国内贸易的卖家和买家推出"诚信通"服务。

2003 年 11 月，推出通信软件"贸易通"，买卖双方实现实时沟通交流。

2005 年 03 月，推出"关键词竞价"服务。

2007 年 09 月，推出黄金展位服务。

2007 年 11 月，阿里巴巴(HK1688)于港交所主板上市。

2008 年 04 月，推出"Winport 旺铺"服务，为中小企业提供企业建站。

2008 年 06 月，上线"诚信通个人会员"，帮助企业发展中国国内贸易。

2010 年 03 月，启用新域名，1688 正式上线。

2012 年 07 月，宣布"七剑"战略，1688 在 CBBS 体系中代表企业的利益。

2012 年 09 月，推出备货狂欢节活动。

2013 年 06 月，1688 注册会员数突破 1 亿。

2014 年 07 月，1688 无线客户端上线，进入无线时代。

2014 年 09 月，阿里巴巴集团整体在美上市，1688 发展迎来新机遇。

2015 年 07 月，上线"实力商家"，满足买家对源头品质货源的需求。

三、1688.com 的商务模式

(一)战略目标

阿里巴巴的企业愿景是——为千万中小企业服务，让天下没有难做的生意。1688.com 网站最初的战略定位为"汇聚天下商家"，后来随着 B2B 行业发展及企业自身实力的增强，1688.com 网站的战略目标变更为"致力服务中国中小型企业，让其在阿里巴巴做成生意"。此后 1688.com 聚焦于中国的本土市场，聚焦服务中国上千万小企业，并提供包括研发、产品推广、客户服务、组织培训、文化传播、商业信用、市场分析等多种企业运营辅助服务产品。

(二)目标用户

1688.com 的目标客户主要是中国的中小型企业，无论是中小型的采购商还是供应商，都是网站的目标客户。随着其服务能力的增强，也提供大企业采购服务，该项业务快速发展，目前已服务数千家大型企业采购商，2017 年单家产生了 3636.2 万元的超级大单。一些垂直电商也陆续入驻 1688 平台，如主营工业品分销的震坤行，其他化工、塑料、电子元器件等品类的垂直电商也以超级店入驻 1688.com。另外一些零售平台的用户直接在 1688 上进行采购，阿里旗下零售平台的供应商就以"超级店"的身份参与到 1688.com 的采购节。因此，1688.com 网站现在的目标用户包括中小型采购商、供应商、大型企业采购公司、中小垂直电商，以及零售平台大用户。

(三)产品与服务

1. 诚信通

诚信通会员是 1688 目前长期保持的营收和利润占比最大的业务，如图 9-1 所示。1688.com 依托阿里集团的综合服务能力和用户规模，为用户提供完善的交易服务，尽可能满足用户的安全交易需求，解决网络交易的信用问题。诚信通产品是其为从事中国国内贸易的中小企业推出的会员制网上贸易服务，主要用以解决网络贸易信用问题。开通诚信通服务的会员能在 1688.com 网站上建立独立的企业商铺，通过这个网上商铺可直接销售产品，并宣传企业和产品；在品牌类栏目中享有引流的优先权，更容易发现市场机会；优先参与平台开展的各类培训、会展、金融支持等线下服务。

图 9-1　1688.com 的诚信通会员服务

2. 伙拼服务

伙拼服务实质是 1688.com 推出的批发型团购服务，如图 9-2 所示。目前，伙拼产品的行业覆盖了服装、母婴、食品、美容、百货、家纺、家装、工业品等几乎全部的产品品类，让所有的批发商以低成本、高效率进行网络批发。无论是采购商、渠道商还是终端零售商，都可以通过伙拼服务进行全球范围内的产品购买，有效降低成本。

3. 淘工厂服务

淘工厂服务是 1688.com 推出的定制服务，是联结电商卖家与工厂的加工定制的新平台，如图 9-3 所示。其一方面解决电商卖家找工厂难、试单难、翻单难、新款开发难的问题；另一方面将线下工厂产能商品化，通过淘工厂平台推向广大的电商卖家，从而帮助工厂获取订单，实现工厂电商化转型，打造贯通整个线上产品供应链的生态体系。在阿里数据业务的支持下，该项业务正成为中小企业产业升级的重要创新支撑。

图 9-2　1688.com 的伙拼服务

图 9-3　1688.com 的淘工厂服务

4. 产业带服务

产业带服务是 1688.com 推出的针对供应商综合服务项目，如图 9-4 所示，该服务聚集了生产设备、原材料、辅料、设计、货运等各类以生产为中心的上下游企业，建立经济技术协作圈。这里汇聚了某一区域内的好商好货，旨在帮助买家直达原产地优质货源，帮助卖家提升竞争力，降低竞争成本，同时联合产业带当地政府和第三方服务商合作运营，优势共享。目前 1688.com 通过淘货源、档口尖货两个主栏目，联合平台其他服务商提供各类服务保障区域优质供应商利益。

图 9-4　1688.com 的产业带服务

5. 终端采购服务

终端采购服务是 1688.com 推出的定制服务模式，1688.com 网站重新整合之前的快定、渠道代理等业务，注重 CBBS 战略的落地实现，深度整合尖端设计师、产业集群地工厂、外贸大厂及尖端面料商等供应链上游资源，旨在为淘宝天猫卖家、线下品牌商、微商、跨境电商等核心零售商提供海量的商品，打造"小批量、快生产、高品质"的一站式采购订货模式。同时也支持品牌商家进行线上代销、宣传加盟、招募代理等渠道扩展。针对用户群体的差异，1688.com 现通过微商进货、跨境专供、进口货源三个主要栏目提供特色服务，如图 9-5 所示。

图 9-5　1688.com 的微供市场

6. 超级店服务

超级店服务是 1688.com 现推出的"平台中的平台"模式，将一批优质的、有一定行业影响力的商家，包括各垂直行业知名电商、全球领先的分销商、组货商以超级店的形式在平台进行推介，如图 9-6 所示。超级店商家提供海量正品，提供选型、组货、定制等综合服务，实现平台中的平台运营。双方在引流、变现、创新上实现多赢。

图 9-6　1688.com 的超级店

7. 企业采购服务

企业采购服务是 1688.com 推出的针对采购用户的专项服务，包括采购对接和大企业采购。采购对接能提供涵盖五金工具、劳保防护、电工电气、机械部件、行政办公、物流包装、LED 照明、精细化学和公用设施等多种产品品类。在大企业采购服务中，如图 9-7 所示。1688.com 保障所有商品正品真货，提供七天无理由退换服务，承诺按约发货，统一提供发票。

8. 社区服务

社区服务是 1688.com 推出的为让用户更好地达成生意提供的社群服务模式，让用户更容易地实现商业交易，如图 9-8 所示。现在有提供社区讨论性质商友圈服务和知识分享性质的生意经服务两种社群交流模式。商友圈是聚集不同行业、不同地域、不同专业市场的卖家和买家专业群体的电子商务社区，汇聚全国各地各行业超过 1 万个商盟、50 万个生产厂家企业主、经销商，横跨数千个行业。商友们可以在这里发现专业的交友、互动圈子，与各行各业专家、企业主交流商业经验、分享商业知识，参与各种类型商圈线上/线下活动，聚集商业人脉。生意经是 1688 为广大用户提供的专注于商业领域，通过问答的手段解决商业难题，并通过 wiki 手段积累商业实战知识的平台，每天有超过 300 万商友通过生意经沟通商业难题。

图 9-7　1688.com 的大企业采购平台

图 9-8　1688.com 的商人社区服务

9. 生态服务体系

1688.com 还依托集团的商业生态，为用户提供一系列包括业务培训、物流支持、金融支持、技术支持等各种线上线下融合服务，为用户提供完整的交易闭环服务，让用户可以

在集团完成完整的交易，如图 9-9 所示。

图 9-9 1688.com 的商学院服务

(四)盈利模式

1688.com 网站 2018 年的企业财报显示，其主要收入为会员费、竞价排名和增值服务三大类。其中最主要的收入是会员费、增值服务费，特别是基于数据的增值服务的收入逐渐递增。为此盈利模式总体上可概括为：免费服务引流、会员服务保障主要盈利，增值服务提升盈利能力。

1. 会员服务

作为行业领先的 B2B 平台，1688.com 是目前国内最大的综合性批发平台，注册会员超过 12 000 万，超过 1400 万网商，遍布 220 个国家。这其中诚信通会员接近 100 万，目前年费为 6688 元，这为平台带来了超过 40 亿元的收入。

2. 竞价排名

由于 1688.com 平台的用户规模庞大，为获取更好的引流效果，卖家需要在一定的时间内对产品关键词进行竞价，价格越高，卖家产品信息将出现在用户搜索该关键词结果的前列，排名处于搜索结果前列的卖家往往具有更多的流量，并带来更多的贸易机会。同其他搜索引擎存在差异，1688.com 平台不使用"按点击付费"的模式，而是要求一次性付费买断竞价位置。目前竞价排名已成为中立型 B2B 商务模式的重要收费方式，其本质是网络广告，1688.com 平台近年营运报告显示，竞价排名已成为平台的第二大收入来源。

3. 线上线下增值服务

1688.com 平台提供众多的线上增值服务，包括企业认证、信息定制、供应链协助、线上培训、交流互动、广告协助、运营指导等，如图 9-10 所示。这些增值服务有一些为免费推广项目，有一些为定制项目，依据用户的需求收取相应的技术增值服务费用。为匹配传统产业的特点，1688.com 平台还提供线下企业服务，主要包括会议会展服务、管理咨询服务等，按次数收取相应的服务费用。随着平台数据的积累，这类收入正在快速增长，是平台未来的重要盈利点。常见的盈利设计有金融服务的利息收入、物流服务收入、商务数据分析收入、分销辅助收入等。

常用工具　商家工作台　手机阿里买家版　手机阿里卖家版

阿里贷款　阿里物流　商机助理　找货神器

数字营销平台　开放平台　八载　1688分销客

1688创易秀　店小蜜

图 9-10　1688.com 平台常用的增值服务项目

(五)核心能力

1. 规模效应

1688.com 平台为用户提供闭环的全产业链交易服务，包括源头采购、渠道批发、零售批发、金融、物流、管理、培训、人力招聘等服务，让各类用户能在平台做成各种生意。良好的口碑和完善的服务产品，让平台快速实现供应用户的集聚，并带动采购用户的大量增长。目前，1688.com 平台是全球 B 端用户最多的平台，网络外部性被激发，建立起竞争对手难以突破的壁垒。

2. 生态互动

1688.com 平台依托阿里集团下 C2C 平台(淘宝、速卖通等)的消费刺激，在第三方支付的安全支付系统(支付宝)的金融保障和"菜鸟"物流的强大物流支撑下，让平台 B 端用户能享受优质的闭环交易服务。商业生态使得平台能够提供多样性的增值产品和服务，促进了平台的有效创新，让一些原本处于缝隙市场的产品或服务具有了更加广阔的发展空间，为平台带来了丰厚的利润。同时，这种集团内各平台的互动也为该模式的后来者和效仿者以及生态系统外的竞争者树立了一道难以逾越的门槛，平台的抗风险能力强，稳定性好。

3. 技术创新

1688.com 平台十分重视自身技术的发展，最早的阿里旺旺，现在云技术、数据挖掘技术都为平台的持续创新提供了良好的保障。1688.com 平台现能依据用户的交易数据评估，提供各类精准服务，提升企业的服务满意度，让企业能有效提高电子商务开展效率。在技术支持下，平台与用户之间实现了相互拉动、相辅相成、均衡式良性互动与协同创新发展。

4. 管理文化

阿里特有的企业文化和管理体系是 1688.com 平台成功的又一核心优势。平台秉承集团的"六脉神剑"企业文化，注重人才培养、应用，注重企业执行能力，从而建立起平台独特的管理模式。平台勇于创新，允许试错，经过不断地推出、试验、改进、重塑，平台产品和服务不断改进，匹配用户不断变化的需求。平台注重执行力，阿里推出针对不同层级员工的"管理三板斧"，让平台的员工实现了自我成长与团队的发展，造就了平台的高效执行力，让平台在外界激烈竞争中保有独特的发展优势。

四、成功之处

(一)用户第一的经营理念

1688.com 网站秉承"让天下没有难做的生意"的愿景，坚持"用户第一"，以团队间紧密无缝的合作机制，以一丝不苟的敬业精神、真实诚信的合作理念，建立多赢的伙伴式合作体系，与合作伙伴一起为平台用户创造最大价值，并将合作伙伴视为集团重要用户，保障其利益，并致力于促进其价值成长。这种维护所有平台参与者利益的经营理念让 1688.com 平台不是沿着传统市场定位的思维出发，而是不断寻求创新，寻找新价值来源，不拘泥于单一核心竞争力创建，而是不断实现了商业模式的创新，让平台一直具有独特、领先的竞争能力。

(二)规模优势

1688.com 网站是阿里巴巴集团的第一个业务板块，经历 20 年的发展后，成为国际国内 B2B 行业的知名品牌，拥有全网最大的用户规模，对于同类型的行业竞争者是一个强硬的壁垒。除非竞争对手可以提供更大的用户流量、更完善可信的服务，否则无法轻易转移它的会员，这是双边市场平台的典型的外部性表现，形成了现有平台"赢家通吃"的特殊竞争力。

(三)商业生态系统

1688.com 所属的阿里集团已构建了相互关联成长的生态圈，全面涵盖了企业间交易、个人零售购物、个人生活服务三大互联网板块。中小企业、自主创业者、消费者是阿里巴巴生态圈中的三大群体，如图 9-11 所示。B2B(阿里国际、1688)、C2C(淘宝)和 B2C(天猫、速卖通)是阿里巴巴生态圈的三大类平台。阿里妈妈、阿里软件、支付宝、阿里旺旺等是生态圈中的工具或资源，为搭建信息平台服务。阿里巴巴企业级综合平台"旺铺"等一系列网络营销工具陆续加入，促使生态平衡进化，整个阿里体系创造的价值已经超过万亿元。为此，1688.com 拥有完善的服务能力，提供种类繁多的交易服务产品，可以满足不同交易群体的选择需求。作为国内 B2B 业务的佼佼者，1688.com 网向过亿会员提供从源头生产商到终端消费者的全产业链交易服务产品及信用服务。

(四)高效的管理体系

阿里巴巴拥有独特的企业文化，通过不断地进行组织结构的调整，建立了良好的管理体系，通过该体系可以将员工按照不同的职责划分，专事专做，执行力强。平台还拥有独特的人才评价系统，以日常管理实现绩效考核，保障平台的发展。良好的管理模式让阿里的生态系统能够健康发展，并能够对产业或所在行业产生变革影响，有利地保障了平台的经营理念和各项目标的实现。

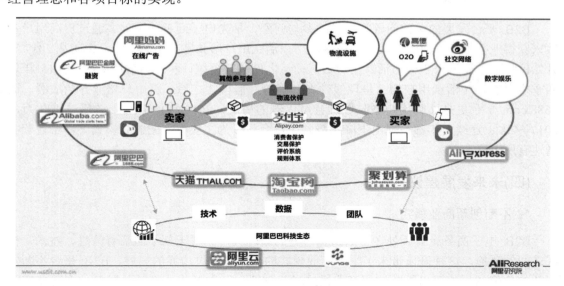

图 9-11 阿里巴巴集团简明商业生态图

五、结论与建议

1688.com 自成立以来,从最初简单的信息黄页服务,转型为 B2B 综合交易服务商,到现在"互联网+"的数据服务商,成为拥有上亿用户的行业巨擘,为会员提供企业间交易的全产业链全方位服务。然而,平台也出现过市场份额下降、会员流失、假货频出、用户抵制等各类问题;与合作伙伴、客户之间也时有矛盾被爆出,企业间的关系处理也是电商业内关注的焦点。在 B2B 市场竞争不断加大,各类平台层出不穷的环境下,1688.com 面临的压力越来越大。

(一)面临垂直平台的挑战

当前中国经济正处于转型升级的重要时期,传统产业通过"互联网+"和供给侧改革实现转型升级,已成不可逆的趋势。垂直产业链平台相比综合类平台具有更加专业的特点,能专注于某个细分行业进行深入拓展,在产业链的上下游不断延伸上下功夫,降低行业供应链的成本,提升产品和服务的质量。为此更容易满足用户对行业产业链的深度需求。1688.com 平台虽然有以超级店的形式引入一些垂直电商,为用户提供专业服务,但总体比例较低,提供服务也较少,在产业互联网高速发展的背景下,平台必须对此做出积极响应。

(二)合作伙伴加入竞争

网络的普及,用户素质的提升,让更多的传统企业进入 B2B 电子商务的市场。一些供应商开始自建平台实施销售,平台的一些传统合作伙伴,如商业银行、物流公司也纷纷独立进入 B2B 市场,提供专项精准服务,如何协调合作伙伴之间的关系,提供给用户质优价廉的产品与服务,成为 1688.com 平台面临的巨大挑战。

(三)用户增长放缓

B2B 平台发展的关键问题是用户的参与问题，早先电子商务的发展多通过提高用户基数来获得业务增长，但阿里集团的中国区用户活跃用户增长率在不断下降，集团从 2017 年开始停止在季度财报中公布活跃用户数，而从之前的数据统计和业内估计来看，2015 年第四季度之前，年活跃用户增速呈现线性上升趋势，但自此之后，新用户增速开始放缓，而 1688.com 平台更是面临用户增长放缓甚至停滞的情况，2016 年诚信通会员超过 100 万，2017—2018 连续两年都呈现出下降趋势。在以会员费为主要收入的盈利模式下，平台营收增速有所下降。

(四)未来发展建议

1. 不断创新商业模式

B2B 电子商务企业正处在不断扩宽边界的新时代，无时无刻不面临着信息、技术、模式之间的碰撞，这种碰撞带来了平台商业模式的创新。通过边界的拓展，B2B 平台不断发现新的价值领域，可以不断地对商业模式进行创新，开发不同的产品与服务，在百花齐放的 B2B 平台中仍可保有自己独特的竞争力。1688.com 平台现在已不单纯为批发商服务，已能满足从源头到终端用户的各类需求，在未来发展中，通过商业模式的创新，继续注重用户锁定，以应对各类竞争。

2. 合理分配各方利益

在竞争压力大的形势下，1688.com 平台更需要公平地分配好各方利益，而不能坐享"赢家通吃"带来的用户红利，忽视了上下游合作商的利益。在信息获取成本低、信息逐渐趋于透明的环境下，只有当 1688.com 平台能利用其规模经济为合作伙伴节省下来的交易成本大于用户开发用户成本时，多方的共赢局面才能形成。

3. 改善定价策略，提高客单利润

中国的经济发展依然强劲，对电子商务依旧利好。1688.com 平台可以利用政策优势，积极开展多元化业务，不断地进行市场扩张。在活跃用户增速不断放缓的情况下，加强对用户的服务能力，提高单用户的服务水准，以期提高会员的客单价，提升单个用户的利润率才能保障平台的继续发展。

第三节　上海钢银案例

一、上海钢银简介

上海钢银电子商务股份有限公司于 2008 年正式注册成立，注册资金 10.3 亿元，总部设在中国上海，现旗下拥有 40 个服务站点，员工人数近 900 人，其中高端互联网研发人才近 200 人。钢银平台是由上海钢联电子商务股份有限公司投资控股的国内 B2B 大型钢铁现货网上交易平台，有背景实力和信用背书。2015 年 12 月，获准在新三板挂牌，并于 2016 年 6 月入围新三板创新层。

钢银电商依托上海钢联大宗商品资讯背景、大数据积累和复星集团的实力，经过多年的摸索和沉淀，以交易为核心构建了集交易结算服务、供应链服务、仓储加工服务、物流配送服务、数据信息服务于一体的"全产业链生态服务体系"。平台企业用户数超过 8 万家，公司连续三年上榜中国互联网协会、工业与信息化部信息中心发布的"中国互联网百强企业"榜单，是大宗商品交易类首位企业，是中国产业互联网标杆性企业。

二、上海钢银发展历程

2008 年 02 月，上海钢银电子商务股份有限公司正式成立。

2013 年 07 月，钢银电商平台项目正式启动。

2013 年 11 月，钢银平台撮合模式上线，为客户提供资源信息服务。

2013 年 12 月，日交易量突破 1 万吨。

2014 年 03 月，钢材超市模式上线，为用户提供信用结算服务。

2015 年 12 月，钢银电商正式挂牌新三板(股票代码 835092)。

2016 年 06 月，钢银电商入选新三板创新层。

2016 年 10 月，钢银实时数据上线，为用户提供数据信息服务。

2017 年 12 月，钢银电商完成 10 亿元定增。

2018 年 12 月，钢银电商已持续盈利 12 个季度。

三、上海钢银的商务模式

(一)战略目标

钢银电商的战略定位为"平台+服务"，为此钢银平台从传统撮合服务向以寄售为核心的交易服务递进，实现交易的扁平化和数据化。同时以寄售交易为基础，推出供应链服务解决方案，进一步延伸至仓储、物流、数据等增值服务，最终创新打造了以"交易+供应链服务"为核心的双驱动业务生态模式。

(二)目标用户

钢银平台的目标客户是钢铁贸易商，涉及的核心业务是钢铁的在线交易，为此针对上游钢厂，平台提供集合零散订单集中采购，实现柔性制造；针对中游贸易商，平台发挥供应链服务优势，解决中小企业分销及采购难题；针对下游终端，平台提供交易配送服务，解决最后一公里配送问题。因此，钢银的目标用户主要是钢铁贸易商，并衍生至钢厂和部分终端钢材需求企业。

(三)产品与服务

1. 撮合集市

撮合集市是钢银平台作为大宗商品交易平台提供的主要服务项目，买卖双方可以在平台上寻找合适的交易机会，可以利用平台实现在线交易，也可以获取交易信息，实施线下交易。撮合服务不是钢银平台的主要服务模式，却是平台引流和数据服务的重要基础，如

图 9-12 所示。

图 9-12 钢银平台撮合交易服务

2. 现货超市

现货超市实质是钢银平台的寄售平台，平台根据市场需求，设立寄售卖场，提供自主挂牌服务和结算服务，即价格由客户决定，平台不参与定价，寄售钢材出售前，钢厂仍然持有钢材的所有权，有利于随行就市，如图 9-13 所示。这种模式要求供应商提供实物现货与需求客户直接进行买卖交易，规避传统贸易商经常有价无货的情况，成交率大幅提升，是目前钢银平台最主要的服务模式和最大的利润来源业务。

在寄售的过程中，平台用户面临资金压力、价格波动和物流风险，对此，钢银平台联合金融公司和物流公司为需求端客户提供基于全产业链真实交易场景的四类供应链服务产品——"帮你采、随你押、任你花、订单融"。

帮你采：钢银电商平台通过垫付资金的方式帮助有采购需求且交易行为正常的会员进行代理采购的一种服务。

随你押：在钢银电商平台有正常交易行为的商家将货物放入本平台的指定仓库，从而获得所需资金的一种服务。

任你花：在钢银电商平台有正常交易行为的买家会员通过资质申请，能够获得平台提供的赊销服务，从而实现先提货后付款的一种服务。

订单融：订单融是一款基于现货的保证金交易服务，20%保证金买货，现货超市卖货，能帮助客户在盘活资金的同时锁定成本，降低市场风险。

3. 钢银数据

钢银数据是钢银平台提供的大数据服务项目，包括数据分析、数据咨询、数据决策等。平台依托母公司上海钢联积累的大数据基础，发挥了互联网平台的大数据处理优势，通过实时交易获取数据，及时反馈给产业客户，如图 9-14 所示。作为国内为数不多公开实时交易数据的平台，钢银平台基于沉淀的大数据，逐步推出了多款数据产品，真实数据和高质量分析反馈深受大众认可。平台提供的钢银数据 3.0 服务主要包括成交、价格、库存三大板块，实现了分时呈现实时成交量、3 秒更新实时成交价格、按需自选对比多城市库存等。而平台提供的商家数据中心则能全方位展示成交对比数据、每月交易排行、销量分布以及买家动向，帮助客户及时了解企业状况，随时调整企业发展方向。

图 9-13　钢银平台寄售交易服务

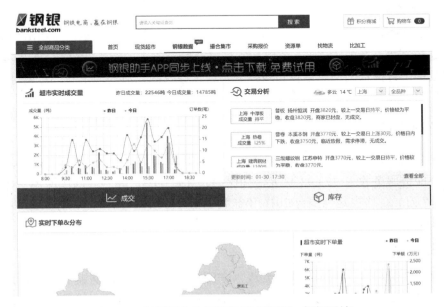

图 9-14　钢银平台数据服务(数据来源：钢银网站)

4. 物流服务

物流服务是钢银平台基于同集团的运钢网和平台数据系统，为用户提供的高效物流决策服务，帮助用户解决大宗商品的运输难题，降低采购成本，如图 9-15 所示。以粗钢为例，年产量约为 8 亿吨，去除 10%～20%的直供比例，在传统钢贸交易中，每批货物会经过 3～4 次销售，按平均 50 元/100 公里物流成本计算，物流总成本就是 960 亿～1080 亿元/年。而通过钢银平台进行销售，中间环节可缩短至 1～2 次，物流成本将降低 50%，估测相当于 480 亿～540 亿元/年。物流服务是钢银平台商务模式实现的最重要保障之一。

图 9-15　钢银平台物流服务(数据来源：钢银网站)

5. 加工服务

加工服务是钢银平台提供的一项增值服务，这项服务打通钢材交易活动中的上游服务，主要为贸易商寻找合适的加工商，或将加工商推介给有需求的钢铁贸易商，如图 9-16 所示。用户可以根据平台提供的信息以及自身需求，快速寻找到合适的加工商，对钢材进行处理，有利于后续的物流和销售，有利于平台实现一站式钢贸交易服务。

(四)盈利模式

钢银平台 2018 年上半年的企业财报显示，寄售交易服务收入 320.18 亿元，同比增长 21.00%；供应链服务收入 123.98 亿元，同比增长 133.69%，净利润同比增加 281.59%，达到了 6033.17 万元，这也是钢银自 2016 年盈利以来，持续盈利的第 10 个季度。目前，平台的主要盈利模式是收取交易佣金、供应链服务费和增值服务收费。

1. 交易佣金

交易佣金是平台寄售模式下的主要收入来源，平台用户通过钢银平台参与大宗商品交易，必须注册为平台的会员，每年不需要缴纳会员费，可以享受网站提供的服务，但若买卖双方交易成功后，平台会收取一定佣金，目前佣金率为 5%～25%。

图 9-16 钢银平台加工服务

2. 供应链服务收费

钢银平台通过介入在线交易,将信息流、订单流、物流、资金流通过 B2B 平台实现整合,帮助用户解决现实交易中面临的行业链条长、流通层级多、信息流通不畅、资金流通效率低下、物流成本难以控制的难题,平台依据提供的精准服务收取服务费,包括金融服务、物流服务、数据分析服务等。目前供应链收费是钢银增长速度最快的收入来源。

3. 信息中介费

钢银平台提供撮合交易服务,但多为定制形式,主要依据平台交易情况,帮助钢厂、运输商、加工商匹配优质订单,借此收取钢厂和物流商的信息服务费。

(五)核心能力

1. 用户大数据分析能力

钢银平台的母公司上海钢联于 2000 年创立,现有超过 60 万的有效注册会员,多年来用户资源积累所产生的各类数据,以及钢银平台现有的交易数据,形成了钢银电商的底层数据库,钢银平台据此创立了底层 BCS 信用模型,通过对不同数据进行灵活组合,为用户提供个性化的数据应用。如将客户身份数据与其在平台的行为数据进行组合,帮助会员判断交易方信用;通过对下单数、成交数以及异常订单等交易数据进行实时监测,帮助用户及时规避风险;整合用户在多平台的各项交易数据,进行有针对性的分析,为用户构建了商家管理系统;利用大数据构建了 SaaS 系统,帮助用户实现企业内部管理提升。庞大的用户数据基础和精准的分析能力提升了平台的用户满意度,进而实现了用户锁定,完成了数据价值变现，以保障平台快速发展。

2. 技术创新能力

钢银平台十分重视研究平台的技术服务能力，从创立之日起，持续加大研发投入力度，提升研发能力，驱动产品升级。钢银电商平台系统已迭代至 V4.1 版本，不断地为平台服务注入新动能。技术的领先，让平台能根据不同的应用场景、不同的用户信息、交易行为、市场信息等多维度因素，智能化地分析出商业用户信用，满足用户多样化的需求。而平台内部的多元数据风控监测体系，可以与政府数据平台、企业数据平台、第三方服务商数据平台相连接，突破多平台数据壁垒，进行全面信用分析，确保平台的交易安全、高效地进行。此外，平台还针对钢贸用户线下财务需求高的特点，研发出"钢银数据 3.0"产品，重点解决财务数据分析问题，协助客户在销售策略、渠道管理方面以及企业管理方面进行科学化分析和决策。技术的不断优化赋能，为进一步扩大交易规模以及扩展用户规模打下坚实的基础，提供平台发展空间。

3. 供应链深化管理能力

钢银平台通过在线交易切入，将信息流、订单流、物流、资金流进行整合，并以此为基础从在线交易延伸到上下游用户的生产采购、物流仓储、支付结算、营销推广等供应链管理的不同层面，打造高效的供应链管理服务体系，满足用户交易场景需求，充分解决了传统钢贸产业链条中分别存在的订单零散、渠道不畅、采购及周转困难等问题，进一步将互联网和实体产业相融合，为钢铁产业上下游用户赋能，提高用户满意度。

4. 风控能力

钢银平台的风险控制能力是平台能够成功的重要核心能力，平台首先通过信用体系，选择拥有供应能力的供货商；其次平台把控采购全过程，确保货物符合客户要求，并保证平台的销售能力监控；同时，平台随时监测供应链平台上实时交易信息数据，保障交易安全，分析真实信息数据，建立信用体系，保障金融服务中的资金安全；最后平台通过数据接口监控物流仓储监控过程，保障了货品的安全。一系列举动最终形成了平台"高效率"的风控能力，解决了在钢铁采购过程当中长期存在购不到货、购到假货等的风险。强风险控制能力让平台设计的寄售商务模式得以实现，并在同行竞争中保持先行者的竞争优势，形成可持续发展能力。

四、成功之处

(一)商务模式不断创新

目前 B2B 平台的商务模式主要有三种：撮合模式、自营模式和寄售模式。钢银平台最初以撮合模式和免费模式吸引用户注册，实现平台引流。随后，为了提高平台用户的体验度，平台通过自营模式开启近两年的"野蛮生长"，低价和高品质服务让平台用户急速增加。但未明确的盈利模式让平台承受了极大的成本和资金压力，平台一直处于烧钱亏损境况。2015 年年底，平台下定决心砍掉"自营项目"，进行商务模式创新，创建"平台+服务"的寄售模式，为上下游用户提供全方位供应链服务，不与用户抢夺利润，新商务模式的应用让平台运营步入正轨，寄售规模不断扩大，连续 10 个季度实现盈利，平台 2018 年净利润超过 1.5 亿元，同比增长超过 261%。

(二)提前布局数据战略

作为钢铁 B2B 电子商务的先行者之一，钢银平台一开始就确定数据资源战略，并在平台运营过程中不断发掘数据新应用，提前在商业信用、交易风险、交易决策支持等方面进行数据准备和战略布局，平台还首批公开交易数据，与产业用户分享数据资源。钢银平台的数据战略，早期有效地提升了用户的使用满意度，帮助平台扩大用户规模，后期推动了平台商业模式的创新，实现了平台服务升级，同时为平台带来了丰厚的利润，让平台能一直保持先行者的优势，持续成长。

(三)跨组织协作提高服务效率

钢银电商是其母公司上海钢联的企业生态系统中的重要一环，钢银平台与上海钢联的其他平台，以及众多的第三方服务企业良好的协作关系，保障了钢银平台各项业务的开展及创新。上海钢联旗下的"我的钢铁网"承载资讯业务，钢银平台承载交易和金融业务，运钢网承载物流业务，钢联物联网承载仓储业务，钢联研究中心 MRI 承载研究咨询业务。各平台通过数据平台将积累的海量钢铁行业资讯数据与钢银电商承载的交易平台无缝对接，同时钢银平台在运营过程中不断产生新的高频交易数据，与资讯数据共同构成上海钢联生态系统的大数据闭环。交易产生数据，数据优化交易，此外数据还来源于商业生态中资讯、研究、交易、物流、仓储、金融商业活动的各个环节，而加工后的数据又反馈回相应的商业组织和商业活动。钢银平台在交互过程中，妥善地协调相互独立但彼此互相支持的组织之间的关系，最终使得平台的服务效率提升，盈利能力大幅增强。

(四)产业生态

钢银平台将钢贸产业的交易业态进行重塑，重新定义产业价值链和产业生态。钢银电商与天津物产电子商务有限公司、南京钢铁股份有限公司、平安银行股份有限公司上海分行、中建材工程材料有限公司等产业链上下游企业形成战略合作关系，与产业中相关的组织和个体实现资源共享、互利共存。这些跨部门、跨领域、跨利益相关者之间的互动联动，让产业链中的所有参与方形成一致目标和协同行动，最终形成共生、互生和再生的产业链生态系统。打破企业内部、组织间的业务孤岛和信息孤岛，有效规划和管理产业链上发生的供应采购、生产运营、物流活动、金融服务，将产业链形成协同合作的整体，最终实现产业组织网络、产业价值网络、产业物流网络和产业金融网络的全面融合，实现了整个产业链价值的提升，也造就了价值网络主导者——钢银平台的快速成长。

五、结论与建议

钢银平台自成立以来，从简单的撮合平台，发展为现在最大的钢铁现货交易平台。钢银平台催生出万亿元规模的现货网络交易市场，成为电商资本市场的香饽饽，也为 B2B 电子商务业界提供了一条可参考的转型之路。但在钢银平台的发展过程中，其资金、信用、人才方面都存在一些问题。

(一)资金流风险程度高

钢银平台现在采用的寄售模式,要求平台拥有庞大的资金池,才可以支撑平台提供供应链金融服务,保障平台寄售业务的顺利开展。而在寄售模式下,货物的所有权不归属平台,但货物发生价值涨跌的风险却要由平台把握。这对平台的资金获取能力和资金风险控制能力要求极高,如何低成本获取资金和长期保持资金池稳定就成为平台发展的关键。目前钢银平台凭借母公司的资质背书、金融机构的大力支持、交易数据的监控来把控资金应用。在未来市场规模继续扩大、同行竞争加剧的情况下,如何保障资金池平稳,以及如何提升资金利用效率成为钢银平台发展要面临的首要问题。

(二)全程交易信用监管难度较大

钢铁产业链条的电子商务程度发展不均衡,流通端到需求端的互联网化水平较高,而生产端和物流端互联网化水平过低。信息的不对称性,让平台无法在真正意义上实现交易数据的闭环,即无法把控整个产业链条的运转情况。这种情况下,平台商必然会遇到用户的信用问题,如何保证卖家能把货卖出去,保证买家买到好货,光凭借数据分析是无法解决信用的一切问题。在信息化水平发展不均衡的条件下如何应对各方挑战,如何处理信息数据外的其他信用管控,仍是钢银平台运营中遭遇的最大难题。

(三)人才问题

钢铁电商行业现在有找钢网、上海钢联、钢钢网、钢为网、中钢网、兰格钢铁网、飞谷网等第三方电商平台,东方钢铁在线、欧冶云商、河钢云商、荷钢网等钢厂电商平台,以及像鑫益联、西本新干线、中拓钢铁网等钢贸电商平台,像欧浦智网、斯迪尔等物流加工企业电商平台,行业竞争激烈。由于行业品类众多,标准各异,大多数平台都在各自品类领域内精耕深作,除了资金、资源的比拼外,更多的还是对人才的争取,特别是针对第三方平台,对人才的争取,意味着对资源能力的获取。各平台都出台各种人力资源政策,吸引、保留优质人才,钢银平台如何应对同行的人力扩张战略、保障自身竞争力,是平台未来发展的关键问题。

(四)未来发展建议

1. 开放平台

钢银电商的交易平台是利用 SaaS 实现的,是一种开放性平台,目前独立的物流配送平台是运钢网,仓储加工平台是钢银物联网。未来钢银平台可以考虑接入更多平台,例如欧浦智网、中储天物网等集团商业生态外的第三方平台,甚至考虑开放接纳如欧冶云商、宝钢的加工中心等竞争平台。钢贸行业的电子商务程度仍处于高速发展阶段,同行协会可以节约整体买家用户的成本,有利于整个行业的发展。从现在钢贸行业的环境来看,各平台的用户扩展都是缓慢的,开源带来的行业促进效果有限,而节流的方式则更有利于各平台保持资金的稳定,为此开放平台、多方协助有利于实现多方共赢。

2. 加强信用体系建设

钢银平台需继续加强大数据分析应用能力，从平台用户各类大数据中发现未知的联系，不断发掘新的价值空间，寻求新的利益来源。这要求钢银平台加大区块链在供应链金融服务中的建设与应用，重点完善 BCS 信用体系，为服务的安全性、持续性提供数字化风险管理保障。可以引入更多的技术创新提升整体信用监控，如引入 AI 图像识别技术，能实现物流的自动监测。

3. 人才培养

未来的 B2B 产业竞争，必然是全球生态的竞争，是供应链服务能力的竞争力。因此钢银平台在现有人力资源策略下，要留住平台的核心岗位的关键人才，还要提前布局供应链综合人才的培育，注重人员的综合素质，注重供应链服务能力，人才的稳定有助于平台的持续发展。

自　测　题

1. B2B 模式中信息撮合模式和寄售交易模式的主要特点是什么？平台商的核心能力有何不同？

2. 银行、物流商及源头工厂纷纷建立自己的电子商务网站，提供直销渠道；垂直电商平台提供更多精准服务。阿里巴巴这类综合 B2B 平台如何直面竞争，保持先行者优势？

3. 大数据时代，B2B 电子商务平台如何构建商业生态，实现内容的价值？

4. B2B 电子商务模式常见的运营模式和盈利模式有哪些？

第十章　搜索引擎

【学习要点及目标】

通过对本章的学习，熟悉搜索引擎的定义和工作原理，对比谷歌和百度在自然搜索和广告业务的不同发展模式。重点关注盈利模式对搜索引擎企业社会责任的影响以及技术发展对搜索引擎未来发展方向的影响。

【引导案例】

毫无悬念的是，谷歌广告业务仍然最赚钱，也占据了季度营收的绝对重要位置。

2018年第一季度，谷歌广告营收266亿美元，较去年同期增长了50多亿美元。这一数据也在一定程度上缓解了市场的担忧，Facebook引发的数据与隐私冲突，似乎没有给谷歌带来多大影响。作为全球最大的数字广告提供商，谷歌主要依据用户在线信息和行为，有针对性地推送相关消息。虽然人们越来越担心隐私和新监管可能会在一定程度上压制谷歌广告业务，但谷歌广泛的覆盖面、庞大资源以及主导的市场地位意味着较小的竞争对手才可能因此失去更多市场。

2018年4月，欧洲的《通用数据保护条例》将启动生效，这将改变互联网公司收集用户数据和定位广告的方式。"我们已经准备好满足要求。"谷歌表示，"我们已经根据需要改变了我们的政策，谷歌还为用户提供了强大的用户控制、隐私设置和隐私检查功能。这是个非常重要的领域，我们将继续在这方面做很多工作。"

谷歌CEO Sundar Pichai强调，谷歌的在线搜索依赖的是有限信息，基本上是人们通过键入公司主页的关键词来在线查找信息。

谷歌资本支出增长了三倍，云计算和AI相关是重点。核心业务的良好表现，为谷歌提供了充足资本进行人工智能业务方面的长期投入。财报显示，本季度谷歌资本支出几乎增长了三倍，达77亿美元。这一较高的支出也使得经营利润率从一年前的27%下降到22%。除了向分销合作伙伴支付流量购置成本之外，投资谷歌云计算和智能硬件业务成为其中两个主要支出项目。谷歌透露，公司购买房地产并投资人工智能、云计算、消费端设备和数字助理等新机会的成本也大幅上涨。比如，购入房地产与支持内部运营所需的计算能力以及网络的支出几乎相等。谷歌正在建设新的数据中心并投资海底电缆，公司会将这些基础设施与客户以及最新人工智能机器连接起来。

随着谷歌Home和Nest的出现，公司正在与智能家居的领导者亚马逊展开竞争。

谷歌非常愿意花费必要的钱在笔记本电脑和智能手机这样的饱和市场中。但是，没有人希望Pixel的手机销量会超过iPhone。然而，用户会期待公司在拥有明显优势和机会的领域追赶亚马逊。这也是Nest会辗转回到谷歌的原因。如此一来，智能家居设备就可以更好地利用公司专门为硬件和软件(如Pixel 2和谷歌助手)开发的人工智能功能。

除了云计算、硬件业务支出的上涨，其他业务(包括云部门和硬件销售，例如智能手机和Nest系列家庭自动化技术服务和营收)也有所增加，从去年同期的32亿美元增长到今年的44亿美元。

(资料来源：谷歌母公司一季度财报：广告最赚钱，与亚马逊竞争代价大.
http://it.sohu.com/20180424/n535745806.shtml)

第一节 搜索引擎简介

一、搜索引擎概述

搜索引擎是为网络用户提供信息查询服务的计算机系统，也可以说是一类提供信息检索服务的网站。它根据一定的策略，运用特定的方法搜集互联网上的信息，并对信息进行组织和处理，将处理后的信息通过计算机网络显示给用户。它包括信息搜集、信息整理和用户查询三部分。

最早的搜索引擎是 1990 年由加拿大麦吉尔大学的三名学生(Alan Emtage、Peter Deutsch、Bill Wheelan)发明的 Archie(ArchieFAQ)。Archie 是第一个自动索引互联网上匿名 FTP 网站文件的程序，还不是真正的搜索引擎。1994 年 4 月，斯坦福大学的两名博士生，美籍华人杨致远和 David Filo 共同创办了 Yahoo，Yahoo 是由人工选择、整理互联网上的优秀网站并简要描述，分类放置到不同目录下，用户必须通过一层一层的点击来查找自己想找的网站，这是一种网站分类目录的形式。在此后的一段时期内，以 Yahoo 为代表的网站分类目录查询非常流行。

然而，网站分类目录仅适用于信息不是特别多的情况，随着互联网信息呈几何式增长，网站分类目录就显得力不从心了，这时就出现了真正意义上的搜索引擎，即全文索引搜索引擎。全文索引搜索引擎通过计算机程序搜索互联网上的所有超链接，把超链接所链接的页面放入索引数据库，按照一定方法对将要输出的结果排序。

随着互联网的快速发展，全文索引搜索引擎搜索的结果繁杂，无法满足用户需求，这时就出现了旅游搜索、新闻搜索、图书搜索、图片搜索等专业化、行业化的搜索，也称为垂直搜索。

从使用者的角度看，搜索引擎提供一个包含搜索框的页面，在搜索框输入词语，通过浏览器提交给搜索引擎后，搜索引擎就会返回同用户输入的内容相关的信息列表。搜索引擎的工作包括如下三个过程。

(1) 在互联网中发现、搜集网页信息。

(2) 对信息进行提取和组织建立索引库。

(3) 检索器根据用户输入的关键字，在索引库中快速检出文档，进行文档与查询的相关度评价，对将要输出的结果进行排序，得出查询结果。

其中，发现、搜集网页信息需要有高性能的"网络蜘蛛"程序(Spider)自动地在互联网中搜索信息。一个典型的网络蜘蛛工作的方式是查看一个页面，并从中找到相关信息，然后再从该页面的所有链接中出发，继续寻找相关的信息，以此类推，直至穷尽。网络蜘蛛为实现其快速地浏览整个互联网，通常在技术上采用抢先式多线程技术实现在网上聚集信息。通过抢先式多线程的使用，能索引一个基于 URL 链接的 Web 页面，启动一个新的线程跟随每个新的 URL 链接，索引一个新的 URL 起点。当然，在服务器上所开的线程也不能无限膨胀，需要在服务器的正常运转和快速收集网页之间找到平衡点。在算法上各个搜索引擎技术公司可能不尽相同，但目的都是帮助用户快速检索并浏览所需的 Web 页面。

二、搜索引擎的分类

(一)按工作原理划分

从工作原理来分,搜索引擎可以分为全文检索搜索引擎,分类目录式搜索引擎和元搜索引擎。

1. 全文检索搜索引擎

全文检索搜索引擎是纯技术搜索引擎,如谷歌、AltaVista、ASK、Overture 等,其原理是通过机器手(即 Spider 程序)到各个网站收集、存储信息,并建立索引数据库供用户查询。

2. 分类目录式搜索引擎

分类目录式搜索引擎并不采集网站的任何信息,而是利用各网站向"搜索引擎"提交网站信息时填写的关键词和网站描述等资料。经过人工审核编辑后,如果符合网站登录的条件,则输入数据库以供查询。Yahoo 是分类目录的典型代表。

3. 元搜索引擎

元搜索引擎是一种调用其他独立搜索引擎的引擎,元搜索引擎在接受用户查询请求时,同时在其他多个引擎上进行搜索,并将结果返回给用户。著名的元搜索引擎有 Infospace、Dogpil、Vivisimo 等,中文元搜索引擎中具代表性的有万维搜索、一起搜等。

(二)按搜索引擎结果的来源划分

从搜索引擎结果的来源来分,即相对于搜索引擎服务商对搜索结果的"产权"来划分,可以分为独立搜索引擎和第三方搜索引擎。

1. 独立搜索引擎

独立搜索引擎就是搜索引擎服务商所提供的搜索结果来源于自身的数据库,前述的全文检索搜索引擎和分类目录式搜索引擎就属于独立搜索引擎。

2. 第三方搜索引擎

第三方搜索引擎是对独立搜索引擎搜索结果的整合,上述的元搜索引擎就属于这一类。

(三)按商务应用划分

从商务应用来分,搜索引擎可以分为综合搜索门户和垂直搜索引擎。

1. 综合搜索门户

综合搜索门户是以百度、谷歌为首的,以综合信息搜索为主的独立搜索系统。

2. 垂直搜索引擎

垂直搜索引擎是相对综合搜索引擎的信息量大、查询不准确、深度不够等提出来的新的搜索引擎模式,它是 2006 年以后逐渐兴起的一类搜索引擎。垂直搜索引擎具有明确的市场定位和提供更加具有针对性的、满足用户需求的内容和服务。该类搜索引擎可以按行业、区域、用户需求的产品和服务种类建立搜索平台。垂直搜索引擎专注于特定的搜索领域和搜索需求，在特定的搜索领域内为用户提供更好的体验。

(四)按搜索信息的范围划分

按搜索引擎搜索信息的范围划分，搜索引擎可以分为内部搜索引擎和公共搜索引擎。

1. 内部搜索引擎

内部搜索引擎是指属于某一个网站且仅检索自身网站内容的搜索引擎。这类搜索引擎不能独立存在，必须依附于某一个网站，用户利用这类搜索引擎检索出的信息都是其所依附的网站的内部信息。目前，大的门户网站、论坛、博客平台、SNS 网站在其内部提供这样的内部搜索引擎，供用户检索自己网站上的信息。

2. 公共搜索引擎

公共搜索引擎是指收录互联网上其他网站的页面供用户检索的搜索引擎。这类搜索引擎独立存在，定期在互联网上抓取其他网站的页面供用户检索，用户利用这类搜索引擎检索出的信息都是互联网上其他网站的信息。这类搜索引擎有百度、谷歌、有道、爱问、搜狗等。

三、搜索引擎的盈利模式

作为互联网的最广泛应用，搜索引擎已成为网络信息来源的主要通道。搜索引擎发展之始只是作为门户网站的附属，并无有效的商务模式。根据搜索引擎的发展，其商务模式的演变主要经历如下几个阶段。

(一)搜索技术提供模式

这是搜索引擎发展早期的商务模式。在当时，搜索引擎企业只是作为搜索技术的提供商和运营商，为互联网主流门户网站、企业和政府机构网站提供相应的搜索技术，并由此获取技术服务费。该模式使得搜索引擎企业对其他企业依赖性强，无法直接接触搜索用户、详细了解用户需求，营收及增长均有限，难以支撑搜索引擎长久发展。

(二)搜索服务提供模式

随着互联网的发展，搜索引擎企业从为门户网站提供搜索技术转向独立为用户提供搜索服务的模式。在这一模式中，搜索引擎运营商已经占据了绝对关键位置，成为用户直接面对的互联网应用。一方面，搜索运营商本身直接为用户提供搜索服务，同时也为合作网站和联盟网站提供搜索技术支持，来间接为用户提供服务；另一方面，通过搜索引擎这个平台，可以将广告主的广告传递到用户，真正链接了广告主与用户之间的桥梁。

(三)关键词广告模式

自 2002 年后，关键词广告是网络广告中市场增长最快的模式。关键词广告的基本形式是当搜索引擎用户利用某一关键词进行检索时，在检索结果页面会出现与该关键词相关的广告内容。由于关键词广告具有较高的定位，其效果比其他一般的网络广告形式要好。关键词广告主要有两种模式：一种是在左边查询结果显示区的广告，一般称为竞价排名广告；另一种则是将广告显示在查询结果显示区右侧，不会干扰自然搜索结果。这种广告模式提供了包括竞价机制和点击付费机制，即综合考虑广告商的付费额度和被点击的频率，从而决定广告的排名。

其中，竞价排名是一种遵循特定规则，通过推行关键词广告来获取收入的盈利模式，竞价排名模式已成为中文搜索引擎盈利的主要模式。搜索引擎运营商将客户的广告页面放在索引库里，根据客户对查询关键词竞价的不同，在搜索用户查询该关键词时就能将不同客户的广告链接以不同的顺序在结果页面中显示出来。竞价排名广告采用的付费方式是"按效果付费"模式，即所谓竞价，实际上也是对每次有效点击所付费用的竞价。

(四)广告联盟模式

该模式是在关键词广告模式基础上推出的。搜索引擎运营商在其他联盟网站的内容页面上展示相关性较高的广告，并为广告主分析相关广告的投放方式，搜索引擎运营商则从中赚取佣金或差价。当网络用户在加盟网站上点击了相应的广告后，加盟网站则从搜索引擎运营商获得广告收入分成。

(五)增值服务模式

增值服务收费是搜索引擎运营商不断尝试的一种模式。搜索引擎广告模式已被证实是一种成功的模式，当这一商务模式运作成熟，搜索引擎运营商的增长空间将随着搜索引擎市场的增长而增长，但是当营收增长触顶时，这种商务模式上的获利将到达极限。为了持续发展，搜索引擎运营商则可以通过为搜索用户中的优质人群提供各类增值服务而实现获利。搜索引擎数量庞大的用户基数、增值服务模式成为其拓展各类增值服务的先天优势。

第二节 谷 歌 案 例

一、谷歌简介

谷歌公司是一家成立于 1998 年，目前总部设在美国加州山景城的科技公司。该公司从最初以互联网搜索引擎为业务，逐步发展为提供 50 多种产品和服务，其中包括电子邮件、在线文档创建、软件、云计算、在线广告技术、移动电话和平板电脑等的科技巨头公司。谷歌提供的搜索引擎被认为是互联网上最成功的搜索引擎，并且其开发出来的 Android 软件也是智能手机中最受欢迎的操作系统。谷歌被 Alexa 列为世界上访问量最大的网站，处理了超过 70%的在线搜索请求。为了运行其庞大的服务组合，谷歌在世界各地的数据中心拥有 100 多万台服务器，用于处理每天超过 10 亿的搜索请求和超过 24 000 万亿字节的用户数据。谷歌的规模和庞大的产品组合使其成为世界上最具影响力的四大科技公司之一，与苹果、IBM 和微软保持着合作关系。2017 年，Interbrand 将谷歌列为全球第二大最有价值的品牌，仅次于苹果。由于谷歌在市场上的主导地位和成功，它常常引发媒体对公司包括在版权、

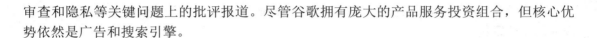

审查和隐私等关键问题上的批评报道。尽管谷歌拥有庞大的产品服务投资组合，但核心优势依然是广告和搜索引擎。

二、谷歌发展历程

1998 年 9 月 7 日，谷歌公司成立；发明谷歌 PageRank 专利。

1999 年，谷歌得到 Sequoia Capital 和 Kleiner Perkins Caufield & Byers 两家风险投资基金总计 2500 万美元的注资。

2000 年，谷歌每天进行 1800 万次查询，成为最大的互联网搜索引擎，雅虎选择谷歌作为默认的搜索结果供应商；谷歌推出谷歌 AdWords，开创了营收最高的广告业务。

2002 年，谷歌推出了谷歌新闻的测试版；谷歌在全球推出了关键词广告。

2003 年，谷歌收购了 Pyra 实验室，这是网络出版工具 Blogger 的创建者；谷歌推出 AdSense，这一广告计划能按照网站内容做广告。

2004 年，谷歌发布了免费电子邮件服务 Gmail；谷歌在纳斯达克上市。

2005 年，谷歌地图发布；谷歌宣布在中国设立研发中心；谷歌公司宣布斥资 10 亿美元收购互联网服务供应商"美国在线"5% 的股权。

2006 年，谷歌以 16.5 亿美元收购影音内容分享网站 YouTube，这是谷歌有史以来最大一笔并购。

2007 年，谷歌在中国向二六五网络公司以约 2000 万美元的价格购得网域名称"g .cn"，成为史上最短的网域注册名称；推出广告产品 AdSense 之后，谷歌又以 31 亿美元的价格收购网络广告服务商 DoubleClick，进一步发展在线广告业务；谷歌宣布开发基于 Linux 平台的开源手机操作系统，并命名为 Android 系统。

2008 年，谷歌发布第一部 Android 智能手机 T-MobileG1/HTC Dream；谷歌发布网络浏览器谷歌 Chrome；谷歌地图卫星升空；谷歌与金融集团汇丰银行(HSBC)以及国际有线电视集团 LibertyGlobal 组成名为"O3bNetworks"的网络计划，通过发射 16 颗卫星将网络服务带入地球上还尚未连接上网络的地区。

2010 年，谷歌推出智能手机 Nexus One；谷歌宣布进军无人驾驶汽车领域；谷歌宣布关闭在中国大陆市场的搜索服务。

2011 年，谷歌正式推出 Chrome 操作系统；谷歌以 125 亿美元收购摩托罗拉移动。

2012 年，谷歌发布谷歌眼镜、谷歌 play、无人驾驶汽车；谷歌收购网络安全创业公司 Virus Total；谷歌斥资 1700 万美元收购电商储物服务公司 BufferBox。

2013 年，谷歌进军电商行业，推动购物快递服务；谷歌中国台湾数据中心开始运营，总建造成本约为 3 亿美元；谷歌宣布收购导航软件公司 Waze，成为谷歌较大的一次收购行为；谷歌收购 Flutter，该公司的主要业务是手势识别技术；谷歌正式宣布推出新版旗舰式手机 Nexus 5，此款手机搭载该公司自己的最新操作系统 KitKat Android。

2014 年，谷歌正式收购人工智能研究实验室 DeepMind；谷歌以 32 亿美元现金收购了设备公司 Nest；谷歌与通用汽车、本田、奥迪、现代和 Nvidia 联合成立"开放汽车联盟"，将谷歌开源系统 Android 应用于汽车领域。

2015 年，谷歌重组为母公司 Alphabet；谷歌发布围棋人工智能程序 AlphaGo。

2016 年，谷歌推出人工智能助手谷歌 Assistant；谷歌正式推出 Pixel 系列智能手机以及家用智能音箱。

2017 年，谷歌正式宣布谷歌 AI 中国中心在北京成立。

2018 年，谷歌和腾讯宣布双方签署一份覆盖多项产品和技术的专利交叉授权许可协议；谷歌 在上海与复旦大学签署两年期合作协议，宣布成立复旦大学–谷歌科技创新实验室，建立战略合作关系；谷歌以 5.5 亿美元入股京东，双方将展开战略合作；谷歌收购了客服自动化创业公司 Onward。

2019 年 1 月，普林斯顿大学与谷歌将合作人工智能技术。

三、谷歌的商务模式

1. 战略目标

从早期的谷歌整体业务来看，搜索、广告和应用是谷歌的主要核心业务，其中搜索是其技术核心，广告是其商业核心，应用是支撑其面向未来竞争的战略核心。目前，谷歌已经从核心的搜索和广告业务扩展到了更为广阔的业务领域，涵盖了从消费硬件到汽车、电信、医疗以及风险投资等众多领域。2017 年，谷歌母公司 Alphabet 更是将未来发展战略从"Mobile First"调整为"AI First"。自此以后，人工智能便成为公司在投资、收购、内部支出以及申请专利方面的重点领域。凭借谷歌已有的品牌影响力和市场能力，谷歌的发展目标将坚持以 AI 为中心，保持机器学习的领先地位，致力于实现全部信息在世界范围内的可得性及使用，并以此构筑确立公司在未来 IT 领域的新霸主地位。

2. 目标用户

谷歌主要有三大类用户：第一类是通过使用谷歌的产品或服务有效组织使用信息的全球用户或组织；第二类是能够以经济高效方式，向客户提供线上和线下广告的广告商；第三类是使用 AdSense 服务的谷歌网络成员和其他内容提供商。除此之外，其他部分还包括移动设备用户、制造商以及开发人员。

3. 产品与服务

1) 广告

广告一直是谷歌营收的主要来源。2006 年，该公司的广告总收入超过了 100 亿美元，而其他部分业务仅为 1.12 亿美元。据谷歌母公司 Alphabet 发布的 2018 年数据显示，依然有高达 83.1% 的收入来自公司的广告业务。主要的广告产品和服务包括以下几点。

谷歌分析：网站所有者可以通过该产品跟踪网站访问者的使用行为轨迹。

Adwords：该产品帮助广告商在谷歌内容网络中展示广告。

AdSense：该产品与 Adwords 相关，用来帮助网站所有者在自己的网站上展示广告，并通过吸引用户点击广告而盈利。

2) 搜索引擎

搜索引擎是谷歌的主要业务，同时也是主要的盈利来源之一。谷歌搜索引擎允许用户通过关键字输入访问信息，而后对数十亿量级的网页进行索引并通过 PageRank 算法来优化搜索结果。主要的搜索引擎产品和服务如下。

谷歌图书：依托谷歌的搜索引擎展示有限的图书扫描页或数字版全书供用户预览和购买。

特殊搜索：其他搜索包括搜索学术文章、博客、新闻报道、图片和视频等帮助用户分析过去和当前趋势。

3) 谷歌工具产品组

谷歌还推出了一系列产品组为用户提供大量的工具包，主要包括以下几点。

Gmail：Gmail 是谷歌提供的基于 Web 的免费邮件服务。Gmail 是第一个提供 1 GB 免费存储空间以及将会话保持在一个线程中的服务。目前，Gmail 允许用户使用超过 15 GB 的免费空间和额外的存储空间。

谷歌文档：谷歌文档是一个免费的办公软件包，为用户提供了创建、编辑、共享和协作工作的能力。

谷歌 Drive：谷歌 Drive 是为谷歌用户提供在线存储服务的。

谷歌日历：谷歌日历可以在不同的谷歌平台上同步。

谷歌翻译：谷歌翻译是一个免费的翻译服务。它提供了几十种语言的即时翻译，该服务可以翻译单个单词，也可以翻译整个网页。

谷歌代码：这是一个开源托管软件项目，开发者可以免费下载部分程序代码。

谷歌云硬盘：用户可以通过谷歌驱动器创建、共享和协作各种类型的文件，包括视频、照片、文档和 PDF。

4) 企业级产品

GSA(谷歌 Search Appliance)：这是谷歌公司推出的一个提供文件索引功能的机架式设备，该设备可以集成到企业网络，文档管理系统或网站中来为客户提供搜索服务。

谷歌 Apps：这是谷歌提供的一项"软件即服务"产品，用于企业消息传输、协作和安全。各种规模的企业都在使用谷歌 Apps，以便员工之间保持联系、提高工作效率并降低 IT 成本。通过谷歌 Apps API，开发人员可以扩展谷歌 Apps 的功能，与其他系统集成或为其公司和其他业务构建新的应用程序。

5) 其他产品

YouTube：这是全球最大的视频网站，为用户提供下载、观看和分享视频或短片服务。

谷歌地图：这不仅仅是一张在线地图，它也是一个开放的平台。拥有高质量内容的公司可以使用我们的地理平台为互联网用户提供餐饮、购物、健康、旅游、娱乐等各个方面的与位置相关的生活。

谷歌新闻：这项服务开始于 2002 年，作为一个自动化的服务，总结来自多个网站的新闻项目。

谷歌 Chrome：于 2008 年推出的一种开源 Web 浏览器。

谷歌 Chrome OS：这是一款基于 Linux 的云操作系统。用户通过登录谷歌账户实现各种基于网络的应用。

谷歌 Lens 是一款基于图像识别和 OCR 技术的人工智能应用，能够让机器学会"看图说话"。

谷歌钱包：这是一款用于无线支付的移动应用程序。

经过二十几年的发展，谷歌公司规模庞大、产品和服务范围涉猎广泛，几乎参与了所有的消费科技行业。近年来，谷歌公司以人工智能为最高战略，陆续推出了包含新的可穿戴平台 Wear OS、谷歌助手、Android TV、谷歌 Home、谷歌 Play 和搜索等各类升级产品或服务。

另一方面，谷歌能够帮助众多商业用户在网络内外取得成功。例如，谷歌的营销计划能够帮助商家寻找客户，并帮助发布者使用他们的内容来获利。谷歌还为商家提供云计算工具，帮助他们节省资金、增加成效。

目前，谷歌为商业用户提供的业务，如表 10-1 所示。

表 10-1　谷歌的商业用户业务

类　别	内　容
在线宣传	通过谷歌+信息页，可为企业提供一个网上家园，让企业与广大客户建立起紧密的联系
广告投放	谷歌 AdWords 可以帮助企业发掘潜在的新客户
工作改善	Gmail、谷歌日历、云端硬盘、谷歌文档、电子表格、幻灯片等谷歌 Apps 可以帮助企业提高工作效率。目前，已有 500 万家企业使用谷歌 Apps
网站优化	谷歌 Analytics 可以帮助企业深入了解自己的网站，让企业不断改善，并为企访问者带来更好的使用体验

总之，在商业层面，谷歌平台形成了一个生态系统，通过不同用户群体之间的互惠共生关系来创造价值。在纯技术层面，谷歌平台让相应的软件产业获得了巨大的规模经济效应。谷歌通过向应用程序开发者、硬件制造者和内容提供者提供所需要的服务使得这个生态系统可以避免重复建设。因此，谷歌平台的基础架构与专有技术是谷歌公司产品与服务的核心。

4. 盈利模式

2018 年第四季度财报显示，谷歌母公司 Alphabet 第四季度总营收为 392.76 亿美元，比上年同期的 323.23 亿美元增长约 21.5%，广告依然是其核心业务，占比 83.1%。除此之外，YouTube 与程序广告业务也表现良好。这种以注意力资源为商品的广告形式，仍是谷歌的主要盈利来源。

谷歌为各类用户提供的产品或服务大多是免费的。通过免费吸引尽可能庞大的用户群体使用平台，从而在不同用户、不同产品、不同市场之间获得交叉补贴。谷歌曾对外公布，其盈利离不开技术授权和广告。

1) 技术授权

由于搜索引擎自身对技术的要求很高，许多门户网站不愿将巨大的人力物力花费在搜索引擎的研究上。它们直接从搜索引擎公司购买搜索技术转为己用，这为搜索引擎公司带来不小的收益。宝洁、美国能源部等许多大公司、网站和政府机构均使用谷歌的搜索技术。谷歌按照搜索的次数来收取授权使用费。这种盈利方式虽然金额一般较大，但频率一般较低。

2) 关键词广告

这是目前采用较多的一种盈利方式。当用户向搜索引擎输入需要查询的关键词或主题后，可以得到这些关键词或主题的各类链接。如果厂商需要，搜索引擎可把这些关键词或主题密切相关的介绍性广告也都搜索出来。但为了不影响用户在搜索结果中快速寻找所需要的结果，这些链接广告一般单独排放在网页右边，用户可以选择查看或不查看，不会影响用户使用搜索引擎的效果。经过检验，这种区别于传统广告方式的营销方式具有非常明显的效果，商家产品的广告可以准确地送达它们期待的目标消费者群体中。搜索引擎公司则可以根据网络广告的点击量，按照事先约定的单价向厂商收取一定费用。关键词广告为搜索引擎公司带来了丰厚的经济利益，为搜索引擎市场的发展带来了更大的空间。

谷歌推出的 AdWords 服务，是谷歌于 2003 年最先开创的盈利模式。该模式是针对企业客户而设计的一种广告发布服务，即关键词广告，允许广告商利用关键词自行发布广告并进行管理。谷歌按照"起价+点击数×每次点击的价格"来收费，这种方式费用较高。AdWords 通过用户搜索的关键词来提供相关的广告，这些广告以静态纯文本的形式出现在搜索结果右侧很小的一块空白处，不会出现动画甚至声音干扰用户。这种友好的广告界面更易被用户接受，而且是针对用户的关键词提供，因此一直具有很高的点击率。

3) AdSense 广告

这是谷歌于 2004 年首创的比 AdWords 更为先进的广告盈利模式。这是一种通过使用关键字广告或者内容联盟网络的付费网络推广方式。这种方式是针对众多网站发布商而设计的。它可以让具有一定访问量规模的网站发布商在他们的网站展示与网站内容相关的谷歌广告，并将网站流量以及广告点击量转化为收入。如果一个网站添加了谷歌提供的广告，即成为谷歌的内容发布商，可以在自己网站上显示谷歌关键词广告，谷歌根据广告被点击的次数支付佣金。

4) 其他新兴的盈利模式

Android 是目前使用人数最多的移动端操作系统。通过 Android 系统积累用户基数，捆绑应用程序，植入广告也成了谷歌重要的收入来源。目前，安卓系统下的所有游戏，包括愤怒的小鸟、植物大战僵尸、忍者水果等家喻户晓的移动游戏，其间所包含的所有广告均为谷歌投放。这使得全球数以亿计的 Android 用户都成为谷歌的终端资源。

谷歌目前除了普通的信息检索引擎之外，还拥有十余个专业检索引擎。如谷歌 Groups 论坛搜索、谷歌 Videos 视频搜索、谷歌 Local 本地搜索、谷歌 Ride Finder 交通搭乘查询服务、谷歌 Maps 地图搜索功能等一系列专业引擎，用户可以通过交通搭乘引擎寻找出租车、检索专业资料等。谷歌在硬件方面的研究也值得一提，谷歌眼镜、无人驾驶汽车、智能手表等一系列人工智能产品也将成为谷歌新的盈利模式。

5. 核心能力

1) 谷歌的人才优势

谷歌是以研发人员为中心的公司，公司一直秉承"只雇佣最聪明的人"的人才选用宗旨。在绩效管理方面，公司具有非常完善的考核机制；在员工的晋升方面，公司强调民主和自由。谷歌让员工决定工作时间，并拥有很大的自由度。此外，谷歌还给每位工程师 20% 的自由支配时间，让他们选择个人感兴趣的研究课题，营造出了以人为本、平等民主的企业文化，极大地调动了员工的积极性和创新精神。

2) 谷歌的品牌优势

谷歌的使命是整合全球信息。在全球化的过程中，谷歌高度重视互利合作并且广泛建立合作关系,从而构建了覆盖全球的价值网络。目前谷歌面向很多国家提供服务,开发出数十种语言的版本,其员工遍布全球,全球业务收入与日俱增,在全球搜索市场中的市场份额超过 50%。谷歌始终以提供最佳的用户体验为使命,注重树立在网民中的良好口碑,并借此提升品牌的知名度和美誉度。谷歌通过提供简单实用的搜索服务、准确客观的搜索结果来强化搜索功能,通过降低网络广告对用户的影响来淡化商业气息,从而赢得良好的口碑宣传效果。

3) 谷歌的技术优势

谷歌在创立的初始阶段,技术创新大都集中在与搜索引擎业和广告业务相关的领域。现阶段,除了搜索引擎以外,谷歌拥有包括视频分享网站、社交网站、地图、安卓系统、智能手机应用、智能手机、智能穿戴设备、大数据、云计算、热气球网络、光纤网络、无人机、自动驾驶汽车、抗衰老药物、量子计算机、人工智能、机器人、医用隐形眼镜、电池、高空发电机等高科技产品。谷歌在技术创新方面一直不遗余力地坚持"赚钱不必作恶"的理念,以用户为中心,打造坚固的专利技术壁垒。

四、成功之处

(一)独特的企业文化

企业文化是企业组织得以快速发展的驱动力,也是组织能够吸引汇聚优秀人才的关键。谷歌公司的企业文化理念形成了团队成员的价值观,并潜移默化地融入公司团队的创新行为中。谷歌对公司人才推出了若干激发创造力的举措,如办公环境人性化、人员自由流动化、内部组织扁平化以及 20%时间私有化等。谷歌的公司从推行公司文化理念、激励优秀人才到推动公司创新过程形成了一脉相承的链条。优秀的文化聚拢了优秀人才,优秀的人才创造出了顶尖的技术和商务模式,而商务模式又成就了企业品牌。因此,用正确的文化理念管理企业是谷歌成功的关键之一。

(二)品牌口碑营销

谷歌是凭借市场口碑取胜的典型公司之一。有别于其他的搜索引擎公司,谷歌永远站在客观的角度提供信息服务,尽量淡化网站的商业气息。谷歌 搜索的迅速和准确性充分迎合了用户的心理,这也成为其广受欢迎的一个重要原因。谷歌 注重树立在网民中的良好口碑,并借此提升品牌的知名度和美誉度,这种品牌营销战略产生了极佳的效果,谷歌在搜索领域的市场份额急速攀升。这说明产品质量才是赢得用户的根本。

(三)商业生态系统

谷歌的成功在很大程度上与其构建的世界级平台有关。谷歌斥巨资创建了一个基于互联网的操作平台并开发了相应的专有技术。通过该平台,提供实验研究、即兴创作、分析型决策、参与式产品开发和其他创新形式。平台不仅能够确保公司达到规定的服务水准和亚秒级反应时间,还使得公司能够迅速开发并推广自己或合作伙伴发明的新服务。除此之外,谷歌平台支持第三方开发各种应用程序,从而确保更好的用户体验和更高的服务质量。因此基于该平台,谷歌公司、第三方开发者、广告客户、商业用户和个人用户之间充满活力的互动形成了完整的商业生态系统。第三方可以分享接入，创造新的、体现功能要素的应用程序，并与终端用户进行互动。在这个市场中，每天数以亿计的访客吸引了更多用户的参与和关注，从而形成互利互惠的双边市场机制。

五、结论与建议

谷歌作为全球最大的互联网搜索引擎，随着其业务的不断扩张，在垄断监管、数据隐私、竞争策略等问题上受到越来越多的质疑和挑战。

(一)遭遇垄断监管惩罚问题

欧盟竞争委员的调查历时 8 年，认定谷歌滥用其在搜索引擎市场的支配地位来为其电商业务提供较为有利的排名，曾对其开出了巨额罚单。同时，欧盟竞争委员还针对谷歌使用占据主导地位的 Android 系统来增强自身在搜索引擎市场的地位以及 AdSense 广告服务等多项业务展开反垄断调查。一系列的调查可能迫使谷歌改变开展移动业务的方式，不能在 Android 系统中捆绑搜索等服务，从而影响其发布广告的能力。谷歌移动业务的创收和盈利能力都将因此受到严重影响。

(二)产品漏洞触发用户隐私问题

多年来，谷歌专注于收集更多的用户数据，以改善服务体验，并为广告客户提供更多的价值。然而，收集用户数据的承诺可能损害用户的隐私权益。谷歌开发的许多服务(如根据个人数据定制广告，利用某人的位置来呈现本地信息等)都被视为侵犯隐私。谷歌+存在的安全漏洞允许第三方开发者访问用户资料，这种情况从 2015 年就出现，但谷歌直到 2018 年 3 月才发现并修复，而且没有向外界公布。谷歌人工智能开发工具 TensorFlow 被发现安全漏洞。利用该漏洞，攻击者可以生成 TensorFlow 的恶意模型文件，对 AI 用户进行攻击，对使用者的 AI 应用进行窃取或篡改、破坏。这种攻击一方面成本低，普通攻击者就可以实施，另一方面迷惑性强，被攻击者可能毫无防备。随着 AI 的应用日益广泛，在这些用户隐私问题上的担忧也日益加剧。

(三)涉足众多领域招致太多竞争对手

谷歌以提供互联网搜索服务而闻名，但收入主要来源于网络广告。完全依赖单一的收入来源的盈利模式，潜在的经营风险较大，而挖掘其他的赢利业务则需耗费大量的时间。近年来，Facebook 已经从谷歌手中夺走大量的在线广告，并共同成为美国数字广告市场的两大寡头。自 2017 年开始，亚马逊和 Snap 凭借各自的优势抢占了更多的广告市场份额。此外，谷歌在其他领域还存在着诸多直接的竞争对手。Android 的最大对手是苹果的 iOS，占领主导地位的搜索则受到百度和微软的 Bing 威胁。因此，在同质化的收入来源模式之下，越来越多的公司在社交网络、广告平台服务、在线视频和数字助手等方面与谷歌形成竞争关系。

针对以上问题，对谷歌提出如下建议。

1. 拆分重组业务，创新收益分配机制

由于 Android 目前是开源免费状态，谷歌承担了系统源代码维护和更新的主要工作，因此预装的搜索应用、浏览器以及各类旗下软件程序作为主营广告收入的来源维系着谷歌与第三方的利益平衡。在谷歌对搜索市场以及 Android 系统具有完全控制的局面下，欧盟反垄断调查很可能导致谷歌对搜索算法进行重大调整并采用新的方式控制和引导 Android 系统。未来在政府监管、互联网巨头公司和手机厂商三者的相互博弈之中，谷歌需要对现有业务进行拆分整合，并演化出不同的商业形态和收益分配机制。

2. 布局区块链技术，保护用户数据安全

谷歌中心化平台的隐私机制一直备受公众的关注。区块链则是可能的解决方案。从区块链技术进入商业领域以来，其独特的卖点一直是安全性和隐私性。通过取消中介和中央当局在交易中的作用，这项技术改变了组织进行活动的方式，也将标志着安全性和隐私性新时代的开始。2018 年 3 月，谷歌已申请一项专利，应用区块链技术保护用户数据的安全性并用于谷歌的云业务。借助区块链记录签名信息，再用签名验证存放在数据库中的数据，从而了解数据是否遭到修改以及被修改的时间。因此，借助区块链新的技术机制，将有助于网络信息产业良性发展的长效机制打造并形成新的行业生态。

3. 继续发挥技术领先优势

凭借搜索服务的优势，谷歌在数字化广告领域具有其他企业极端缺乏的线上线下协同数据收集与多点营销的能力，侧面说明了谷歌产品战略布局的成功和全方位的技术门槛与竞争优势。谷歌应继续加大扩张数字化生态系统的力度，与更多合作伙伴投资签约，从而形成行业竞争壁垒。不仅如此，谷歌还需不断累积在机器学习和人工智能方面的先发优势。目前，这些技术已升级了诸多 谷歌 的原有产品，如语音搜索、智能翻译、YouTube 推荐、谷歌 Photos 等。因此，人工智能作为 谷歌的一项技术积累，为 谷歌未来的产品和业务提供了驱动力，也将奠定 谷歌的发展方向。

第三节　百　度　案　例

一、百度简介

百度在线网络技术(北京)有限公司，是中国最大互联网公司百度的全称。百度于 2000 年 1 月由李彦宏、徐勇两人创立于北京中关村。公司从最初的不足 10 人发展至今，员工人数已超过 18 000 人。目前百度是全球最大的中文搜索引擎，已成为中国最受欢迎、影响力最大的中文网站。

从创立之初，百度便将"让人们最平等、便捷地获取信息，找到所求"作为自己的使命，成立以来，公司秉承"以用户为导向"的理念，不断坚持技术创新，致力于为用户提供简单且可依赖的互联网搜索产品及服务，其中包括以网络综合搜索为主的网页搜索，以贴吧为主的社区搜索，以及学术、视频、音乐、图片等搜索，几乎覆盖了所有的搜索需求。百度还创新性地推出了基于搜索的营销推广服务，并成为最受企业青睐的互联网营销推广

平台。此外，为推动中国数百万中小网站的发展，百度借助超大流量的平台优势，联合所有优质的各类网站，建立了世界上最大的网络联盟，使各类企业的搜索推广、品牌营销的价值、覆盖面均大面积提升。

随着中国互联网从 PC 端向移动端转型，百度也在积极围绕核心战略加大对移动和云领域的投入和布局，不断地把 PC 端的优势向移动端扩展。在不断满足用户的移动搜索需求的同时，百度也在继续积极推动移动云生态系统的建设和发展，与产业实现共赢。如今，百度已经成为中国最具价值的品牌之一。英国《金融时报》将百度列为"中国十大世界级品牌"，成为这个榜单中最年轻的一家公司，也是唯一一家互联网公司。

二、百度的发展历程

2000 年，百度创建，推出独立搜索门户 baidu.com。

2001 年，百度推出独立搜索引擎，直接服务用户。

2002 年，百度实施"闪电计划"中文搜索体验超越谷歌。

2003 年，百度成为中国网民首选的搜索引擎。同年，百度发布图片搜索、新闻搜索。百度贴吧正式上线，后成为全球最大中文社区。

2005 年，百度在美国纳斯达克成功上市，首日股价涨幅达 354%。

2006 年，百度百科上线，成为全球最大中文百科全书。

2011 年，百度知道合作开放平台上线，百度领跑云计算，获发改委专项最高支持。

2012 年，百度成立 LBS 事业部，向移动业务转型。

2013 年，百度收购糯米网、91 无线，建立 IDL 深度学习研究院。

2014 年，百度发布百度钱包，打通移动生态闭环；百度发布大数据引擎，首次对外开放大数据能力；百度云计算(阳泉)中心正式启用；百度投资 Uber，开启中美互联网合作新模式。

2015 年，百度成为中国市场 Windows 10 搜索引擎；百度分别联合中信、安联高瓴发起百信银行和互联网保险公司，开创"互联网+金融"新模式；百度地图领跑行业，超 70%的市场份额稳居第一。

2016 年，随着人工智能等技术基因的不断注入，信贷、理财、支付等金融业务高速开拓，全金融业务版图正在不断完善。百度地图"国际化战略"正式覆盖全球 209 个国家和地区，完成从"中国地图"到"世界地图"的国际化布局。在人工智能领域，百度无人车获美国加州自动驾驶路测牌照，并展示拥有语音、图像、自然语言理解、用户画像四大核心能力的"百度大脑"。同年 7 月，百度发布百度云计算战略。

2017 年，百度主导建设自动驾驶国家人工智能开放创新平台并举办全球首个 AI 开发者大会，首次发布人工智能开放平台的整体战略、技术和解决方案。百度以"All in AI"为指导，与华为、小米、中国农业银行、德国博世集团等签约合作，在智能硬件、智能金融、自动驾驶、智能交通、智能车联网等领域展开深入合作。

2018 年，百度升级"ABC 智能云"业务战略、加速推进"云上百度"进程。百度先后分别与上海市政府、北京市海淀区政府、天津市人民政府签订战略合作协议，共同推进智能城市、AI 公园以及天津智港建设，实现由"AI 技术领先"向"应用落地领先"强势进化。

在自动驾驶领域，百度发布全球首个车路协同开源方案，推动自动驾驶进入"聪明的车"与"智能的路"相互协同的新阶段，同时先后与宝马、戴姆勒在自动驾驶和车联网等领域达成战略合作，助推中德自动驾驶合作。同年 7 月，全球首款 L4 级量产自动驾驶巴士"阿波龙"下线。

三、百度的商务模式

(一)战略目标

百度自成立以来，致力于成为一家服务于各个领域的高科技互联网企业。在 2007 年以前，百度的产品技术线采用差异化战略目标，与谷歌进行错位竞争。而后，基于广告收益提升的前提下，百度推出的框计算(Box Computing)成为其大规模流量变现的利器。框计算作为 PC 互联网时代一站式服务的代表，方便了用户匹配应用程序、相关网站、关联内容的同时，可以直接为合作伙伴和旗下业务进行导流。2012 年，百度开始进入云计算领域，利用百度网盘重新积累了大量的用户数据，并在国内数家互联网企业的网盘扩容竞争战中取得胜利，为人工智能业务积累用户并打造了使用场景。自 2016 年起，百度从平台型互联网公司转型为技术型互联网公司，提出"以夯实移动基础，决胜 AI 时代"的核心驱动战略，完成了从围绕广告销售为核心的组织架构向 AI First 的公司架构的转变。打造最开放的 AI 技术平台是百度人工智能的发展思路与基本战略布局。目前，百度已先后上线了 DuerOS 和 Apollo(阿波罗)两个开放 AI 技术平台。

(二)目标用户

百度是一家植根于中国并面向全球的科技公司，专注于通过互联网理念、技术、资源与各个行业进行融合创新。作为全球最大的中文搜索引擎公司，百度的用户主要分为个人用户与企业级用户两大类。随着移动互联网的发展，百度网页搜索完成了由 PC 向移动以及云端的转型，由连接人与信息扩展到连接人与服务。个人用户可以在 PC、Pad、手机上访问百度主页，通过文字、语音、图像多种交互方式瞬间找到所需要的信息和服务。同时，百度为企业级用户提供了 PC、手机、云端三位一体的立体多维化产品与服务，通过百度用户模型、流量模型为企业提供涵盖数字化营销、数字安全等方面的智能化解决方案。个人用户与企业级用户是百度存在并发展至今的驱动力，二者缺一不可。

(三)产品与服务

百度提供的代表性产品包括以下几种。

全球最大的中文搜索引擎——"百度一下，你就知道"，百度搜索引擎一直致力于让网民更平等地获取需要的信息。

手机百度：这是目前国内活跃用户数 TOP3 的 APP，依托百度网页、百度图片、百度新闻、百度知道、百度百科、百度地图、百度音乐、百度视频等专业垂直搜索频道，方便用户随时随地使用百度搜索服务。

百度地图：百度提供的一项网络地图搜索服务。用户可以查询街道、商场、楼盘的地理位置，也可以找到最近的所有餐馆、学校、银行、公园等。

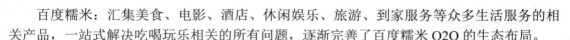

百度糯米：汇集美食、电影、酒店、休闲娱乐、旅游、到家服务等众多生活服务的相关产品，一站式解决吃喝玩乐相关的所有问题，逐渐完善了百度糯米O2O的生态布局。

百度金融：业务架构主要包括消费金融、钱包支付、理财、互联网银行、互联网保险等多个板块，基本覆盖金融服务的各个领域。

百度贴吧：贴吧是一种基于关键词的主题交流社区，它与搜索紧密结合，准确把握用户需求，搭建别具特色的"兴趣主题"互动平台。贴吧目录涵盖社会、地区、生活、教育、娱乐明星、游戏、体育、企业等方方面面，目前是全球最大的中文交流平台。

百度百科：这是一个内容开放、自由的网络百科全书平台，旨在创造一个涵盖各领域知识的中文信息收集平台。

百度知道：百度旗下的互动式知识问答分享平台，也是全球最大的中文问答平台。广大网友根据实际需求在百度知道上进行提问，便立即获得数亿网友的在线解答。

百度文库：这是百度发布的供网友在线分享文档的知识平台，也是最大的互联网学习开放平台。百度文库用户可以在此平台上传、在线阅读与下载文档。

小度：这是中国对话式人工智能的开创者，涵盖小度系列智能硬件，小度助手软件服务(内置于第三方合作伙伴硬件及手机APP中)，以及小度对话式人工智能操作系统。

百度手机助手：这是Android手机的权威资源平台，分发市场份额连续10个季度排名市场第一，拥有最全最好的应用、游戏、壁纸资源，帮助用户在海量资源中精准搜索、高速下载、轻松管理。

百度网盘：这是百度推出的一项云存储服务，不仅为用户提供免费的存储空间，还可以将照片、视频、文档、通讯录等数据在移动设备和PC客户端之间跨平台同步和管理；百度网盘还支持添加好友、创建群组，并可跨终端随时随地进行分享。

Hao123：作为百度旗下核心产品，Hao123及时收录包括音乐、视频、小说、游戏等热门分类的网站，与搜索完美结合，为中国互联网用户提供最简单便捷的网上导航服务。

拇指医生：打造了面向普通用户、医生以及医院的产品体系，实现医患双选的业务模式，从而优化医疗资源的配置效率，提升各方的工作效率，改善患者的就医体验。

百度商业服务：在原有的百度推广(以搜索推广为主)的基础上，将数据产品、交易产品、媒体产品、信用产品和咨询服务进行了深度的整合，并将咨询服务、百度内容联盟加入到整体的商业服务框架中。目前百度商业服务包括三大类产品服务：以凤巢搜索排名为基础的推广类产品服务、品牌宣传类的产品服务以及基于大数据的数据产品增值服务。

此外，百度还提供导航服务、社区服务、游戏娱乐、移动服务、站长与开发者服务、软件工具等。总的来说，百度为个人用户提供了各类互联网搜索产品及服务，同时为企业级用户提供了基于搜索的营销推广服务，并借助超大流量的平台优势，联合所有优质的各类网站，建立了世界上最大的网络联盟，使各类企业的搜索推广、品牌营销的价值、覆盖面均大面积提升。在AI发展战略下，目前，百度云推出了开源计算平台OpenEdge，帮助开发者构建轻量、安全、可扩展性强的边缘应用程序，将AI应用于智能家居设备、可穿戴设备以及其他物联网设备。AI开放技术平台DuerOS和Apollo(阿波罗)也相继上线，前者专注于为智能硬件厂商提供对话式的自然语音交互技术，后者则是目前国内唯一一向全产业链上下游开放的智能驾驶技术平台。

(四)盈利模式

百度凭借其搜索技术及信息资源库,吸引了广大个人用户,形成了品牌效应,包括稳定的百度检索使用率,相对较高的检索匹配率,检索结果的点击率等。因此,百度的盈利模式起源基于关键词广告市场的开发。在百度的发展史上,以搜索为核心的广告收入占总营收的比例一度超过 90%,但这个比例正在逐年降低。近年来,百度所提供的服务和内容呈日益多元的趋势。2018 年,百度广告收入在总营收中占比 80%,为历史最低。另一方面,其他业务对百度营收的贡献率正在增加。相比 2017 年,2018 年百度新增的 174.68 亿元营收中,有 50%来自于其他业务。根据百度 2018 年的营收情况,主要的盈利模式分为如下四类。

1. 基于搜索的广告模式

基于百度搜索引擎的搜索广告是在搜索结果显著的位置展示企业的推广信息,包括企业品牌推广、商品推广、APP 推广以及本地推广等形式,帮助企业将搜索用户有效地转化为客户,百度根据搜索用户的点击数来进行收费的模式,如图 10-1 所示。

图 10-1　基于手机端搜索结果的显著位展示

目前,百度已按计划启用搜索营销专业版即凤巢系统,取代原有的搜索营销经典版即竞价排名。竞价排名在为百度创收的同时,也一度带来许多负面影响。在新的凤巢系统下,百度在普通搜索结果的最上方和最下方分别开辟了两个广告区域，以较深的底色并在右上角标注"推广链接"字样等方式，同普通的搜索结果内容进行显著的区隔，并且每个区域的推广链接一般不会超过三条。除了外在的表现形式，凤巢和竞价排名在结构方面也有了明显的变化。凤巢系统能够针对不同产品线、不同的推广战略、不同的地域市场，带来面向不同推广目标的精细化管理模式，凤巢系统是百度商业产品的一次重大更新。

2. 基于信息流的广告模式

信息流广告充分利用了百度 APP、百度首页、贴吧、百度手机浏览器等平台的资讯流资源。该模式是在百度 APP 信息流资讯、贴吧推荐信息流、帖子信息流、移动端百度首页推荐信息流以及百度浏览器首页推荐信息流当中穿插展现原生广告，如图 10-2 所示。基于上万家合作媒体及 20 万+牛人大 V 的优质内容池，超过 6 亿+用户的海量覆盖，广告即是内容的方式与各平台内容完全融合并通过百度大数据和意图定向、流量分配等多重领先技术，使信息流内容进行千人千面精准匹配，从而降低用户抵触心理，提升精准投放获得高转化率。

图 10-2　移动端百度首页推荐信息流的广告图示

3. 基于百意的广告模式

百意是网盟、DSP 和 MDSP 整合的一个平台，它提供品效合一的跨屏、全能、程序化投放服务，囊括了 60 万家网站、APP 联盟资源，横跨 PC、移动、交通、电视多屏呈现，实现广告整合、精准、一站式程序化投放，让企业一站完成线上线下主流黄金流量购买。百意在移动端覆盖 4.5 亿用户、150 万手机端网站，每日 100 亿流量，在 PC 端覆盖 5.5 亿用户，每日 100 亿流量，提供 Banner 广告、插屏广告、开屏广告等多种广告形式，为企业精准营销和品牌曝光提供有效的渠道。

4. 基于爱奇艺的盈利模式

爱奇艺自 2010 年成立以来，借助百度的流量优势，已迅速成为国内主流视频网站之一。根据 2018 年的百度财报显示，爱奇艺目前是百度广告业务以外的主要收入来源之一。其盈利从成立之初单一的广告收入来源，逐渐丰富成为相对全面的收入构成体系。其中，视频网站的付费会员制、与电商合作板块、广告业务正不断多元化。一方面，用户的付费意识和付费习惯正在养成，同时网络游戏、视频衍生周边业务也带动了视频网站增值服务的发展，视频网站的盈利模式多元化趋势明显。另一方面，视频网站上所提供的广告形式正不断推陈出新，除传统贴片广告外，剧外原创广告、移花接木等新型创意式广告也得到广告主的认可。

(五)核心能力

1. 市场占位优势明显

百度长期位居中国互联网企业市值前列，这与其强大的市场占位和技术占位能力是分不开的。从市场占位的角度来看，百度是国内最早涉及搜索引擎的公司。在搜狐、新浪等老一批互联网企业还在致力于综合门户的业务的时候，百度开辟了搜索引擎业务，简单可靠的服务，推动了早期快速的低成本推广。之后的收购策略，也为百度的市场占位做出了重要贡献。这些收购，一方面增大了百度的影响力，另一方面，也遏制了潜在竞争对手实力的扩张。在技术方面，百度在国内搜索技术领域一直处于领先地位，其拥有全球顶尖的搜索引擎产品和技术工程师。百度的成功，也使中国成为美国、俄罗斯、和韩国之外，全球仅有的 4 个拥有搜索引擎核心技术的国家之一。技术领先，保证了百度公司的优势地位。

2. 强大的融资能力

百度的发展过程中所需的资金几乎都来自于外部融资。百度的第一轮融资目标是 100 万美元。在与多家投资机构接触后，百度选择了美国背景的投资机构 Peninsula Capital，之后 Integrity Partners、DFJ 和 IDG 相继投资了百度上千万美元。投资机构还为百度带来了资本之外的价值。通过 Peninsula Capital 的介绍，百度与硅谷动力结成了合作伙伴，其中 DFJ 为百度带来了早期客户群体。到 2005 年 8 月 5 日，百度成功登录美国纳斯达克，创造了中国概念股的神话，开启了全球互联网的"中国时代"。百度的发展历程，演绎了创业企业融资发展的历程。强大的融资能力，正确的融资战略，是百度得以生存和快速发展的重要基础和催化剂。

3. 持续的创新能力

百度以网页搜索为起点，经过十几年的发展，到目前推出了近百种延伸搜索服务。其中，部分服务的实用性非常强，形成了强大的客户黏性。作为全球最大的中文搜索引擎，百度已经覆盖了几乎全国的网民，每天响应数亿次搜索请求，搜索行为传递的消费和采购意向，形成了一个巨大的商业机会。在此基础上，百度创造了搜索引擎营销概念。搜索营销作为一种门槛低、精准高效、自主灵活的创新营销方式，特别适合规模较小、营销费用有限的成长型企业。百度推广系统建立起的匹配机制，一步步使企业推广行为与需求意向准确对接起来。其高效的管理与优化体验以及推广效果已得到企业客户的一致推崇。而在百度错过移动互联网发展浪潮以及竞价排名的争议风波之后，百度重新调整并加快了 AI 发展战略布局。在业务推进的基础上，百度智能驾驶事业群组(IDG)、百度 AI 技术平台体系(AIG)以及智能生活事业群组(SLG)齐头并进，重新将百度的市值拉回高点。这一系列对于新技术的追求和探索，构筑了百度良好的创新能力。

四、成功之处

(一)技术与商务模式协同创新

百度发展早期，成功地将"竞价排名"的商业模式引入中国，并在此基础上发展了本土化的盈利模式，且占领了中国搜索服务和搜索广告的大部分市场。而后，对于饱受诟病的竞价排名模式，百度及时调整产品，推出凤巢系统。一方面进一步加强传统搜索的收费模式，另一方面积极探寻新的盈利增长空间。在移动互联网发展的浪潮下，百度及时认识到信息流产品的重要性，将文字搜索、扩展到图片、视频、多媒体内容，通过人工智能、机器学习、机器视觉来感知用户的需求，给用户推送它们最需要、最感兴趣的信息，大幅度提升了流量。在人工智能技术先发优势的情况下，百度更早地进行人工智能产业化布局，抓紧 AI 技术赋能，实现人工智能产品化、商业化落地。

(二)战略进化紧追时代发展

百度凭借 PC 时代积累的庞大用户流量，继续发挥其在技术上的优势，通过综合搜索、地图和本地生活领域的资源与优势，在移动场景下重新定义搜索，实现了从人与信息到人与服务的连接转变。同时，内容生态业务布局成功地将百度转型为通过多元化内容分发来变现的信息平台。人工智能是移动互联网的下一幕，百度围绕家庭、车与企业三个场景分别推出了对话式人工智能系统 DuerOS、自动驾驶汽车平台 Apollo 与百度云。其中，百度云拥有业界体量最大的计算资源池，不仅作为 AI 架构后台，为 Apollo 和 DuerOS 提供技术支撑，还弥补了百度商业版图中长期缺乏的企业级市场。凭借人工智能、大数据与云计算三位一体的差异化解决方案，百度云已成为百度新的增长点。随着 AI 产业化的全面发展，百度从单一的搜索引擎企业进化成为中国领先的人工智能企业。

五、结论与建议

(一)面临互联网巨头的竞争问题

在移动互联网发展初期，随着 PC 端搜索量的下降，百度的用户数量与增长势头落后于腾讯与阿里。在线下场景消费领域，百度也无力与其他两大巨头相争。微信从社交积累沉淀资金做线下支付，从用户层面自下而上打造消费场景，阿里则从企业、商户层面自上而下打造场景。相比腾讯、阿里的盈利业务多元化，单一的基于搜索广告收入来源成了百度最大的挑战。

(二)内容获取成本的上升问题

百度的全民小视频与好看视频是中国十大短视频应用中增长最快的两个应用。截至

2018 年 12 月，百家号内容创作者达到 190 万，百度智能小程序月活用户达到 1.47 亿，环比增长 30%。百度依靠内容生态引流的同时，内容获取成本也面临大幅增长，主要表现为爱奇艺在版权支出、与竞争对手在争夺优质内容中的高价成本以及在综艺、网络剧上大规模的投入等方面。

(三)人工智能技术的变现问题

百度以互联网时代的搜索技术为基础，在技术延展的边界内，不断地推动技术向产品和应用不断转化，实现技术变现。目前，百度所达到的千亿元人民币收入体量，大部分是来自互联网在线业务。根据百度 2018 年的财报数据，百度的利润主要还是来自搜索、内容分发等传统业务。AI 战略下的无人驾驶汽车等业务还只是布局，AI 的商业化还需要依靠百度其他传统业务的支撑。

针对以上问题，提出如下建议。

1. 夯实移动基础，AI 战略转型

在原有移动产品的基础上，加大移动产品建设形成移动产品方阵，增强百度的市场竞争力。人工智能将是巨大机遇，为互联网和传统行业带来革命性的变化。百度拥有独一无二的技术基因、大数据优势和人才。通过对百度现有的平台产品，包括搜索引擎及信息流等产品进行人工智能技术应用优化升级，将搜索与信息流广告结合，打造百度原有业务的增长引擎。同时，加速 AI 生态的战略布局，实现百度在 AI 领域的优势，并形成新的愿景型业务。

2. AI 赋能内容，完善变现体系

通过 AI 与内容、商业的连接实现从内容生产到内容消费的智能升级。此外，百度整体内容生态下，继续整合资源为自媒体、达人平台以及众多的企业商家等内容合作者提供"微电商"能力：从商品页面到券卡、收银、结算等整套的电商闭环服务，全面降低内容创作者的内容变现门槛，并最终通过聚焦生活服务、构建完整生活服务内容生态，实现内容生态的全面 AI 化，同时结合 AI 技术探索出更多信息流变现形式。

3. 加快 AI 生态布局，形成商业模式闭环

从技术变现路径来看，需要经历技术、产品、渠道三个重要环节。其中，从技术向产品的转化是难点，也是目前各家 AI 企业重度投入的环节，而从技术向产品转化的前提是技术的成熟和稳定。百度还应加大人工智能的技术研发研究。在产品化和应用方面，争取覆盖更多的产业，如能源、农业、制造、医疗、金融、物流等多个场景环节，建立 AI 生态，形成强大壁垒。同时打造商业模式闭环，实现 AI 生态系统的良性循环。

自 测 题

1. 目前，谷歌的广告业务面临来自亚马逊的巨大挑战，亚马逊掌握着大量的消费数据，谷歌应如何整合广告业务，保持其竞争优势？

2. 区块链技术对谷歌中心化业务的商务模式有何影响？
3. 在人工智能的风口下，搜索引擎公司具有哪些优势？
4. 比较腾讯云、阿里云等产品，百度云的优势是什么。
5. 分析百度内容生态爆发的原因是什么。
6. 讨论百度 AI 商业化的优势是什么。

第十一章　电子商务的研究方向

【学习要点及目标】

通过对本章的学习，回顾全书涉及的主要内容，进一步探讨电子商务模式创新，并通过对过去 20 年国际电子商务主流期刊论文的数据统计，总结研究的主要领域，提出未来研究的方向。

【引导案例】

中国电商发展 20 年，经历了从无到有，从模仿到创新，再到世界领先的过程，这其中无论是阿里、京东、腾讯、小米等互联网巨头企业的快速崛起，还是各种中小型创新创业企业的不断涌现，都给中国众多的传统企业带来了强烈的冲击。渠道的扁平化以及线上化，还有各种数字化营销方式的创新等，传统企业一夜之间发现他们所处行业的规则和玩法都变了，他们面对的竞争对手也变了，很多创新企业带着跨界思维不由分说地就想要来颠覆自己，甚至很多渠道和产品思维的传统企业也惊恐地发现，他们其实并不了解他们的客户，不转型就等死成为那时传统企业谈论最多的话题。

尤其是 2014 年开始，"互联网+"提升至国家战略，加之"大众创业，万众创新"等理念的提出，各地方政府也出台各项政策支持互联网及电商的发展，VC/PE 等资本的涌入，使得中国围绕互联网进行创新创业的热情持续高涨。那时候企业的老板或者创业者之间如果不谈论点"互联网+"和互联网思维，感觉就是跟不上时代潮流。众多传统的央企、国企也纷纷围绕"互联网+"制定发展战略，将互联网化转型提到了前所未有的重要位置。

但是战略定了，具体怎么做很多传统企业却仍然摸不着头脑。先开个天猫旗舰店，再开个官方微博和公众号，成为了首选。除此之外，有些财大气粗又手握资源的传统企业看到了阿里、腾讯等平台的活力与威力，也开始考虑构建自己的生态平台，由此找个技术团队，开发个 APP 或者平台也成为一时之热。更有趣的是，小米的参与感、周鸿祎的红宝书、平台战略等也成为当年炙手可热的主题。生态、平台、用户、免费、口碑等这些词也高频率地出现在传统企业的互联网战略举措中。然而这些概念和词汇并未解决传统企业在互联网转型中实际面临的问题，一方面担心互联网创新创业企业会颠覆自己的传统主业，需要加码投入互联网新业务的培育，而另一方面传统企业又需要维持原有主业的平稳发展，变革决心并未坚定，同时又受制于原有体系的束缚，曲线救国的策略也未见成效。就在这种犹豫和徘徊中，很多传统企业错过了互联网发展的好时机，同时也交了很多昂贵的学费。

传统企业在互联网化转型中，常常进入到一个误区，那就是将建平台等同于建网站，因此开发个 APP，建个平台网站成为必选项。殊不知，平台后面是需要业务逻辑的支撑，需要各参与方的加入，需要强有力的运营等。此外，还有很多传统企业将重金投入到新媒体运营团队的构建，想要通过开通微博和公众号拉近与用户的距离，进行所谓的粉丝运营，也必然逃不开失败的命运。

(资料来源：分析：电商二十年，中国传统企业那些年走过的弯路.
http://www.100ec.cn/detail6493472.html)

第一节　电子商务模式创新研究

一、电子商务模式创新概述

本书在全面介绍案例背景的基础上，以电子商务模式为主，结合先修的网络经济学、物流与供应链管理等课程涉及的理论，案例内容紧紧围绕电子商务发展实际进行设计。除了传统的网络零售、B2B 电子商务模式的介绍外，还引入对 O2O 与新零售、跨境电商、社会化电商、互联网金融、共享经济等案例的探讨。

从中可以发现，商务模式的内涵和功能甚至成为解释企业如何从技术创新中获利、构建和保持竞争优势的战略性分析单元。企业发展是一个动态的过程，因此应随着客观环境的不断变化对商务模式进行创新，由此保持持续性的竞争优势和核心竞争力。大数据时代的到来为电子商务平台商务模式创新提供了更多的机遇，也引发了行业内企业通过模式创新来获取竞争优势。

云计算、移动互联网、社交网络、基于位置的服务等新兴信息服务业的发展，使得全球数据量呈现爆发式增长。这种新的变化，为在线电子商务平台商务模式创新提供了重要基础。在这种环境下，消费者在网络空间上的行为特征和记录成为企业构建用户画像的重要基础，基于这些数据企业可以制定出精准个性化的服务策略。这种新的变革就是在技术创新基础上进行的商务模式创新，它是撬动技术创新价值的重要方法，学者们逐渐从产品技术创新领域转向商务模式创新的研究。

将内部资源、外部环境、盈利模式和经营机制这四种要素创造性的结合起来，有利于商务模式的形成。成功的商务模式，可以不断提升自身的营利性、协调性、价值、风险控制能力、持续发展能力和所处行业地位。身处技术创新浪潮中的企业，必须基于自身的资源禀赋，综合考虑内外部环境，在可能的集合中选择一个适合自身发展的商务模式。双边网络效应的存在是基于对平台参与各方供需对接的满足，而大数据时代的新技术可以更好地促进平台双方供需的匹配。新技术的商业化使得电子商务平台可以向用户提供更好的产品和服务，也使得企业间的竞争的层级更高，基于新技术的商务模式创新成为电子商务平台关注的焦点。

二、商务模式创新的研究构想

商务模式创新是一个系统工程，不仅包括传统意义上的新产品开发与采用，更重要的是运用新的商业模式或更新现有商业模式规则，从而建立创新的系统。商业模式创新的驱动力量包括市场驱动、技术驱动、价值链驱动以及范围经济效应的驱动。市场驱动是为了满足已经存在的潜在市场需求而不断地改进或创新服务提供模式。技术驱动是指新的市场需求是随着新兴技术的诞生和演化而形成的。如今，消费者的需求更加个性化和差异化，这就要求企业构建全新的价值链。通过价值链重构，上下游企业间的合作响应更加迅速。此外，各参与方还通过资源与信息共享，提升了价值链的运行效率，从而更好地为差异化的用户需求服务。范围经济的概念源于交易成本，交易成本在生产过程空间纵向分解或纵向一体化中起着决定性作用。范围经济通过不同类别产品和服务的提供，实现了交易成本的内部化。此外，对范围经济的追求，也是电子商务平台向电子商务生态系统演变的重要诱因。

Baden-Fuller 和 Haefliger(2013)认为商务模式创新应关注四个方面，即顾客识别、顾客契合、让渡顾客价值和价值捕获。顾客识别是基于数据挖掘技术，对顾客属性特征、访问日志、购买记录、表单填写等数据进行分析，挖掘出企业的潜在顾客。针对这些顾客，更深层次地了解其需求是什么，哪类顾客能够为企业创造的价值更大，从而在后续的营销和顾客关系管理中制定相应的策略。顾客契合是指顾客对企业产品、服务、品牌的投入水平，是企业能够持续满足顾客需求和建立联系的重要表现。只有当顾客契合较高时，顾客才会更愿意持续使用该企业的产品。让渡顾客价值是企业通过顾客让渡价值最大化来体现其竞争优势，竞争优势来自于一个企业在设计、生产、销售、发送和辅助其产品过程中所进行的互不联系的活动。价值捕获是指通过新技术的使用来促进商务模式的创新，基于新技术的商务模式创新可以更好地满足更多用户的需求，增加了企业的价值捕获能力。商务模式创新有主动和被动两种动因，主动创新是企业自内而外、因势而动的创新，而被动创新则一般是囿于市场竞争的压力。在现实中这两种动因可能会相互转化，促使平台进行商务模式创新。驱动平台商务模式创新的动力包括技术、市场、价值链以及范围经济的作用。双边网络效应是否能显著提升是电子商务平台模式创新的重要体现，商务模式创新效果通过顾客识别、顾客契合、让渡顾客价值和价值捕获四个维度来测量。商务模式创新的最终效果是实现包括平台、商家、消费者以及其他参与方在内的电子商务自组织生态系统。在以上讨论的基础上，提出电子商务平台商务模式创新"创新动因—驱动因素—创新效果"的研究构想。

三、电子商务平台商务模式创新演变

电子商务平台商务模式创新可以按照不同的阶段进行讨论，按照引入期、成长期、调整期和成熟期进行划分，如图 11-1 所示。新技术进入市场可以带来新的需求，开辟新的市场，故在引入期商务模式创新一般是由技术驱动。进入者只有通过主动创新，形成独特的商务模式才能进入现有的市场，而在位者则为了应对进入者或者潜在的进入者而选择被动或者主动的商务模式创新。在成长阶段的市场必须具备诚信的商业环境，否则优胜劣汰的生存法则以及交易成本增加会制约平台的发展，故市场驱动商务模式创新可用于成长期。现有的模式发展到一定阶段会出现瓶颈，由于价值链的整合可以实现平台战略的调整并创造新的发展空间，故价值链整合适用于调整期。众多的参与者进入平台带来了范围经济，但如果没有互利共生的生态机制，则可能现出恶性竞争和短期行为，故范围经济驱动适用于成熟期。

(一)引入期

技术驱动商务模式创新。推荐系统在电子商务平台中已获得广泛的应用，从而简化用户的购物路径，解决商品信息过载的问题。商家应设计新的数据挖掘方法更好地辅助消费者的购买决策。移动互联网与 LBS 等新兴技术的发展使得消费者行为从时间和空间两种维度被记录下来。这种新兴技术为平台进行精准营销提供了可能，此阶段以吸引商家入驻平台和提升销量为目的。

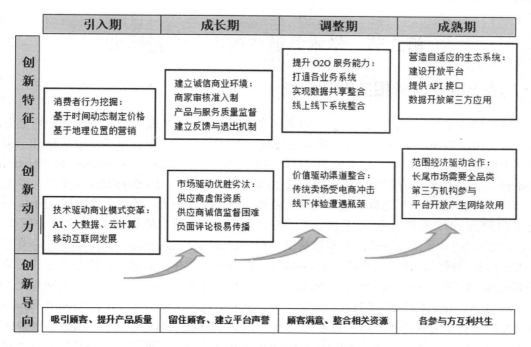

图 11-1　电子商务平台创新演变

(二)成长期

市场驱动商业模式创新。技术驱动可以获得突发的优势,但长期而言市场机制会产生优胜劣汰的效果。在成长阶段不可避免地会出现一些良莠不齐的参与者加入,而这个阶段也是平台从野蛮生长向品牌声誉建立的过渡阶段。负面信息相较于正面评论更易于在网络中传播,严格的审核机制就是向市场发送信号,规避了信息不对称的市场,即柠檬市场的逆向选择问题。

(三)调整期

价值链驱动商业模式创新。实现业务系统的打通、线上线下合作方的数据共享是破解O2O 问题的关键。由于产品需求依赖于消费者网络的扩散而变得不确定,为了减轻或消除渠道上下游成员由于决策的外部性,所造成的双重边际化问题,国内外学者已经提出了相应的协调机制。

(四)成熟期

范围经济驱动生态系统形成。竞争市场理论有三个假设:进入是免费的,进入是完全的,进入没有沉没成本。由于电子商务生态系统的进入壁垒几乎为零,有大量的第三方机构参与到电子商务生态系统中。范围经济效应存在促使平台对外开放,表现为 API 接口开放,鼓励第三方应用开发,为营销策略制定提供隐私经过处理的数据。营造互利共生的自组织生态系统是范围经济驱动的关键,否则即便是有着众多的参与者,但互相之间恶性竞争和短期行为将会破坏平台的生态系统。

第二节　学术领域中的电子商务研究

一、基于电子商务相关期刊的统计

通过聚焦在 SSCI 索引库，近 20 年电子商务(EC)论文总共被刊登在 298 种期刊上面。以总被引用次数 500 次以上作为门坎(threshold)，并利用两个文献计量指标(g-index,h-index)排序出前 5%的重要刊物，结果如表 11-1 所示。其中，International Journal of Electronic Commerce (IJEC)是最有影响力的刊物。从 2000 年到 2018 年，IJEC 都有收录文章，可说是 EC 研究的活跃期刊，平均每年被引用的次数亦超过 184 次以上，综合上述指标，IJEC 被评为电商研究领域的翘楚当之无愧。在 IJEC 当中被引用次数最高的文章是美国学者 Pavlou(2003)结合了信任和风险与科技接受模型(technology acceptance model)来讨论消费者对电子商务的接受，该文迄今被引用 1044 次，是电商研究中少数被引用次数破千的文章。McKnight 及 Chervany(2001)则透过概念性且跨学科的分类，提出信任在电商的顾客关系中扮演的角色。Suh 及 Han(2003)则强调信任和知觉安全控制感(perception of security control)重要性以及对于消费者接受电子商务的影响。Tan & Ludwig(2016)讨论了中国市场电子化程度对于企业电子商务的区域性采用(regional adoption)的影响。Kim 等(2017)则是从距离效应和快递讨论欧盟市场的跨境电子商务(cross-border electronic commerce)。可见，IJEC 对于信任(trust)对电商发展的影响尤为重视，而近期则关注电商区域性发展，特别是跨境电商。

表 11-1　最具影响力的前 5%的电商期刊(被引用数超过 500 次以上者)

序号	期刊名称	总引用量	g-index	h-index	总文章数	发表年份	平均引用(年)
1	*International Journal of Electronic Commerce*	3497	42	20	42	2000—2018	184.05
2	*Information Systems Research*	3227	12	11	12	2001—2017	189.82
3	*Information & Management*	2951	41	25	41	2000—2018	155.32
4	*Decision Support Systems*	1941	24	17	24	2001—2016	121.31
5	*MIS Quarterly*	1733	9	9	9	2002—2016	115.53
6	*Omega*	1617	5	5	5	2000—2007	202.13
7	*Journal of Management Information Systems*	1127	13	11	13	2000—2015	70.44
8	*Electronic Commerce Research and Applications*	965	30	16	40	2005—2017	74.23
9	*Journal of Retailing*	777	4	3	4	2002—2016	51.80
10	*Journal of Strategic Information Systems*	580	7	5	7	2001—2017	34.12

续表

序号	期刊名称	总引用量	g-index	h-index	总文章数	发表年份	平均引用(年)
11	*Psychology & Marketing*	556	7	5	7	2003—2017	37.07
12	*International Journal of Information Management*	516	19	11	19	2001—2018	28.67
13	*Tourism Management*	501	8	8	8	2004—2016	38.54
	前5%期刊(13个)*	19 988			231		1538
	其余285个期刊	15 399			772		54
	总共298个期刊	35 387			1,003		119

*备注：发表量前 5%的 13 本期刊总计刊登了 231 篇电商相关论文(占总发表量的 23%)，总计被引用次数达 19 988 次(占总被引用数的 56.5%)。此外，这些刊物平均被引用 1538 次，远高于总平均值 119 次，显示刊登在顶尖期刊的电商研究主宰了整个研究领域的研究脉络。排序在 2～5 名的分别是：*Information Systems Research (ISR)*，*Information & Management (I&M)*，*Decision Support Systems(DSS)*，*MIS Quarterly(MISQ)* 等信息管理重量级的学术期刊，每本期刊所收录的 EC 文章之总被引用次数超过 1700 次以上，平均每年被引用次数也在 115 次以上，两项文献计量指标 g-index 及 h-index 也几乎都是双位数以上，文章被刊登期间涵盖 2000—2018 年。这些结果显示：每年不仅都有 EC 相关研究被刊登在这些信息管理的重量级刊物上面，结果更支持了 EC 课题是近 20 年间信息管理领域的研究重点之一。其次，相对于前五大期刊，排名第六位是 *Omega: International Journal of Management Science*。期刊中文译名为《管理科学国际》，刊登管理科学顶尖研究，Gefen 在 2000 年发表在 Omega 的文章 *E-commerce: the role of familiarity and trust* (电子商务：熟悉和信任的角色)，文中提出了熟悉(familiarity)是一种信任的前置条件，而信任则是决策行为的先决要件(Gefen，2000)，这一论点至今仍是电商研究的重要基础。

位于 8～13 名的刊物，分别是 *Electronic Commerce Research and Applications (ECRA)*、*Journal of Retailing (JR)*、*Journal of Strategic Information Systems (JSIS)*、*International Journal of Information Management (IJIM)*、*Psychology & Marketing* 及 *Tourism Management*。虽总被引用数据与前述刊物有较大差距，但这几本刊物却透露出 EC 研究的近期走向与趋于专业的态势。

首先是 ECRA，该刊物强调电商研究与实务结合的重要性，是电商研究的新兴刊物之一。在本数据集中，收录了 40 篇来自 ECRA 的论文，总计被引用次数为 965 次。例如：Huang 和 Benyoucef(2013)提供了从电子商务发展到社交商务(social commerce)不同的设计特色上，总计被引用 160 次。Lu 等(2010)则讨论从虚拟社区成员到 C2C 电子商务买家，信任扮演的角色，以及信任在虚拟社区及其对消费者购买意愿的影响，这篇文章被引用 155 次。近期，ECRA 也刊登了关于社交媒体与电子商务的研究，如 Yan 等(2016)调查了消费者采用来自电子口碑(Electronic Word of Mouth，E-WOM)的过程，通过两种口碑来比较公司的电子商务网站和来自社群媒体(social media)的内容。

Journal of Retailing(JR)、*Journal of Strategic Information Systems(JSIS)* 则是老牌刊物，专

注在零售、战略信息系统的高水平研究，均为各自领域第一区的好期刊。其中，Srinivasan 等人(2002)发表在 JR 的探索电子商务中的客户忠诚度一文最值得一提，文章讨论在 B2C 情境中(online business-to-consumer context)影响客户忠诚度的前因，以及影响忠诚度的因子，也讨论了忠诚度影响的消费者行为。其中，八项前因又称 8C，包括：客制化、联系互动、关怀、社群、便利、培养、选择和特性(customization、contact interactivity、care、community、convenience、cultivation、choice and character)，提供了零售商对于网上经营的指引。近期，JR 也进一步刊登了一篇关于电子零售商刺激利基产品与热销产品不同的营销沟通策略(Meiseberg, 2016)，十分符合目前电子零售商的需要：了解不同属性产品的营销沟通策略(E-tailers' Communication Practices)。另一方面，JSIS 锁定了电商研究中关于战略信息系统的研究。其中，Belanger 等(2012)针对电子商务系统中隐私、安全和网站属性的作用(the role of privacy、security and site attributes)，分析用户对于电商系统的信任。近期，有 Cui 等(2017)讨论从电商战略、资源分配与电子商务的角度如何促进中国农村的社会创新(social innovation in Rural China)，议题符合目前中国经济发展及电商发展的需要。

IJIM 是新一代信息管理的顶尖刊物，高端的电商研究自然是刊物的收录对象。其中，中国台湾与美国学者的合著论文《习惯和电商网站品质》一文获得最高引用次数，共 123 次，而习惯(habit)构念也成为后续电商研究的重要变量(Liao et al., 2006)。一些近期的研究也显示出 IJIM 收录电商研究的特色——国际化。例如：Hallikainen 和 Laukkanen(2018)抽样调查了国情文化(中国和芬兰)和消费者对电子商务的信任，研究发现中国和芬兰网络消费习惯的不同，或许也可从这两国不同的文化差异得到解释。此外，IJIM 一系列对于电商信任的研究，包括：Shi 等(2013)进行的一项探索性研究，利用基于社会认同理论(social identity theory)和信任转移过程(trust transference process)的理论基础，提出了利用社会分组和社会关系为外国电子商务公司建立信任的五种策略。而 Yoon 及 Occeña(2015)则是从性别和年龄的角度，分析了在 C2C 电子商务环境中，影响消费者信任的因素，Sullivan 和 Kim(2018)则进一步探讨了消费者的产品评估(consumers' product evaluations)和信任对电子商务环境中的回购意图的影响。通过这一系列对信任的研究，可看出 IJIM 对于重要理论概念从不同角度进行深度讨论的要求。

另值得一提的是，关于两本期刊收录 EC 研究时间晚，且收录不到 10 篇论文(截至本研究期间止)，但期刊属性明确，也点出 EC 结合特定专门研究领域的可能性，这两本期刊分别是 *Psychology & Marketing* 及 *Tourism Management*。前者是则是营销心理学专业，自 2003 年起收录 EC 相关论文，总计收录 7 篇，总被引用次数为 556 次。其中 Chen 和 Dubinsky(2003) 提出在电子商务中知觉顾客价值的理论模型，至今被引用 315 次，是该刊物与 EC 相关研究被引用次数最高的文章。Yang(2006)等人则从 ELM 模型探讨初始信任(initial trust)对电子零售商的重要性。在近期研究中，Pappas 等(2017)讨论了个性化电子商务中的感觉和敏感性等情绪的重要性，从这几篇研究论文中也能看出营销心理学的重要概念应用在电商研究的可能性，包含感知顾客价值(perceived customer value)、初始信任(initial trust)、感觉和敏感性(sense and sensibility)，特别是又再次看到了信任在电商研究的重要性。

Tourism Management 则是旅游管理的专业期刊，自 2004 年起收录 EC 相关论文，总计收录 8 篇，总被引用次数为 501 次。在其收录与 EC 有关的论文中，许多与旅游管理领域相关。例如：Kim 等人(2011)探讨在线购买韩国的旅游产品和服务，迄今被引用 168 次，是该

刊物与 EC 相关研究被引用次数最高的文章。另一同姓氏作者 Kim 等人(2009)则讨论了游客主观规范(subjective norms)和信任对于航空 B2C 电子商务网站接受度。其中来自计划行为理论(The Theory of Planned Behavior)的主观规范是指行为者是否会受到某种社会压力而执行或不执行该行为(Ajzen, 1991)。主观规范所提到的社会压力在网络科技发达的今天,很多指的就是来自朋友圈的压力,这对于中国年轻的网络原生代更是如此。至于近期的文章,例如:Abou-Shouk(2016)等人则研究发展中国家中小型旅行社采用电子商务的效果,对于电商业者而言,就是一个新兴的市场。对旅游研究者而言,利用电商技巧经营旅游市场更是一个时代的研究课题。

二、电子商务的未来研究方向

基于文献计量分析,我们排序出刊登电商研究的 13 本高影响力的国际期刊(占总发表量前 5%),并针对该刊物高度被引用的论文及近期刊登文章的研究方向进行内容分析。了解电商主要期刊的来龙去脉有助于后续研究者投稿电商研究的方向,我们也提供一些研究讨论供后续研究者参考。最后, 在刊登电子商务研究的重要期刊的分析中,研究重点均包含"信任"。这也透露了近期电商基于信任的发展趋势,包括:社交媒体(social media)、社交商务(social commerce)、电子零售商(E-tailer)、电子商务系统中隐私及安全(privacy and security)。而营销心理学、旅游议题更可能是未来电商研究的利基。未来可以从不同的观点、理论应用甚至产业切入这些不同的细分领域,从而提出近 5 年间电商领域可能的研究方向。读者可参考本节的研究方法,持续追踪电商研究期刊最新的整体发展脉络,亦可比较国与国间不同索引库的电商研究方向,如 CSSCI 与 SSCI。此外,追踪更高频的索引库,如 Conference Proceedings Citation Index- Science (CPCI-S),通过更快速出版频率的会议论文集观察更前沿的学术研究方向。相对于本节提供期刊层次的观察,后续读者可将注意力放在本节所述研究领域在电子商务的应用以及个别文章的研究方向。

参 考 文 献

[1] 徐迪，翁君奕. 商务模式及其创新研究[J]. 商业时代，2004(29)：43-44.

[2] 荆林波. 解读电子商务[M]. 北京：经济科学出版社，2001.

[3] 雷兵，司林胜. 电子商务案例分析教程(第二版)[M]. 北京：电子工业出版社，2016.

[4] Dubosson-Torbay M, Osterwalder A, Pigneur Y. E-Business model design, classification and measurements[J]. Thunderbird International Business Review, 2002, 44(1)：5-23.

[5] Timmers P. Business Models for Electronic Markets[J]. Journal on Electronic Markets, 1998，8(2)：3-8.

[6] Weill P, Vitale M R. Place to space: Migrating to e Business Models[M]. Boston: Harvard Business School Press, 2001.

[7] Shafer S M, Smith H J, Linder J C. The power of business models[J]. Business Horizons, 2005(48)：199-207.

[8] 砍柴网. 持续发力物流领域，唯品会仓储物流建设成效显著[J/OL] (2018-04-04)[2018-06-04]. http://tech.ifeng.com/a/20180404/44929882_0.shtml

[9] 唯品会网站. 唯品会服务条款[J/OL] (2015-01-01)[2018-06-04]. https://viva.vip.com/act/supportClause-pc?wapid=vivac_802.

[10] 德勤. 2018 全球零售力量报告！附 Top100 名单[J/OL] (2018-02-27)[2018-06-04]. http://www.ebrun.com/20180227/265669.shtml.

[11] 银行信息港. 暴跌近 20%的唯品会现在的发展面临哪些问题？[J/OL] (2018-05-22)[2018-06-04]. http://stock.10jqka.com.cn/usstock/20180522/c604584997.shtml.

[12] 徐万佳. 在线旅游平台数据诚信的"马蜂窝"该有人捅捅了[N]. 中国旅游报，2018-10-24(003).

[13] 丁梦，李皖南. 民心相通视角下东南亚网络游记认知误区研究——以马蜂窝东南亚游记为例[J]. 广东农工商职业技术学院学报，2018，34(02)：9-14.

[14] 乔休. 被质疑数据造假 马蜂窝为何捅了"马蜂窝"？[N]. 电脑报，2018-10-29(013).

[15] 张涛. "马蜂窝事件"暴露互联网点评生态乱象[N]. 湖南日报，2018-10-24(011).

[16] 吴双伶. 广西古迹传播中马蜂窝的用户生成内容研究[D]. 南宁：广西大学，2018.

[17] 杨松. 马蜂窝跃级[J]. 21 世纪商业评论，2018(10)：60-61.

[18] 王宝义. "新零售"的本质、成因及实践动向[J]. 中国流通经济，2017，31(07)：3-11.

[19] 王坤，相峰. "新零售"的理论架构与研究范式[J]. 中国流通经济，2018，32(01)：3-11.

[20] 荆兵，李梦军. 盒马鲜生：阿里新零售业态[J]. 清华管理评论，2018(03)：78-84.

[21] 郭嘉浩，赵新艳. 生鲜电商行业的发展现状与障碍因素[J]. 纳税，2018，12(31)：230.

[22] 张铭洪. 网络经济学教程[M]. 北京：高等教育出版社，2007.

[23] 曹祎遐，刘志莉. 盒马鲜生生鲜行业"新零售"践行者[J]. 上海信息化，2017(6)：23-26.

[24] 中国国际电子商务网. 专家点评盒马鲜生：探索未来新零售模式[J]. http://www.ec.com.cn/article/hydt/ncp/201708/19851_1.html, [2017-08-03]

[25] 邢昊. 生鲜电商 O2O 模式网络营销研究[D]. 北京：首都经济贸易大学，2018.

[26] 张陈勇. 盒马鲜生：零售新物种[J]. 时代经贸，2016(20)：31-33.

[27] 曾紫萱. 盒马鲜生新零售战略 SWOT 分析[J]. 企业研究，2018(05)：26-28.

[28] 王姿力. 新零售时代下盒马鲜生的生存之道[J]. 时代经贸，2018(27)：6-7.

[29] 钟旺. 盒马鲜生：探索未来新零售模式[J]. 北方经贸，2018(07)：30-31.

[30] 黄奕凡，胡付照. "新零售"背景下生鲜零售新模式的分析研究——以盒马鲜生为例[J]. 市场周刊，2018(07)：65-66.

[31] 易倩. 基于"新零售之轮"理论的盒马鲜生新零售模式研究[J]. 物流科技，2018，41(07)：35-37.

[32] 王岩，高小涵. 中国新零售业的发展现状与对策研究[J]. 经济师，2018(11)：50-52.

[33] 都市日报. 去年近 100 亿单？更厉害的来了：饿了么蜂鸟即将一飞冲天！[EB/OL]. (2018-06-23) [2019-01-11]. http://baijiahao.baidu.com/s?id=1604036651107314508&wfr=spider&for=pc

[34] 雨果网. 全球直采从 200 亿元人民币到 200 亿美元，网易考拉凭什么？[EB/OL] [2018-11-09](2019-02-07). https://www.cifnews.com/article/39098.

[35] 翟虎林，谭蓉. 敦煌网跨境电子商务经营模式研究[J]. 中国集体经济，2019(04)：107-108.

[36] 殷明. 我国中小企业跨境电子商务应用和发展研究[D]. 济南：山东财经大学，2015.

[37] 徐传正. 我国 B2B 出口电商平台 2.0 版商业模式研究[D]. 北京：北京林业大学，2016.

[38] 钱玉. 中国出口跨境电商产业链研究[D]. 合肥：安徽大学，2017.

[39] 陈治扬. 互联网平台企业的商业模式成功要素研究——以亚马逊为例[J]. 市场营销，2017(2)：39-40.

[40] 钟惟楚. 亚马逊网站经营模式研究分析[J]. 中国集体经济，2017(36)：56-57.

[41] 李静. B2C 电子商务企业盈利模式研究——以亚马逊公司为例[J]. 财会通讯，2017(20)：63-67.

[42] 孟庆博，王磊. 亚马逊经营模式研究[J]. 科技创新与应用，2017(9)：278-278.

[43] 刘江伟，于立，郑旸. 基于亚马逊成功发展案例分析[J]. 科技创新与生产力，2016，42(8)：39-42.

[44] 艾瑞咨询. 2018 年中国跨境进口零售电商行业发展研究报告[EB/OL]. (2018-6-9) [2018-6-10]. http://www.100ec.cn/detail--6453894.html

[45] 胡振宇. 余额宝的增值服务研究[D]，北京：北京交通大学，2014

[46] 刘雨薇，刘铮. 余额宝投资群体分析[J]. 山西科技，2015(4)：144-145.

[47] 杨中民. P2P 借贷行业调研报告[D]. 成都：西南财经大学，2013

[48] 杨薇薇. P2P 网络信贷行为及风险评估研究[D]. 中国海洋大学，2014.

[49] 王紫薇，袁中华，钟鑫. 中国 P2P 网络小额信贷运营模式研究——基于"拍拍贷""宜农贷"的案例分析[J]. 新金融，2012(02)：42-45.

[50] 丁婕. 我国 P2P 网络借贷平台及借款人行为研究[D]. 成都：西南财经大学，2012.

[51] 张职. P2P 网络借贷平台营运模式的比较、问题及对策研究[D]. 上海：华东理工大学，2013.

[52] 李伟军. 我国 P2P 网络借贷的羊群行为研究[D]. 成都：西南财经大学，2013.

[53] 俞滨. "拍拍贷"模式对小微企业融资支持探析[J]. 合作经济与科技，2018(24)：80-81.

[54] 张思琦. P2P 网络借贷平台的财务风险管理[D]. 南昌：江西财经大学，2018.

[55] 梁宏. 拍拍贷 P2P 网络借贷平台信息披露改进研究[D]. 长沙：湖南大学，2018.

[56] 电子商务研究中心. 小红书：产品设计逻辑及运营推广模式[J/OL]. (2018-05-14) [2018-05-27]. http://www.100ec.cn/detail--6449330.html.

[57] 向坤. 拼多多：狂奔的电商黑马[J]. 互联网经济，2018，34(3)：96-99.

[58] 张凯. "电商黑马"拼多多崛起之路[J]. 知识经济(中国直销)，2018，34(2)：80-83.

[59] 王珊珊. 我国农产品电商平台发展遇到的问题及对策——以拼多多为例[J]. 现代商业，2018，34(3)：54-55.

[60] 吴晓志. 短租行业共享经济商业模式比较研究[J]. 价值工程，2018，(09)：26-27.

[61] 韩谊君. 社会化媒体口碑传播视角下 Airbnb 品牌策略研究[J]. 视听管理与营销，2018，(02)：178-179.

[62] 田帆. 共享经济分析框架的构建及应用研究[J]. 中国软科学，2018(12)：178-186.

[63] 张加顺，安秀荣. 共享经济在我国的发展现状与建议[J]. 经营与管理，2018(2)：96-98.

[64] 隋春花，伍晓霖，黄凤英，杨珊. 基于共享经济的短租住宿发展研究——以 Airbnb 为例[J]. 旅游市场研究，2018，(04)：152-155.

[65] 赵旭. 共享经济下爱彼迎中国化经营困境分析[J]. 经济发展研究，2017，(10)：143-145.

[66] 赵春芳. Airbnb 运营模式分析及对中国在线短租行业的启示[J]. 经济发展研究，2017，(10)：42-45.

[67] 王知津，潘颖. 中文搜索引擎商业模式比较：以百度和谷歌为例[J]. 图书馆工作与研究，2012(11)：4-11.

[68] 孙大珩. 互联网企业成功因素分析——谷歌公司分析[D]. 上海：上海交通大学，2010.

[69] 刘春雷. 基于专利计量的谷歌与百度创新战略比较研究[D]. 哈尔滨：黑龙江大学，2016.

[70] 陈应龙. 双边市场中平台企业的商业模式研究[D]. 武汉：武汉大学，2014.

[71] 佚名. 百度推无人驾驶技术背后：陆奇详解 AI 的商业化逻辑[J]. 信息与电脑(理论版)，2017(21)：3-6.

[72] 孟琴. 百度信息流广告的优势及投放策略研究[D]. 合肥：安徽大学，2018.

[73] 许大辰. 泛在网络中基于内容聚合的信息组织机制研究[D]. 郑州：郑州大学，2016.

[74] 张新香，胡立君. 商业模式动态演化机制：基于互联网业的多案例内容分析[J]. 科研管理，2018.

[75] 刘芮，程静文. 百度的发展问题及合理化建议[J]. 全国流通经济，2016(20)：41-42.
https://awtmt.com/articles/3030870?from=wscn.

[76] 傅翠晓，黄丽华. 我国 B2B 电子商务服务模式的分类探讨[J]. 中国科技论坛，2010(10)：100-106.

[77] 李松霖，由芙洁，吴佩芸. 中国 B2B 电商发展史话[J]. 互联网经济，2018，39(5)：90-97.

[78] 王文瑶. B2B 类电子商务企业的商业模式研究[D]. 济南：山东大学，2015.

[79] 秦子原. 上海钢联 B2B 电子商务的盈利模式及盈利水平研究[D]. 安徽工业大学，2016.

[80] Tang K Y, Hsiao C H & Chen M C. A Research Survey of Electronic Commerce Innovation: Evidence from the Literature[J]. Advances in Technology Innovation，2019(07)：1-13.

[81] 邵鹏，胡平. 电子商务平台商业模式创新与演变的案例研究[J]. 科研管理，2016，37(7)：81-88.